普通高等院校城市轨道交通"十三五"规划教材

轨道车辆结构与原理

孟亚东　编著

清华大学出版社
北　京

内 容 简 介

本书以城市轨道交通车辆为重点,结合干线铁路轨道车辆进行介绍。本书包括 11 章内容:轨道交通概述,城市轨道交通的基础知识,轨道车辆的基础知识,转向架,车体及其内装与设备,车钩缓冲装置,受流装置,轨道车辆电传动与电气系统,轨道车辆的检修,轨道车辆动力学基础,列车牵引计算。

本书可作为普通本科院校交通运输(轨道交通方向)、车辆工程(轨道交通方向)的专业(基础)课教材,同时还可以作为从事轨道车辆维护、检修、运用、设计和制造等相关专业技术人员的参考资料。

版权所有,侵权必究。举报: 010-62782989, beiqinquan@tup.tsinghua.edu.cn。

图书在版编目(CIP)数据

轨道车辆结构与原理/孟亚东编著. —北京:清华大学出版社,2019(2023.2重印)
(普通高等院校城市轨道交通"十三五"规划教材)
ISBN 978-7-302-53186-9

Ⅰ.①轨… Ⅱ.①孟… Ⅲ.①轨道车辆-车体结构-高等学校-教材 Ⅳ.①U270.3

中国版本图书馆 CIP 数据核字(2019)第 110371 号

责任编辑:许 龙
封面设计:常雪影
责任校对:赵丽敏
责任印制:宋 林

出版发行:清华大学出版社
  网　　址: http://www.tup.com.cn, http://www.wqbook.com
  地　　址: 北京清华大学学研大厦 A 座　　邮　编: 100084
  社 总 机: 010-83470000　　邮　购: 010-62786544
  投稿与读者服务: 010-62776969, c-service@tup.tsinghua.edu.cn
  质量反馈: 010-62772015, zhiliang@tup.tsinghua.edu.cn
印 装 者:天津鑫丰华印务有限公司
经　　销:全国新华书店
开　　本: 185mm×260mm　　印　张: 19.75　　字　数: 475 千字
版　　次: 2019 年 6 月第 1 版　　印　次: 2023 年 2 月第 3 次印刷
定　　价: 58.00 元

产品编号: 083172-01

前 言
FOREWORD

　　随着中国经济的发展和城市化的推进,城市轨道交通作为城市公共交通的重要组成部分,目前正处于历史上最好的发展时期。城市轨道交通建设在"十一五"期间呈现加速势态,"十二五"开始进入高速建设时期,进入"十三五"后继续保持高速建设,同时建设规模迅速扩大。目前全国范围内进行地铁规划设计、施工建设、运营的城市已经接近50个,以往只有一线城市才拥有的地铁,正逐渐向二线城市乃至部分三线城市普及。实践证明,发展城市轨道交通是解决大城市交通问题的必由之路,城市轨道交通行业的发展,同时带动了相关行业的发展乃至整个国民经济的发展。

　　为了适应各种各样的轨道交通运输需求,例如,是客运还是货运?是几千千米的长途客运还是市区内几十千米的短途客运?轨道交通的重要工具——轨道车辆,已经发展出多种型号和序列,根据应用场合与名称习惯,可分为铁路机车、铁道车辆、动车、拖车、城市轨道交通车辆等。

　　本书力图从轨道车辆这一高度概括的名称出发,在对比介绍各种轨道交通车辆的过程中,让读者掌握轨道车辆的基础知识、基本概念、基本组成、基本工作原理。本书在介绍中,以城市轨道交通车辆为重点,结合干线铁路轨道车辆的知识进行介绍,这样有利于读者在对比过程中加深对轨道车辆结构与原理的认识。

　　本书包括11章的内容。第1章轨道交通概述,介绍了轨道交通的基本概念,轨道交通发展史上的重大事件,轨道车辆的分类,以及铁路机车、铁道车辆、动车组的基本知识。第2章城市轨道交通的基础知识,介绍了城市轨道交通的优点与缺点,城市轨道交通的分类,各种城市轨道交通方式地铁、轻轨、单轨、有轨电车、市郊铁路、磁悬浮、新交通系统的技术特点与车辆参数,以及城市轨道交通系统的比较。第3章轨道车辆的基础知识,介绍了列车编组与轨道交通的限界,轨道车辆的转向架,城市轨道交通车辆的参数与组成,典型城市轨道交通车辆,典型铁路电力机车和谐电力3型(HXD3)机车,典型铁路电力机车韶山8型(SS8)机车。第4章转向架,介绍了转向架的功能组成与分类,两种地铁车辆转向架,以及转向架各组成部分。第5章车体及其内装与设备,介绍了车体类型及特征,典型轨道车辆车体,车体内装与车内设备。第6章车钩缓冲装置,介绍了车钩缓冲装置的结构与工作原理,以及各种全自动车钩。第7章受流装置,介绍了单臂受电弓的结构组成与工作原理,DSA200型单臂受电弓。第8章轨道车辆电传动与电气系统,介绍了轨道车辆电传动的基础,轨道车辆电传动系统的分类,轨道车辆电气系统的基础。第 9 章轨道车辆的检修,介绍了电力机车的检修,城市轨道交通车辆的检修。第 10 章轨道车辆动力学基础,介绍了轨道车辆的运行平稳性,轨道车辆运行稳定性,轨道车辆曲线通过。第 11 章列车牵引计算,介绍了列车牵引计算的三大力(牵引力、阻力、制动力),牵引计算的成果与牵引计算的发展。

  本书可作为交通运输(轨道交通方向)或车辆工程(轨道交通方向)的专业教材,书中带有 * 标识的为选修选学内容。本书的编写得到了天津市人力资源和社会保障局组织的天津市"职业培训包"项目——机车电工职业培训包的支持。

作　者

2018 年 12 月

目 录
CONTENTS

第1章 轨道交通概述 ·· 1

  1.1 引言 ··· 1
  1.2 轨道交通的基本概念 ··· 1
  1.3 轨道交通发展史上的重大事件 ··· 2
  1.4 轨道车辆的分类 ·· 4
  1.5 铁路机车 ··· 5
      1.5.1 蒸汽机车 ·· 5
      1.5.2 内燃机车 ·· 5
      1.5.3 电力机车 ·· 8
  1.6 铁道车辆 ··· 9
  1.7 动车组 ·· 13
  思考题 ··· 14

第2章 城市轨道交通的基础知识 ·· 15

  2.1 城市轨道交通的优点与缺点 ·· 15
  2.2 城市轨道交通的分类 ·· 15
  2.3 地铁 ··· 16
  2.4 轻轨 ··· 19
  2.5 单轨 ··· 20
  2.6 有轨电车 ··· 22
  2.7 市郊铁路 ··· 23
  2.8 磁悬浮 ·· 24
  2.9 新交通系统 ·· 26
  2.10 城市轨道交通系统的比较 ··· 28
  思考题 ··· 29

第3章 轨道车辆的基础知识 ·· 30

3.1 引言 ··· 30
3.2 列车编组 ··· 30
3.2.1 概述 ·· 30
3.2.2 城市轨道交通车辆的编组 ·· 31
3.2.3 列车编组的发展趋势 ·· 32
3.3 轨道交通的限界 ··· 33
3.3.1 限界的基本概念 ·· 33
3.3.2 限界的相关知识 ·· 34
3.4 轨道车辆的转向架 ··· 35
3.5 城市轨道交通车辆的参数与组成 ··· 37
3.5.1 参数 ·· 37
3.5.2 组成 ·· 40
3.5.3 车体 ·· 40
3.5.4 车辆内部设备 ·· 41
3.5.5 转向架 ·· 43
3.5.6 车钩缓冲装置 ·· 43
3.5.7 制动装置 ·· 46
3.5.8 受流装置 ·· 47
3.5.9 车辆电气系统 ·· 51
3.5.10 列车通号与信息系统 ·· 53
3.6 典型城市轨道交通车辆 ··· 53
3.6.1 概述 ·· 53
3.6.2 车辆运行环境 ·· 54
3.6.3 主要参数 ·· 54
3.6.4 主要设备布置 ·· 56
3.6.5 主要组成与特性 ·· 57
3.7 典型铁路电力机车和谐电力3型(HXD3)机车 ··· 64
3.7.1 概述 ·· 64
3.7.2 工作环境 ·· 65
3.7.3 主要参数 ·· 65
3.7.4 机车主要特点 ·· 67
3.7.5 机车特性 ·· 68
3.7.6 设备布置 ·· 70
3.7.7 工作原理 ·· 71
3.8 典型铁路电力机车韶山8型(SS8)机车 ··· 75
3.8.1 概述 ·· 75
3.8.2 机车总体布置 ·· 76

        3.8.3　机车转向架 77
        3.8.4　机车主电路 77
        3.8.5　机车辅助电路 78
        3.8.6　机车控制电路 78
        3.8.7　机车供电电路 78
        3.8.8　生产制造与应用 78
    思考题 79
    参考文献 79

第4章　转向架 80

    4.1　转向架概述 80
    4.2　转向架的功能、组成与分类 80
        4.2.1　转向架的功能与组成 81
        4.2.2　转向架的分类 83
    4.3　两种地铁车辆转向架 94
        4.3.1　SMC 型地铁车辆转向架 94
        4.3.2　SDB-80 型地铁车辆转向架 97
    4.4　转向架构架 100
    4.5　弹簧与减振器 102
        4.5.1　概述 102
        4.5.2　悬挂装置中弹簧的作用 103
        4.5.3　螺旋弹簧 104
        4.5.4　橡胶弹簧 106
        4.5.5　空气弹簧 110
        4.5.6　液压减振器 117
        4.5.7　抗蛇行减振器 121
        4.5.8　摩擦减振器 121
    4.6　轮对轴箱及其与构架的连接 124
        4.6.1　轮对 124
        4.6.2　轴箱 130
        4.6.3　轴箱与构架的连接 132
    4.7　驱动装置 134
        4.7.1　功能与分类 134
        4.7.2　牵引电机横向布置的驱动装置 135
        4.7.3　牵引电机纵向布置的驱动装置 140
        4.7.4　牵引电机体悬式驱动装置 143
    4.8　车体与转向架的连接 144
        4.8.1　概述 144
        4.8.2　牵引装置 144

4.8.3 转向架的特殊减振缓冲结构 ……………………………………………………… 150
4.8.4 铰接式转向架的车体与转向架间的连接 ……………………………………… 152
4.9 制动装置 …………………………………………………………………………………… 154
4.9.1 概述 ……………………………………………………………………………… 154
4.9.2 各种制动装置 …………………………………………………………………… 154
4.9.3 制动倍率、传动效率与车辆制动率 …………………………………………… 162
思考题 …………………………………………………………………………………………… 162
参考文献 ………………………………………………………………………………………… 163

第5章 车体及其内装与设备 …………………………………………………………………… 164

5.1 概述 ………………………………………………………………………………………… 164
5.2 车体的类型及特征 ………………………………………………………………………… 164
5.2.1 城市轨道车辆车体的特征 ……………………………………………………… 164
5.2.2 车体的主要技术指标 …………………………………………………………… 166
5.2.3 轨道车辆车体的类型 …………………………………………………………… 168
5.3 典型轨道车辆车体 ………………………………………………………………………… 174
5.3.1 传统轨道车辆车体 ……………………………………………………………… 174
5.3.2 国产几种地铁车辆车体 ………………………………………………………… 179
5.3.3 轻量化车体 ……………………………………………………………………… 187
5.4 车体内装与设备 …………………………………………………………………………… 202
5.4.1 车体内装 ………………………………………………………………………… 202
5.4.2 车内设备 ………………………………………………………………………… 203
思考题 …………………………………………………………………………………………… 210
参考文献 ………………………………………………………………………………………… 210

第6章 车钩缓冲装置 …………………………………………………………………………… 211

6.1 车钩缓冲装置概述 ………………………………………………………………………… 211
6.1.1 功能作用 ………………………………………………………………………… 211
6.1.2 结构组成 ………………………………………………………………………… 212
6.1.3 分类与特点 ……………………………………………………………………… 212
6.2 结构与工作原理 …………………………………………………………………………… 214
6.2.1 主要零件名称与参数 …………………………………………………………… 214
6.2.2 车钩缓冲装置的安装 …………………………………………………………… 216
6.2.3 车钩缓冲装置的纵向力传递路径 ……………………………………………… 216
6.2.4 车钩缓冲装置的三态 …………………………………………………………… 217
6.3 缓冲装置 …………………………………………………………………………………… 218
6.3.1 缓冲装置的类型与参数 ………………………………………………………… 219
6.3.2 常用缓冲器 ……………………………………………………………………… 219
6.4 其他装置 …………………………………………………………………………………… 222

6.4.1 可压溃变形管 ………………………………………………………… 222
6.4.2 风管连接器 …………………………………………………………… 223
6.4.3 电连接器 ……………………………………………………………… 223
6.4.4 半永久牵引杆 ………………………………………………………… 224
6.5 各种全自动车钩简介 …………………………………………………………… 225
6.5.1 柴田密接车钩 ………………………………………………………… 225
6.5.2 沙库密接车钩 ………………………………………………………… 229
6.5.3 BSI-COMPACT 密接车钩 …………………………………………… 230
思考题 ……………………………………………………………………………………… 231
参考文献 …………………………………………………………………………………… 231

第 7 章 受流装置 …………………………………………………………………… 232

7.1 引言 ……………………………………………………………………………… 232
7.2 单臂受电弓的结构组成与工作原理 …………………………………………… 233
7.2.1 结构组成与典型部件 ………………………………………………… 233
7.2.2 工作原理 ……………………………………………………………… 236
7.2.3 常见技术参数 ………………………………………………………… 237
7.3 DSA200 型单臂受电弓 ………………………………………………………… 237
7.3.1 主要结构 ……………………………………………………………… 237
7.3.2 工作原理 ……………………………………………………………… 241
7.3.3 技术参数 ……………………………………………………………… 242
7.3.4 维护与调整 …………………………………………………………… 242
思考题 ……………………………………………………………………………………… 244
参考文献 …………………………………………………………………………………… 244

第 8 章 轨道车辆电传动与电气系统 …………………………………………… 245

8.1 轨道车辆电传动基础知识 ……………………………………………………… 245
8.2 轨道车辆电传动系统的分类 …………………………………………………… 246
8.2.1 直-直电传动系统 …………………………………………………… 246
8.2.2 交-直电传动系统 …………………………………………………… 247
8.2.3 交-直-交电传动系统 ………………………………………………… 248
8.2.4 直-交电传动系统 …………………………………………………… 250
8.2.5 交-交电传动系统 …………………………………………………… 250
8.3 电传动系统的发展 ……………………………………………………………… 251
8.4 电力电子器件技术基础 ………………………………………………………… 252
8.5 轨道车辆电气系统 ……………………………………………………………… 254
8.5.1 功能与组成 …………………………………………………………… 254
8.5.2 驱动电机的调速控制 ………………………………………………… 255
8.5.3 牵引电器基础知识 …………………………………………………… 256

8.5.4　和谐电力3型(HXD3)机车的电器 ⋯⋯⋯⋯⋯⋯⋯⋯⋯⋯⋯⋯⋯⋯⋯⋯⋯ 258
　　8.5.5　韶山8型(SS8)机车的电器 ⋯⋯⋯⋯⋯⋯⋯⋯⋯⋯⋯⋯⋯⋯⋯⋯⋯⋯⋯ 260
　　8.5.6　城市轨道交通车辆的电器 ⋯⋯⋯⋯⋯⋯⋯⋯⋯⋯⋯⋯⋯⋯⋯⋯⋯⋯⋯ 261
思考题 ⋯⋯⋯⋯⋯⋯⋯⋯⋯⋯⋯⋯⋯⋯⋯⋯⋯⋯⋯⋯⋯⋯⋯⋯⋯⋯⋯⋯⋯⋯⋯⋯⋯ 262
参考文献 ⋯⋯⋯⋯⋯⋯⋯⋯⋯⋯⋯⋯⋯⋯⋯⋯⋯⋯⋯⋯⋯⋯⋯⋯⋯⋯⋯⋯⋯⋯⋯⋯ 262

第9章　轨道车辆的检修 ⋯⋯⋯⋯⋯⋯⋯⋯⋯⋯⋯⋯⋯⋯⋯⋯⋯⋯⋯⋯⋯⋯⋯⋯⋯ 263

9.1　引言 ⋯⋯⋯⋯⋯⋯⋯⋯⋯⋯⋯⋯⋯⋯⋯⋯⋯⋯⋯⋯⋯⋯⋯⋯⋯⋯⋯⋯⋯⋯ 263
9.2　电力机车的检修 ⋯⋯⋯⋯⋯⋯⋯⋯⋯⋯⋯⋯⋯⋯⋯⋯⋯⋯⋯⋯⋯⋯⋯⋯⋯ 264
　　9.2.1　电力机车的计划预防修 ⋯⋯⋯⋯⋯⋯⋯⋯⋯⋯⋯⋯⋯⋯⋯⋯⋯⋯⋯⋯ 264
　　9.2.2　电力机车的大修过程 ⋯⋯⋯⋯⋯⋯⋯⋯⋯⋯⋯⋯⋯⋯⋯⋯⋯⋯⋯⋯⋯ 266
　　9.2.3　电力机车的状态修 ⋯⋯⋯⋯⋯⋯⋯⋯⋯⋯⋯⋯⋯⋯⋯⋯⋯⋯⋯⋯⋯⋯ 268
9.3　城市轨道交通车辆的检修 ⋯⋯⋯⋯⋯⋯⋯⋯⋯⋯⋯⋯⋯⋯⋯⋯⋯⋯⋯⋯⋯ 269
　　9.3.1　日常维修 ⋯⋯⋯⋯⋯⋯⋯⋯⋯⋯⋯⋯⋯⋯⋯⋯⋯⋯⋯⋯⋯⋯⋯⋯⋯⋯ 269
　　9.3.2　定修 ⋯⋯⋯⋯⋯⋯⋯⋯⋯⋯⋯⋯⋯⋯⋯⋯⋯⋯⋯⋯⋯⋯⋯⋯⋯⋯⋯⋯ 269
　　9.3.3　架修 ⋯⋯⋯⋯⋯⋯⋯⋯⋯⋯⋯⋯⋯⋯⋯⋯⋯⋯⋯⋯⋯⋯⋯⋯⋯⋯⋯⋯ 270
　　9.3.4　大修 ⋯⋯⋯⋯⋯⋯⋯⋯⋯⋯⋯⋯⋯⋯⋯⋯⋯⋯⋯⋯⋯⋯⋯⋯⋯⋯⋯⋯ 270
9.4　轨道车辆检修总结 ⋯⋯⋯⋯⋯⋯⋯⋯⋯⋯⋯⋯⋯⋯⋯⋯⋯⋯⋯⋯⋯⋯⋯⋯ 270
思考题 ⋯⋯⋯⋯⋯⋯⋯⋯⋯⋯⋯⋯⋯⋯⋯⋯⋯⋯⋯⋯⋯⋯⋯⋯⋯⋯⋯⋯⋯⋯⋯⋯⋯ 271
参考文献 ⋯⋯⋯⋯⋯⋯⋯⋯⋯⋯⋯⋯⋯⋯⋯⋯⋯⋯⋯⋯⋯⋯⋯⋯⋯⋯⋯⋯⋯⋯⋯⋯ 271

第10章　轨道车辆动力学基础 ⋯⋯⋯⋯⋯⋯⋯⋯⋯⋯⋯⋯⋯⋯⋯⋯⋯⋯⋯⋯⋯⋯ 272

10.1　概述 ⋯⋯⋯⋯⋯⋯⋯⋯⋯⋯⋯⋯⋯⋯⋯⋯⋯⋯⋯⋯⋯⋯⋯⋯⋯⋯⋯⋯⋯ 272
　　10.1.1　轨道车辆振动的原因 ⋯⋯⋯⋯⋯⋯⋯⋯⋯⋯⋯⋯⋯⋯⋯⋯⋯⋯⋯⋯ 272
　　10.1.2　轨道车辆的振动形式 ⋯⋯⋯⋯⋯⋯⋯⋯⋯⋯⋯⋯⋯⋯⋯⋯⋯⋯⋯⋯ 279
　　10.1.3　轨道车辆动力学的研究内容 ⋯⋯⋯⋯⋯⋯⋯⋯⋯⋯⋯⋯⋯⋯⋯⋯⋯ 279
10.2　轨道车辆的运行平稳性 ⋯⋯⋯⋯⋯⋯⋯⋯⋯⋯⋯⋯⋯⋯⋯⋯⋯⋯⋯⋯⋯ 280
　　10.2.1　Sperling平稳性指标 ⋯⋯⋯⋯⋯⋯⋯⋯⋯⋯⋯⋯⋯⋯⋯⋯⋯⋯⋯⋯ 280
　　10.2.2　ISO指标 ⋯⋯⋯⋯⋯⋯⋯⋯⋯⋯⋯⋯⋯⋯⋯⋯⋯⋯⋯⋯⋯⋯⋯⋯⋯ 282
10.3　轨道车辆运行稳定性 ⋯⋯⋯⋯⋯⋯⋯⋯⋯⋯⋯⋯⋯⋯⋯⋯⋯⋯⋯⋯⋯⋯ 283
　　10.3.1　蛇行运动 ⋯⋯⋯⋯⋯⋯⋯⋯⋯⋯⋯⋯⋯⋯⋯⋯⋯⋯⋯⋯⋯⋯⋯⋯⋯ 284
　　10.3.2　脱轨 ⋯⋯⋯⋯⋯⋯⋯⋯⋯⋯⋯⋯⋯⋯⋯⋯⋯⋯⋯⋯⋯⋯⋯⋯⋯⋯⋯ 284
　　10.3.3　车辆倾覆 ⋯⋯⋯⋯⋯⋯⋯⋯⋯⋯⋯⋯⋯⋯⋯⋯⋯⋯⋯⋯⋯⋯⋯⋯⋯ 285
10.4　轨道车辆的曲线通过 ⋯⋯⋯⋯⋯⋯⋯⋯⋯⋯⋯⋯⋯⋯⋯⋯⋯⋯⋯⋯⋯⋯ 286
　　10.4.1　曲线加宽与轮对横动量 ⋯⋯⋯⋯⋯⋯⋯⋯⋯⋯⋯⋯⋯⋯⋯⋯⋯⋯⋯ 286
　　10.4.2　曲线的外轨超高与摆式列车 ⋯⋯⋯⋯⋯⋯⋯⋯⋯⋯⋯⋯⋯⋯⋯⋯⋯ 287
　　10.4.3　曲线通过的舒适性与轮轨磨耗 ⋯⋯⋯⋯⋯⋯⋯⋯⋯⋯⋯⋯⋯⋯⋯⋯ 289
10.5　轨道车辆动力学的发展 ⋯⋯⋯⋯⋯⋯⋯⋯⋯⋯⋯⋯⋯⋯⋯⋯⋯⋯⋯⋯⋯ 290
思考题 ⋯⋯⋯⋯⋯⋯⋯⋯⋯⋯⋯⋯⋯⋯⋯⋯⋯⋯⋯⋯⋯⋯⋯⋯⋯⋯⋯⋯⋯⋯⋯⋯⋯ 290
参考文献 ⋯⋯⋯⋯⋯⋯⋯⋯⋯⋯⋯⋯⋯⋯⋯⋯⋯⋯⋯⋯⋯⋯⋯⋯⋯⋯⋯⋯⋯⋯⋯⋯ 290

第 11 章　列车牵引计算 ……………………………………………………………… 291
　11.1　列车牵引计算概述 ………………………………………………………………… 291
　　　11.1.1　牵引计算对各种轨道交通的用途 …………………………………………… 291
　　　11.1.2　列车牵引计算规程 …………………………………………………………… 292
　　　11.1.3　牵引计算中的三大力 ………………………………………………………… 292
　　　11.1.4　轮轨间的摩擦与黏着 ………………………………………………………… 293
　11.2　牵引力 ………………………………………………………………………………… 294
　　　11.2.1　牵引力的产生 ………………………………………………………………… 295
　　　11.2.2　牵引力的计算公式 …………………………………………………………… 295
　11.3　阻力 …………………………………………………………………………………… 296
　　　11.3.1　阻力的产生与分类 …………………………………………………………… 296
　　　11.3.2　阻力的计算 …………………………………………………………………… 297
　11.4　制动力 ………………………………………………………………………………… 298
　　　11.4.1　制动力的产生 ………………………………………………………………… 298
　　　11.4.2　制动力的黏着限制 …………………………………………………………… 299
　11.5　牵引计算的成果 ……………………………………………………………………… 299
　11.6　牵引计算的发展 ……………………………………………………………………… 300
　思考题 ………………………………………………………………………………………… 301
　参考文献 ……………………………………………………………………………………… 301

第1章

轨道交通概述

1.1 引言

"交通"一词很早就出现了。据《管子·度地》,"山川涸落,天气下,地气上,万物交通"。据东晋陶潜的《桃花源记》,"阡陌交通,鸡犬相闻"。据康有为的《大同书》辛部第三章,"大同之世,全地皆为自治,全地一切大政皆人民公议,电话四达,处处交通"。现代,人们更广泛地使用"交通运输"这个词汇,交通运输是社会发展的基础,是社会生产、流通、分配、消费以及人们工作、生活、交往、旅游的必要条件,可形象地比喻成一个国家、一个城市的血液循环系统。一般认为交通运输涵盖了旅客运输、货物运输、语音传递、图文传递等,在国民经济中属于第三产业。有的分类方法中将交通分为运输和邮电两个方面,运输包括铁路、公路、水路、航空、管道等五种方式,邮电包括邮政和电信。

1.2 轨道交通的基本概念

交通运输以及交通工具的发展历史与人类社会的发展历史相依相随,其发展水平与社会和科学技术的发展水平高度一致,直接决定了人类活动范围的大小。从运输方式来看,铁路、公路、水路、航空、管道等五种运输方式中的铁路是一个简称,它涵盖了现有的普通铁路、高速铁路、城际铁路、市郊铁路、城市轨道交通等多种形式的轨道交通。

轨道交通车辆的源动力为外部电源或内燃机(蒸汽机等其他原动机已经很少使用),采取轮轨运行方式,即车辆导向由轨道与车轮配合共同完成,车辆本身不具备主动导向能力。随着科学技术的发展,未来轮轨的结构形式可能发生多种变化,但轮轨导向这个特点在短期内不会发生变化,"轨道交通"这个词能够清晰表达这一技术特点。

城市轨道交通是城市公共交通的一种形式,城市公共交通包括城市道路交通、城市轨道交通、城市其他交通等,见图1.1。城市交通与城市发展的关系在于交通工具的特性决定了居民的出行距离,居民的出行距离决定了市区发展的范围。

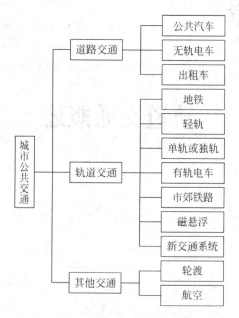

图 1.1 城市公共交通

1.3 轨道交通发展史上的重大事件

19世纪初,伦敦是当时世界上发展速度最快的城市,市内最常用的交通工具仍是马车,马车在道路上的频繁行驶给路面造成了很大负担,又给行人带来了安全隐患,为了保护路面,增加乘客人数,马拉轨道车出现(见图1.2)。由于城市人口的迅速膨胀,伦敦的街道变得拥挤不堪,以至于有时候坐马车还不如直接走路来得快,有人就提出将铁路建设到不影响城市地面建筑的地下隧道中,以便快速运输大量乘客,这种地下铁路交通的构思,即"地铁"的雏形。

图 1.2 19世纪初的城市马拉轨道交通

1843年英国人皮尔逊为伦敦市设计了世界上最早的城市地铁系统,由于计划投资巨大、施工条件限制等种种原因,10年后,英国议会才批准在法林顿和主教路之间修一条长不足 6km 的地铁,开始施工时间为 1853 年。

1863年1月10日,伦敦地铁正式开始运营,又称为大都会地区铁路,该条铁路在帕丁顿(现在的帕丁顿站,Paddington)和临时的法灵顿街站(Farringdon Street)(现在的法灵顿站西北)间运行,采用蒸汽机车牵引,当天就有 4 万人成为首批乘客,见图 1.3、图 1.4。当时这条地铁线路有 7 个车站,总长 5.6 km。

图 1.3　世界上首条地铁通车

图 1.4　世界上首条地铁的 Baker Street 车站

1890年12月18日伦敦建成一条 5.2 km 地铁线路,并首次采用电力牵引,见图 1.5。

亚洲最早的地铁是日本东京在 1927 年 12 月开通的浅草—涩谷线,至今该条线路仍在使用,即银座线,见图 1.6。

中国的第一条地铁线——北京地铁一期工程(现在的北京地铁一号线的部分线路)于1965年7月1日开工,1969年10月1日通车试运行,线路长 23.6 km,采用明挖填埋法施工,从西山苹果园到北京火车站,共有 17 座车站,它的主导思想是以战备为主、兼顾城市交通。

图 1.5 采用电力牵引的地铁

图 1.6 日本东京银座线——亚洲最早的地铁

1.4 轨道车辆的分类

为了适应各种各样的轨道交通运输需求,例如,是客运还是货运?是几千千米的长途客运还是市区内几十千米范围内的短途客运?轨道交通的重要工具——轨道车辆,已经发展出多种型号和序列。根据应用场合与称呼习惯,可分为铁路机车、铁道车辆、动车、拖车、城市轨道交通车辆等。火车是一个通俗的叫法,它来源于早期的蒸汽机车,"火车"这个词形象地说明了蒸汽机车具有的两大部件,即烧煤锅炉与水箱,蒸汽机车使用烧煤锅炉将水箱内的水加热成为蒸汽,再用蒸汽推动蒸汽机活塞带动车轮转动。

在铁路运输中,常常采用一个具有动力的车头,由司机驾驶,与其他不具有动力的客车车辆、货车车辆组合成列车,共同完成运输任务。在这一列车中,具有牵引动力的车辆,称为铁路机车。自身不具备牵引动力的车辆,称为铁道车辆。根据用途不同,铁道车辆又有客车车辆、货车车辆、特种车辆等。随着铁路运输的发展,牵引速度、牵引质量迅速提高,牵引功率不断变大,在一列车中采用一节具有动力的铁路机车,已经不能满足要求,于是就有了双机牵引,即列车首尾各一辆机车采用一拉一推的方式牵引。为了提高总牵引力,使牵引力均匀分散到各节车辆上,在客车车辆的底部安装相关设备并在轮对上安装电机驱动装置,这样的车辆自身能够产生驱动力,称为动车。有的车辆的车头可能成为只有操纵平台而自身没有驱动力的车辆。还有一些客车车辆虽然底部安装一些设备但轮对上未安装电机驱动装置,自身也没有驱动力,这些车辆称为拖车。城市轨道交通源于城市内大客流运输的需求,初期照搬照抄铁路客运的形式,随着时间的推移,为了满足客运需求,适应地形特点、投资限制、施工限制等,发展出多种城市轨道交通形式,这些城市轨道交通使用的车辆通常包含若干个单元,而每个单元又包含一定数量的动车与拖车。

1.5 铁路机车

铁路机车,或者称为铁道机车、轨道机车、机车,伴随着轨道交通的发展,经历了巨大的发展变化。

机车按用途不同,可分为客运机车、货运机车、调车机车、工矿机车等。客运机车拉客车,适用于旅客运输,货运机车拉货物,适用于货物运输,它们都在铁路干线上行驶,又统称为干线机车。调车机车用于铁路站场或专用线上进行车辆的编组、解体、拉出、转线等调车作业,一般不适合用于长途运输。工矿机车一般用于大型煤场、矿山等企业的内部运输,在这些企业内部的铁道线路上工作,并不常见。按行业习惯,机车根据源动力的不同,可分为蒸汽机车、内燃机车、电力机车三大类。

1.5.1 蒸汽机车

蒸汽机车利用蒸汽机作为源动力,把燃料(一般用煤)的化学能燃烧变成热能,通过蒸汽机再变成机械能使机车运行。蒸汽机靠蒸汽的膨胀作用来做功,实际热效率只有5%~7%。

蒸汽机车由锅炉、汽机、车架、走行部以及煤水车等组成。锅炉用于燃烧燃料和产生蒸汽。汽机即蒸汽机,它通过一系列机械机构将蒸汽的热能转变为机械能,驱动机车主动轮。车架用于安装锅炉、汽机等部件。走行部包括弹簧悬挂装置、轮对、导轮、从轮、轴箱、导轮转向架、从轮转向架和牵引装置等。煤水车用于装载煤、水、油脂和存放工具等。

1952年,四方机车车辆厂制造出了中国第一台解放型蒸汽机车。其后几十年,四方、大连、唐山、大同等机车车辆厂陆续生产了近万台蒸汽机车,主要型号有解放型、胜利型、FD型、前进型、上游型、跃进型、阳光型等,蒸汽机车一度成为中国铁路运输的主要牵引机车。1988年12月21日,大同机车厂停止蒸汽机车的生产,标志着中国蒸汽机车制造史结束。2005年12月9日,在内蒙古大板镇附近的铁道上,最后一列蒸汽机车执行完任务,蒸汽机车退出历史舞台。

1.5.2 内燃机车

内燃机车的源动力来自自身携带的内燃机,一般为柴油机,经由传动装置驱动机车的轮对。燃油(即柴油)在汽缸内燃烧,将热能转换为由柴油机曲轴输出的机械能,但并不用来直接驱动动轮,而是通过传动装置变换为适合机车牵引特性要求的机械能,即合适的转矩与转速,再通过走行部驱动机车轮对在轨道上转动。内燃机车一般包括柴油机、传动装置、车体与走行部、辅助装置、制动装置和控制系统等。

1. 柴油机

柴油机是内燃机车的动力装置,为压燃式内燃机,其主要结构参数包括汽缸数、汽缸排列形式、汽缸直径、活塞冲程、是否增压等。现代内燃机车用的柴油机都配装废气涡轮增压器,以利用柴油机废气推动涡轮增压器,把提高了压力的空气经中间冷却器冷却后送入柴油机进气管,从而大幅度提高了柴油机功率和热效率。柴油机按活塞的工作周期有四冲程和二冲程两种方式,同等转速的四冲程柴油机的热效率一般高于二冲程,所以大部分采用四冲程。根据转速,柴油机可分为高速柴油机、中速柴油机和低速柴油机。为满足各种功率的需求,柴油机根据汽缸直径和汽缸数量有多个系列产品。轨道车辆应用中,功率较小的柴油机采用6缸直列、8缸直列或8缸V形,功率较大的柴油机采用12、16、18和20缸V形,其中以12、16缸最为常用。

2. 传动装置

传动装置位于柴油机的功率输出轴(曲轴)与机车驱动轮对之间,由于柴油机的转矩-转速特性和机车的牵引力-速度特性差异较大,不能用柴油机的输出轴直接驱动机车动轮,传动装置必不可少,原因如下:柴油机有最低转速,低于这个转速就不能工作,因此柴油机无法直接起动机车;柴油机的功率基本上与转速成正比,只有在最高转速下才能达到最大输出功率,而机车运行的速度经常变化,使柴油机功率得不到充分利用;柴油机不能逆转,机车也就无法换向。历史上,传动装置有机械传动、液力传动和电力传动三种形式。机械传动由于可传递功率小、换向困难、齿轮制造困难、笨重不易操作等原因,仅适用于工矿专用的小功率内燃机车,随着内燃机车功率的提高,已经逐渐淘汰。下面简单介绍液力传动和电力传动。

液力传动的核心部件是液力传动箱,液力变扭器(又称变矩器)是液力传动箱中最重要的传动元件,由泵轮、涡轮、导轮组成。泵轮和柴油机曲轴输出端相连,泵轮叶片旋转带动工作液体使其获得能量,工作液体冲击涡轮叶片,将能量传给涡轮叶片,由涡轮轴输出机械能,涡轮轴再通过万向轴、车轴齿轮箱将能量传给机车动轮。工作液体从涡轮叶片流出后,经导向轮叶片的引导,又重新返回泵轮。液力传动机车操纵简单、可靠,特别适用于多风沙和多雨的地带。液力传动出现在近代的机车设计中,当代的机车功率不断提高,液力传动已经无法满足需求。

内燃机车电力传动分为直-直电力传动、交-直电力传动、交-直-交电力传动三种。

(1) 直-直电力传动。柴油机曲轴驱动的牵引发电机与驱动机车动轮轴的电动机都是直流电机,牵引发电机发出的直流电,供给各牵引直流电动机,这些直流电动机的输出轴通过齿轮箱驱动机车动轮轴。

(2) 交-直电力传动。柴油机曲轴驱动的牵引发电机是三相交流同步发电机,发出的三相交流电经过大功率半导体整流装置变为直流电,再供给各牵引直流电动机,这些直流电动机的输出轴通过齿轮箱驱动机车动轮轴。

(3) 交-直-交电力传动。柴油机曲轴驱动的牵引发电机是三相交流同步发电机,发出的交流电通过整流器成为直流电源,直流电源再通过逆变器,逆变成三相变频变压交流电,根据需要调节其幅值和频率,供给各牵引交流电动机,这些交流电动机的输出轴通过齿轮箱驱动机车动轮轴。

3. 车体与走行部

车体与走行部主要包括车架、车体、转向架等。

(1) 车架。车架是机车的骨干，是安装柴油机、车体、弹簧装置的基础。车架为一矩形钢结构，由中梁、侧梁、枕梁、横梁等主要部分组成，上面安装有柴油机、传动装置、辅助装置和车体(包括司机室)，车架下面通常采用两个 2 轴或 3 轴的转向架支撑，车架中梁前后两端的中下部装设牵引缓冲装置(车钩)，它的作用是把机车和车辆连接或分离，在运行中传递牵引力，缓和及衰减列车运行中由于牵引力变化和制动力前后不一致而引起的冲击和振动。车架承受荷载较大，传递牵引力和制动力，车架必须有足够的强度和刚度。

(2) 车体。车体是车架上部的外壳，起保护机车上的人员和机器设备不受风、沙、雨、雪的侵袭和防寒作用。按其承受载荷情况，分为整体承载式和非整体承载式；按其外形分为罩式和棚式。

(3) 转向架。转向架是机车的走行装置，又称走行部，由构架、旁承、轴箱、轮对、车轴齿轮箱(电力传动时包括牵引电机)、弹簧、减振器、均衡梁、牵引装置以及基础制动装置等部件组成。转向架的作用是传递牵引力和制动力，承载车架及其上面车体的质量，缓和来自车架车体与钢轨两个方向的冲击，使机车运行平稳，引导机车顺利通过曲线。

4. 辅助装置

辅助装置是用来保证柴油机、传动装置、走行部、制动装置和控制调节设备等正常工作的装置。其中，燃油系统——保证给柴油机供应燃油的设备及管路系统，冷却系统——保证柴油机和其他机械装置能够正常工作的冷却设备和管路系统，机油管路系统——给柴油机正常润滑的设备及管路系统，空气滤清器——过滤空气中灰尘、脏物的装置，压缩空气系统——供给本车与后挂车辆的制动装置、砂箱、空气笛、气动门等压缩空气的系统，辅助电气设备——蓄电池组、直流辅助发电机、柴油机起动电动机等。

5. 制动装置

现代机车的制动装置十分复杂，从与机车整车控制系统协同工作的制动控制装置到安装在机车车轮上的气动执行机构——抱闸，有多种气电转换装置、气动控制装置。机车司机室通常都装有一套空气制动机和手制动机。此外，电传动机车装有电阻制动装置，而液力传动机车装有液力制动装置。

6. 控制系统

控制系统用于调整机车速度，改变行驶方向，停车，监视与调整机车各部分的工作状态等。根据控制功能，内燃机车控制系统的子系统有车辆行驶控制系统、柴油机管理系统、制动控制系统、辅助设备控制系统等。司机室是内燃机车控制系统的核心位置，操纵台上的监视表和警告信号装置有空气、水、油压力表，主要部位温度表，电流表，电压表，主要部位超温、超压或压力不足等音响和显示警告信号，机车控制显示屏与制动控制显示屏等，主要用于监视机车各主要部件的工作状态。另外，还有用于安全行车的机车信号和自动停车装置等。

从中华人民共和国成立到目前，我国内燃机车的制造与生产经历了试制、第一代产品、第二代产品、第三代产品、第四代产品共五个阶段，累计生产了 200 多种型号两万多台内燃机车。

试制阶段(1958—1963 年)，机车或柴油机基本上是仿制国外的产品，设计技术水平低，可靠性差。技术特点：直流电力传动匹配二冲程中速柴油机和四冲程高速柴油机，液力传动匹配四冲程高速柴油机。代表产品有建设、巨龙、先行、卫星等。

第一代产品(1964—1968年)，技术特点与试制阶段的产品相同，但性能有所提高。代表产品有东风(DF)、东风2(DF2)、东风3(DF3)、东风2增、东风3增、东方红1(DFH1)等。

第二代产品(1968—1988年)，机车、柴油机及主要部件由国内自主开发，机车性能明显提高。技术特点：大部分采用电力传动，少部分是液力传动机车，高速柴油机与中速柴油机都能够配用液力传动。代表产品有东风4A(DF4A)、东风4B(DF4B)、东风4C(DF4C)、东风5(DF5)、东风7(DF7)、东风8(DF8)、东方红3(DFH3)、北京(BJ)等(北京型和东方红型都是液力传动内燃机车，目前已经淘汰)。

第三代产品(1988—1999年)，干线机车采用与国外合作开发或进一步自主开发，机车技术性能和可靠性、经济性有大幅提高。技术特点：研制出新型16V240ZJD和16V280ZJA型柴油机，干线机车为中速柴油机配备交-直流电传动装置，采用微机控制，准高速机车采用驱动电动机架悬式转向架。代表产品有东风6(DF6)、东风11(DF11)、东风8B(DF8B)、东风4D(DF4D)、东风10F(DF10F)等。

第四代产品(2000年至今)，技术特点：采用交-直-交电传动(应用第三代逆变器IGBT)、辅机交流电传动、机车微机控制、柴油机电子喷射等众多先进技术。代表产品有DF8BJ(牵引变流器采用国产GTO)、捷力号(采用日本三菱公司IPM)、DF8CJ、DF8DJ(采用西门子IGBT功率模块)、和谐内燃5(HXN5，与美国通用电气GE合作)、和谐内燃3(HXN3，与美国EMD合作)、出口澳大利亚内燃机车(SDA1)等。

1.5.3 电力机车

电力机车本身不带原动机，机车顶部安装的受电弓接受接触网送来的电流作为能源，由牵引电动机驱动机车的车轮。电力机车具有功率大、热效率高、速度快、过载能力强和运行可靠等主要优点，不污染环境，特别适用于运输繁忙的铁路干线和隧道多、坡度大的山区铁路。

电力机车是从接触网上获取电能的，接触网供给电力机车的电流有直流和交流两种制式。根据电流制式的不同，电力机车可以分为直-直电力机车、交-直电力机车、交-直-交电力机车三类。

直-直电力机车采用直流制供电，牵引变电所内设有整流装置，它将三相交流电变成直流电后，再送到接触网上。因此，电力机车可直接从接触网上取得直流电供给直流串励牵引电动机使用，简化了机车上的设备。直流制的缺点是：接触网的电压低，一般为1500 V或3000 V，接触导线通过大电流导致线径较大，消耗大量的有色金属；接触网的电压低导致供电距离短，牵引变电所数量多，加大了建设投资。

交-直电力机车，在交流制中，世界上大多数国家都采用工频(50 Hz)交流制，少数采用低频(25 Hz)交流制。在我国，干线铁路的牵引变电所将三相交流电改变成25 kV 50 Hz单相交流电，把交流电变成直流电的任务在机车上完成。由于接触网电压比直流制时提高了很多，接触导线的线径可以相对减小，减少了有色金属的消耗；同时，加大了铁路沿线牵引变电所之间的距离，建设投资明显降低。世界上绝大多数电力机车是交-直电力机车。

交-直-交电力机车已知采用直流串励电动机驱动机车动轮，其最大优点是调速简单，只要改变直流电动机的端电压，就能很方便地在较大范围内实现对机车的调速。但是这种电机由于带有整流子、炭刷，使制造和维修很复杂，体积也较大。交流无整流子牵引电动机（即三相异步电动机）在制造、性能、功能、体积、质量、成本、可靠性等方面远比整流子电机优越得多，它之所以在电力机车上应用较晚，主要原因是调速比较困难，改变端电压不能使这种电机在较大范围内改变速度，而只有改变电流的频率才能达到目的。当代，电子技术和大功率晶闸管变流装置得到迅速发展，出现了采用三相交流电机的先进电力机车。交-直-交电力机车从接触网上引入的仍然是单相交流电，它首先把单相交流电整流成直流电，然后再把直流电逆变成电压、频率可变化的三相交流电供三相异步电动机使用。

1866 年，德国工程师西门子与技师哈卢施卡联营创立电机公司，制成世界上第一列电力机车，第二年在巴黎博览会上展出。1879 年，在柏林的工商业博览会上，这辆世界最早的电力火车公开试运行，列车用电动机牵引，由带电铁轨输送电流，功率为 3 hp[①]，一次可运旅客 18 人，时速 7 km。两年后，柏林郊外铺设了规模虽小但为世界第一条营业用的电车路线。同时德国又试验成功了架空接触导线供电系统，使电力机车的供电线路由地面转向空中，机车的电压和功率都大大提高。1895 年，在美国的巴尔的摩—俄亥铁路线上首次出现了长途电力机车，机车重 96 t，1080 hp，采用 550 V 直流供电。1901 年，西门子-哈卢施卡电机公司制造的电力机车在柏林附近创造了时速 160 km 的纪录。

中国第一台电力机车于 1958 年诞生于湖南株洲，命名为"韶山"，中国铁路开始步入电气化时代。截至目前，我国的电力机车主要有韶山系列、中国铁路高速系列、和谐电力系列、中国铁路标准动车组系列。韶山（SS）系列包括 SS1、SS3、SS4、SS4G、SS6、SS6B、SS7、SS7C、SS7D、SS7E、SS8、SS9、SS9G。中国铁路高速（CRH）系列包括 CRH1、CRH1A、CRH1B、CRH1E、CRH2、CRH2A、CRH2B、CRH2C、CRH2E、CRH3、CRH5、CRH6、CRH380A、CRH380B、CRH380C、CRH380D。和谐电力（HXD）系列包括 HXD1、HXD1B、HXD1C、HXD1D、HXD2、HXD2B、HXD2C、HXD3、HXD3B、HXD3C、HXD3D、HXD3G。中国铁路标准动车组（CR）系列包括 CR200、CR300、CR400AF、CR400BF。

1.6 铁道车辆

铁道车辆，或者称为铁路车辆，是指必须沿着铁路轨道运行的车辆，是铁路运输的主要工具。铁道车辆在铁路上运送旅客和货物，一般没有动力装置，通常车辆连挂成列，由机车牵引沿铁路线路运行。

1. 铁道车辆的特点

铁道车辆的特点如下：

（1）自行导向。铁道车辆通过其钢轮钢轨结构，使车轮沿轨道运行而无须专人掌握运行方向。

（2）低运行阻力。除坡道、弯道及空气对车辆的阻力之外，运行阻力主要来自走行机构中的轴与轴承以及车轮与轨面的摩擦阻力。钢轮钢轨结构的轮轨接触处变形小，运行阻力小，因此铁道车辆运行中的摩擦阻力较小。

[①] 1 hp＝745.7 W。

(3) 成列运行可制动。铁道车辆可以编组、连挂组成列车,车与车之间采用车钩缓冲装置连接。由于列车的惯性很大,每辆车均需设置制动装置,常采用抱闸(踏面制动)形式的空气制动装置。

(4) 严格的外形尺寸限制。铁道车辆只能在轨道线路上行驶,无法像其他陆地车辆那样主动避让靠近它的物体,为此制定了各种限界,以确保运行安全。

2．铁道车辆的基本结构

由于不同的运输目的、用途及运用条件,铁道车辆有多种类型,但一般都包含以下五个基本结构。

(1) 车体。车体是容纳运输对象的地方,又是安装与连接其他各组成部分的基础。现代车辆车体以钢结构或轻金属结构为主,尽量使所有的车体构件都承受载荷以减轻自重。绝大部分车体均有底架,它是车体的基础,一般由各种纵向梁、横向梁、辅助梁和地板等组成,并根据需要添加端墙、侧墙及车顶等。

(2) 走行部。走行部,即转向架,它的位置介于车体与轨道之间,引导车辆沿钢轨行驶和承受来自车体及线路的各种载荷、冲击并起到缓冲作用,是保证车辆运行品质的关键部件。转向架一般都做成一个相对独立的通用部件以适应多种车辆的需要,它主要由构架(侧架)、轮对轴箱装置、弹簧减振装置、基础制动装置等组成,常见结构是一节车辆安装两台二轴转向架。

(3) 制动装置。由于整个列车的惯性很大,所以必须在每辆车上装设制动装置,才能使运行中的车辆根据需要减速或在规定距离内停车,它是保证列车准确停车及安全运行所必不可少的装置。车辆上常见的制动装置是通过列车主管中空气压力的变化而使制动装置产生相应的动作。货车上的手制动机主要是在编组、调车作业中起停车与防溜作用的,其他轨道车辆的手制动装置作为一种辅助装置以备急需。

(4) 车钩缓冲装置。车辆要成列运行必须借助于连接装置,它将机车与车辆或车辆与车辆之间互相连接,传递纵向牵引力、制动力,以及缓和列车运行中的纵向冲击力。车钩缓冲装置一般由车钩、缓冲器、解钩装置及附属配件等组成,安装于车体底架两端的牵引梁上。

(5) 车辆内部设备。车辆内部设备是一些能为运输对象服务而设于车体内的固定附属装置,如客车上的电气、给水、取暖、通风、空调、座席、卧铺、行李架等装置。货车由于类型不同,内部设备也因此千差万别,一般来说比客车简单,如棚车中的拴马环、床托等分别为运送大牲畜及人员所设,其他如保温车、家畜车等各有其特殊的内部设备。

3．铁道车辆的分类

铁道车辆按用途可分为货车和客车。货车是供运送货物的车辆,原则上编组在货物运输列车中使用。货车类型很多,按其用途可分为通用货车、专用货车和特种货车。

1) 货车

(1) 通用货车

通用货车适合装运各种不同类型的货物,主要有下列三种。

① 敞车。车体两侧及端部均设有 0.8 m 以上的固定墙板,无车顶,又称高边车。主要用以装运散粒货物,如煤、焦炭等;可装运木材、集装箱等无须严格防止湿损的货物;也可加盖篷布,运输怕湿损的货物;还可装运质量不大的机械设备。敞车具有很强的通用性,其数量约占我国铁路货车总数的 56%。

② 棚车。车体设有车顶、侧墙、端墙和门窗,用以装运各种需防止湿损、日晒或散失的货物,如布匹、粮食、化肥、棉纺织品和仪器等。除运送货物外,大部分棚车还可以在紧急情况下临时代替客车运送旅客。

③ 平车。平车的底架承载面为一平面,通常两侧设有柱插,有的平车还设有可活动下翻式的矮端墙和侧墙,可用来装运矿石、砂土等块粒状货物。平车一般用于装运钢材、木材、集装箱、汽车、拖拉机、机器设备及军用装备等较大的货物。

(2) 专用货车

专用货车专供运送某些种类的货物,主要有如下几种。

① 罐车。设有圆筒形罐体,专用于装载液体、液化气体或粉末状货物的车辆。按货物品种可分为轻油罐车、黏油罐车、沥青罐车、食油罐车、水罐车、化工品罐车、粉状货物罐车、液化气罐车等。按卸货方式罐车可分为上卸式罐车和下卸式罐车。

② 保温车。车体设有隔热材料,车内设有降温和加温设备,用以装运易腐货物,如肉类、水果等,也可以装运对温度有特殊要求的货物。根据保温设备的不同,保温车可分为加冰冷藏车、机械冷藏车和冷藏加温车等。

③ 矿石车(也称自翻车)。车体有固定的侧、端墙和卸货用的特殊车门,车体比容积小于 $1\ m^3/t$,主要用以运送各种矿石、矿粉,有的整个车体能借液压或空气压力的作用向一侧倾斜,并自动开启侧门,把货物倾泻出来。

④ 砂石车。砂石车又称低边车,有固定的高度不足 0.8 m 的侧端墙,以防止过载,主要用于运送砂土、碎石等货物。

⑤ 长大货车。特长和特重货物无法用一般的铁路货车来装运,必须使用专门的长大货物车。车辆长度一般在 19 m 以上的长大平车,主要有以下几种:纵向梁中部做下凹而呈元宝形的凹底平车;底架中央部分做成空心,货物通过支承架坐落在孔内的落下孔车;将车辆制成两节,货物钳夹在两节车之间或通过专门的货物承载架装载在两节车之间的钳夹车等。

⑥ 通风车。车体与棚车相似,但侧端墙上设有百叶窗,顶棚设有通风口等通风设备,能从车外大量流入新鲜空气,而且能防止雨水侵入车内。通风车用以运送鲜果、蔬菜等货物,也可以运送一般货物。

⑦ 家畜车。车体与棚车相似,设有通风设备、给水设备、押运人员乘坐空间及饲料堆放间,有的还装有饲料槽,用以运送牛、马、猪等活家畜,根据运送家畜大小的不同,车体内还可加装隔板分层。

⑧ 水泥车。车体为圆柱形罐体,上部有装入水泥的舱孔,下部有漏斗式开门,专供运送散装水泥的车辆。还有一种气卸式水泥车,下部设有引进压缩空气的进风口及卸货口,压缩空气与水泥混合后由卸货口通过卸货软管输入存储水泥的库中。使用散装水泥车,可节约大量包装材料及工时。

⑨ 活鱼车。运送鱼苗及活鱼用的车辆,车内设有水槽、注排水装置、水泵循环水流装置、通风口、百叶窗及加温装置等设备。

⑩ 集装箱车。底架承载面与平车相同但无地板,车体上设有固定集装箱的设备,用以装运集装箱的车辆。采用集装箱车运输可大大提高装卸车效率,加速车辆的周转。

⑪ 漏斗车。车体上设有一个或数个带盖或不带盖的具有一定斜坡的装货斗的车辆,通

常借助货物的自重从漏斗口卸货。

⑫ 毒品车。运送有毒物品（如农药等）的车辆。

⑬ 守车。供货物列车运转车长使用的车辆，设有瞭望和行车安全设备，如风表、紧急制动阀等。车内还设有车长办公用的设备及取暖火炉等。为适应新形式运输的需要，我国已逐步淘汰守车，开行无守车列车。

(3) 特种货车

特种货车是具有特殊用途的车辆，主要有下列五种。

① 救援车。供列车发生颠覆或脱轨事故时，排除、修复线路故障使用的车辆。一般编成救援列车，包括起重吊车、修复线路的工具车、材料车、救援人员的食宿车等。

② 检衡车。用于鉴定轨道平衡（大型专用地秤）性能的车辆，设有砝码或同时设有操作机器，具有 30 t、40 t、50 t 等几种类别。

③ 发电车。设有动力机械驱动的发电设备的车辆。有单节的，也有由发电车、机修车及发电人员生活用车等合编成的电站式列车，可称为电站列车。用于临时供电，能作为铁路线上流动的发电场，供缺电处用电。

④ 除雪车。供扫除铁道上积雪之用。车辆上部装有铧犁式的专用除雪板，一般由机车推动前进，主要在我国寒冷的东北地区用于清扫轨道积雪。

⑤ 无缝钢轨输送车。用于运送、回收 250 m 的超长钢轨，一般由多种车辆组合而成。

2) 客车

客车，按其用途可分为运送旅客的车辆、为旅客服务的车辆和特殊用途的车辆三种。

(1) 运送旅客的车辆

① 硬座车。旅客座位为半硬制品（如泡沫塑料）或木制品，相对的两组座椅中心距离在 1800 mm 以下的座车。

② 软座车。旅客座位及靠垫设有弹簧装置，相对的两组座椅中心距离在 1800 mm 以上的座车。

③ 硬卧车。卧铺为三层，铺垫为半硬制品（如泡沫塑料）或木制品，卧室为敞开式或半敞开式的卧车。

④ 软卧车。卧铺为二层，铺垫有弹簧装置，卧室为封闭式单间，单间定员不超过四人的卧车。

⑤ 合造车。一辆车上同时设有两种或两种以上用途的车内设备的车辆，如软硬座合造车、行李邮政合造车等。

⑥ 双层客车。设有上、下两层客室的座车或卧车。

⑦ 简易客车。设有简易设备的客车。

⑧ 代用客车。用货车改装的代替客车使用的车辆，如代用座车、代用行李车等。

(2) 为旅客服务的车辆

① 餐车。供旅客在旅行中饮食就餐用的车辆，车内设有厨房、餐室及储藏室（同时还有小卖部）等。

② 行李车。供运输旅客行李及物品的车辆，车内设有行李间及办公室等。

(3) 特种用途的车辆

① 邮政车。供运输邮件使用的车辆，设有邮政间及邮政员办公室等，常固定编挂于旅

客列车中。

② 公务车。供国家机关工作人员到沿线检查工作时办公用的专用车辆。

③ 卫生车。专供运送伤病员使用的车辆，车内设有简单的医疗设备。

④ 医疗车。到铁路沿线为铁路职工及家属进行巡回医疗使用的车辆，车内设有医疗设备。

⑤ 试验车。供科学技术试验研究使用的车辆，车内设有试验仪器设备。

⑥ 维修车。供检查和维修铁道线路设备的车辆，车内设有必要的维修检查装备。

⑦ 文教车。为沿线铁路职工进行文艺演出、文化教育和技术教育使用的车辆，车内设有必要的文娱和教育用器具及设备。

⑧ 宿营车。供列车上乘务人员休息使用的车辆。

此外还有轨道检查车、轨道探伤车、隧道摄影车、限界检查车等特殊用途的车辆。

1.7 动车组

动车组是近代产生的一种轨道列车，由至少两节机车或动车和若干节拖车编组成列运行，协调统一完成运输任务，在高速铁路客运中，这种形式的列车十分常见，简称高铁或动车组。

动车组起源于机车重联，但与传统的机车重联有所不同。机车重联通常用于铁路货运列车，主要是为了解决列车在长大坡道上坡或重载运输时出现的牵引力不足问题，在原有的机车牵引列车的基础上，在列车尾部增加一个机车，特殊情况下甚至出现三四辆机车共同牵引的情况，但原列车中的车辆仍然不具备牵引力。近代动车组出现以来，只用于客运，主要是解决列车加速度不足和最高速度受限的问题，目的是高速行驶，运送乘客。一般动车组两端都有驾驶室，列车换向时无须先把机车在一端脱钩后再移到另一端挂钩，这样可以加快列车运转速度，减少车务人员的工作量，同时也提高了安全性。

根据动力来源，动车组可分为内燃动车组和电力动车组，电力动车组又可分为直流和交流两种类型。根据动力分配方式，动车组可分为动力集中式和动力分散式两大类。常见的是分散式，其由若干节动车和拖车编组组成。集中式是指若干个动车并列，有两种形式：第一种严格上来说只能算是普通的机车加车辆模式的翻版，例如，青藏铁路的列车常常是两三个车头；另一种为纯动车组，例如进行高速行驶试验时，采取了 6 节动车编组的动车组。根据列车速度范围，动车组可分为低速动车组、快速（普通）动车组和高速动车组。

动力分散式动车组的优点如下：动力装置分布在列车不同的位置上，能够最终实现较大的列车总牵引力，编组灵活；由于采用动力制动的轮对多、制动效率高、调速性能好、制动减速度大，适用于限速区段较多的线路以及停站较多的近郊通勤铁路、地下铁路；列车中一节动车的牵引动力发生故障时对全列车的牵引性能影响不大。动力分散式动车组的缺点是整列车上的牵引设备总数量多，总质量大。我国的 CRH 和 CR 系列列车以及常见的地铁列车等，都是动力分散式动车组。

动力集中式动车组的优点如下：由于全部动力装置集中安装在 2~3 节车辆上，检查维修比较方便；电气设备的总质量小于动力分散式动车组。动力集中式动车组的缺点是动车的轴重较大，对线路不利。

CRH 系列动车组的动力分配方式不统一,如 CRH1B 是 10 动 6 拖,CRH2B 是 8 动 8 拖,CRH380AL 采用 14 动 2 拖。目前最新的中国标准动车组 CR,统一采用 4 动 4 拖编组模式,并以 4 节车厢为一个动力单元,每个单元是 2 动 2 拖,能实现 4、8、12、16 等 4 的倍数的数量列车自由编组。城市轨道交通的动车组编组多在 2~8 节车厢,一般为动力分散式动车组,有纯动车组也有动车和拖车混合编组。

世界上著名的动车组有日本新干线列车、德国 ICE 列车、法国 TGV 列车、欧洲之星列车、瑞典 X2000 列车、美国 ACELA 列车等。

思考题

1-1　轨道交通有哪些形式?
1-2　轨道交通的特点有哪些?
1-3　世界上最早的城市地铁系统何时何地开通,由谁设计?
1-4　机车按源动力和用途不同如何分类?
1-5　电力机车按照用电制式如何分类?
1-6　我国现有哪些型号的内燃机车?
1-7　我国现有哪些型号的电力机车?

第 2 章

城市轨道交通的基础知识

2.1 城市轨道交通的优点与缺点

城市轨道交通具有以下优点：运量大，单向高峰小时运送乘客最高可达 7 万人次；速度快，常见平均旅行速度可达到 40 km/h；时间准确，一般具有专有路权，不易受外界干扰，有周密细致的运输计划，可以准确控制行车时间与到站时刻；安全可靠，现代科技的广泛运用大大提高了安全系数；能够缓解城市公共交通的压力并引领城市规划；非常时期可作为临时避难场所；乘坐舒适，不堵车，污染小，无噪声，占地少，节能等。缺点是：建设投资巨大，建设周期长；已经建成路线与路网的结构不易调整；运营、维护成本高，直接经济效益有限等。

2.2 城市轨道交通的分类

城市轨道交通一般采用轮轨结构进行承重和导向，依据城市交通总体规划的要求，设置全封闭或部分封闭的专用轨道线路，具有线路、通信信号、车站、供电、控制中心和服务设施等，以单车或编组成列车的形式运送相当规模客流，属于城市公共交通方式。城市轨道交通种类繁多，技术指标差异较大，世界各国的标准不同，尚无统一的分类方法。现有资料按照单向高峰小时运输能力、线路架设（敷设）方式、导向方式、线路隔离程度等进行分类，这些分类方法也反映了各种城市轨道交通方式的技术特点、性能指标。

根据单向高峰小时客运量的大小可分为：高运量，5 万～7 万人次/单向小时，一般为地铁形式；大运量，3 万～5 万人次/单向小时，一般为地铁、高标准的轻轨等形式；中运量，1 万～3 万人次/单向小时，一般为轻轨、单轨、独轨、自动导向系统等形式；小（低）运量：<1 万人次/单向小时，一般为有轨电车形式。

根据线路架设（敷设）方式可分为地面轨道交通、高架轨道交通、地下（或水下）轨道交通。地面轨道交通的造价最低，但受到原有地面情况的影响制约。高架轨道交通的成本高一些，同时会对城市景观、附近建筑产生影响。地下轨道交通造价昂贵，并且施工周期最长。

根据导向方式分为轮轨导向和导向轮导向。轮轨导向,一般为钢轮钢轨系统,例如地铁、轻轨、有轨电车等,常见的轨道交通都采用钢轮钢轨系统。导向轮导向,例如单轨、新交通系统等,现阶段应用较少。

根据线路隔离程度,即车辆的路权问题分为全隔离、半隔离和不隔离。全隔离,一般高运量、大运量的城市轨道交通方式采用;半隔离,一般中运量的城市轨道交通方式采用;不隔离,一般小运量的城市轨道交通方式采用。

根据轮轨的材料形式可分为钢轮钢轨和胶轮混凝土路面。现阶段大部分轨道交通采用钢轮钢轨的结构形式,单轨交通一般采用胶轮混凝土路面,线性电机牵引的轨道交通可采用钢轮钢轨或胶轮混凝土路面,磁悬浮交通一般采用胶轮。

按车辆动轴上的驱动电机类型可分为直流车、交流车和线性电机车。直流车(直流电传动车辆),上一代轨道交通常见,即车辆轮对上安装的驱动电机为直流电机;交流车(交流电传动车辆),现有大部分轨道交通车辆轮对上安装的驱动电机为交流电机;线性电机车(或直线电机车辆),线性电机地铁、磁悬浮的驱动电机为线性电机。

按照传统习惯和通俗称呼,可将城市轨道交通分为地铁、轻轨、单轨或独轨、有轨电车、市郊铁路、磁悬浮、新交通系统共七大类,以下分别进行介绍。随着时代的发展和科学技术的进步,仍可能有新形式城市轨道交通产生。

2.3 地铁

地铁(metro,subway,underground railway),即地下铁道或地下铁,仅从字面上理解,其线路应敷设在地下隧道内,也就是以地下运行为主,然而许多地铁在修建时受到地理环境的限制,同时考虑建设施工以及运营服务的成本,往往在城市中心采用地下隧道敷设,在城市中心以外地区转成地面或高架桥上敷设。因此地铁除了在地下隧道内行驶外,也可能出现在地面或高架桥上。

1. 地铁与地铁车辆

地铁是一种高运量或大运量的城市内、城市间的乘客运输系统,通常采用钢轮钢轨结构进行承重与导向,标准轨距为1435 mm,主要在大城市地下隧道内修筑的专用轨道上运行。地铁的主要技术指标如下:

(1) 最小运行时间间隔,采用追踪运行时最短可达到30 s;
(2) 与其他交通方式的隔离率为100%,适用于地下、地面与高架;
(3) 每节车厢的乘客数量多于300人,超载可更多;
(4) 每列车编组车辆数为2~10节;
(5) 单向高峰小时客运量为5万~7万人次;
(6) 车辆构造速度超过80 km/h;
(7) 时刻表速度或旅行速度为40 km/h左右;
(8) 车站平均站距为500~2500 m。

国内地铁常见车辆有A型车辆、B型车辆、直线电机B型车辆,这三种车辆参数不同,可运行的线路参数不同,单向高峰小时客运量也不同,常用于高运量或大运量的运输。国内地铁三种常见车辆的参数对比见表2.1。

表 2.1　国内地铁三种常见车辆的参数对比

分类	车辆主要参数	线路参数	单向高峰小时客运量/(人次/h)	运营速度 v/(km/h)
A 型车辆	车长：24.4 m/22.8 m； 车宽：3.0 m； 定员：310 人； 最大轴重：≤16 t； 列车编组：4～8 节； 列车长度：100～186 m	线路半径：≥300 m； 线路坡度：≤35‰； 供电：1500 V DC 接触网	高运量， 5 万～7 万	≥35
B 型车辆	车长：19.52 m； 车宽：2.8 m； 定员：230～245 人； 最大轴重：≤14 t； 列车编组：4～8 节； 列车长度：80～160 m	线路半径：≥250 m； 线路坡度：≤35‰； 供电：1500 V DC 接触网或 750 V DC 第三轨	大运量， 3 万～5 万	≥35
直线电机 B 型车辆	车长：17.2 m/16.8 m； 车宽：2.6 m； 定员：215～240 人； 最大轴重：≤13 t； 列车编组：4～8 节； 列车长度：70～136 m	线路半径：≥100 m； 线路坡度：≤60‰； 供电：1500 V DC 接触网或 750 V DC 第三轨	大运量， 2 万～4 万	≥35

地铁属于高运量或大运量的城市轨道交通，具有可信赖的准时性和速达性，通常与其他线路无平交，不受干扰，安全性高，噪声小，污染少，对城市环境不造成破坏，充分利用了地下空间，节约了城市土地。但由于地铁大部分位于地下，建设施工难度大，工程量大，建设费用高，建设周期长，开通运营后的运营成本高，难以产生经济效益，当出现意外情况时人群疏散困难。

2. 线性地铁

线性地铁，又称为小断面地铁，是近年来出现的一种新型交通工具。相对于一般的地铁列车采用旋转电机牵引驱动，线性地铁采用线性电机（或直线电机）牵引驱动。

线性电机相当于把旋转电机的定子和转子剖开展平，因此，相同功率的线性电机要比旋转电机缩小 3/4 的高度，可以减小车辆车轮的直径，降低车辆的整体高度，减少了行走区间的断面面积，隧道断面小（见图 2.1），使整个系统小型化，降低了工程建设投资。线性电机车辆的转向架常常采用径向转向架，其结构相对简单，取消了齿轮传动机构，齿轮的啮合振动和噪声问题得到彻底解决。线性电机车辆的车轮不是驱动轮，车轮只起支撑、导向作用，没有动力轮对与钢轨蠕滑滚动时产生的振动和噪声。径向转向架有良好的曲线通过性能，避免了通过曲线时因轮轨冲击带来的振动和噪声，故线性地铁的振动小、噪声低。线性地铁的最大坡度理论上可达到 10%，目前可实现 8%。这有利于线路纵断面设计，可采用较小的曲线半径和较大的坡道，显著减少了隧道及高架的过渡段，减少了拆迁工作量，从而进一步降低了工程建设投资。日本东京 12 号线隧道断面面积就减少了近一半，综合造价节约了近 20%，一般线性地铁的投资为普通地铁的 60%～80%。线性地铁的运输能力略低于一般地铁系统,但其运营成本与一般地铁差不多。

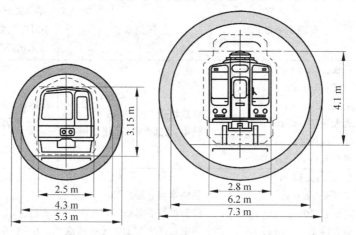

图 2.1　线性地铁与普通地铁的隧道断面比较

综上所述,线性地铁由于采用线性电机,取消了旋转电机和机械变速传动系统,转向架的结构简单轻巧,因此有利于安装径向转向架,线路可采用小半径曲线,车辆通过曲线能力加强。车轮起承载导向作用,列车的牵引力不受轮轨之间黏着条件的影响,所以能获得优良的动力性能和爬坡能力。

线性电机驱动的车辆比传统车辆具有更强的加减速性能,有更高的停车位置控制精度,因此更易实现小编组、高密度、自动驾驶的运行模式,它可以 2～6 辆灵活编组,适应不同的客运量需要。线性电机驱动地铁车辆仍采用钢轮钢轨系统来支撑和引导车辆运行,继续采用长期运用成熟的、安全可靠的轨道电路信号系统来实行对列车的信号传输、运行监控和集中调度,运营适应性较好,安全性和可靠性较高。由于线性电机驱动地铁车辆是典型的非黏着驱动方式,牵引制动性能发挥不依赖于环境,是一种全天候的运载工具。线性电机驱动的电磁力的分力使轮轨间产生一定的附加压力,有利于提高轮轨运动的稳定性,因此其安全性指标较高。由于取消了旋转电机驱动所必须的联轴器、齿轮箱等,磨耗小,因而大大提高了车辆运行的可靠性和可维护性,维修工作量较小,维护成本较低。

线性地铁仍然存在以下一些缺点:①由于车载定子与地面转子是处在一个相对直线运动的弹性(轴箱垂向弹性定位)系统间,不可避免地会造成间隙变化,因此气隙设计得不能太小,否则会产生不安全因素,一般定在 12 mm 左右(德国磁悬浮列车的气隙为 8 mm);②线性电机存在端部(旋转电机是闭环),因此漏磁场较大,机电能量转化率低,所以线性电机的效率较低,一般在 0.7～0.8 之间,功率因数也较低,一般在 0.5～0.6 之间;③线性电机气隙的安装、运行、保养、维护较困难,如何确保运行中气隙的精度是线性地铁的技术难题,为此所需的工作量和维护成本较高,也容易引发安全性问题。

广州是我国第一个应用线性电机轨道交通的城市,广州地铁 4 号线、5 号线和 6 号线采用线性电机轮轨交通。北京机场线 2006 年 1 月地面段开工,8 月地下段隧道开通,2008 年 4 月 1 日试运行,7 月 19 日在奥运会开幕之前正式运营,北京成为我国第二个应用线性电机轨道交通的城市。

2.4 轻轨

轻轨(light rail transit),是一种大运量、中运量的城市轨道交通工具。轻轨通常使用电力牵引,整体技术标准低于地铁,运输能力也小于地铁,介于标准有轨电车和地铁或城市铁路之间,一般用于城市市区或近郊的旅客运输。

有观点认为,地面下的城市轨道交通叫地铁,反之就是轻轨;也有观点认为,钢轨轻的就是轻轨,重的就是地铁。这些观点并不科学,地铁列车经常运行于地面或高架桥上,同时也有很多轻轨列车在地面下的隧道内运行,目前轻轨已普遍采用与地铁相同规格的钢轨(60 kg/m)。轻轨与地铁的本质区别是单向高峰小时客运量即运输能力不同,一般来说,地铁的运输能力要大于轻轨的运输能力,而由此导致了车辆、线路、通信信号、车站、设备设施、运营管理等一系列的不同。

部分城市的轻轨是由原来的有轨电车发展而来,采用中等载客容量的车厢,每辆车定员一般在200人左右,每小时单向运量在1万~5万人次之间,为了保证运输能力,一般轻轨线路中大约50%的股道与道路完全隔离。相比于地铁,轻轨的线路工程量小,车辆轻,可以在更大的坡道、更小的曲线上行驶。轻轨的技术指标普遍低于地铁,从线路、车辆到各种运营相关的设备设施都比地铁的设备简单、轻量化一些,可以看成是以降低运输能力为代价换取了工程建设成本降低、运营成本降低。轻轨的主要技术指标如下:

(1) 最小运行时间间隔为1 min;
(2) 与其他交通方式隔离率大于50%,适用于地面与高架,地下较少见;
(3) 每节车厢的乘客数量为200~250人;
(4) 每列车编组车辆数为2~8节;
(5) 单向高峰小时客运量为1万~5万人次,以大运量为主,即3万~5万人次/单向小时;
(6) 车辆构造速度大于60 km/h;
(7) 时刻表速度或旅行速度为30 km/h左右;
(8) 车站平均站距为500~2500 m。

国内的几种轻轨车辆及其线路参数见表2.2。

表2.2 国内的几种轻轨车辆及其线路参数

项目	参数	C-Ⅰ型	C-Ⅱ型	C-Ⅲ型	线性电机C型车
轻轨车辆	车辆宽度/mm	2600	2600	2600	2600
	车辆基本长度/mm	18 900	23 200	30 400	16 500
	车辆定员/人	200	240	315	150
	车辆最大轴重/t	11	11	11	11
	列车编组/辆	1~3	1~3	1~3	1~3
	列车长度/m	20~60	25~70	31~92	66~100
线路	类型、形式	高架、地面或地下,封闭或专用车道			封闭
	最小平面曲线半径/m	受电弓 $R \geq 50$,受电器 $R \geq 80$			
	最大坡度/‰	60			

轻轨在建设上比地铁更灵活，大部分线路隔离，困难地段的线路可以敷设在街道上，旅客可以在人行道上直接上下车，在混合交通条件下轻轨的平均行车速度仍较高。在中等规模城市，客流量相对较小，需求中、大运量的运输工具，轻轨的投资少、施工建设周期短，比公共巴士、有轨电车更具吸引力。轻轨在我国具有较好的发展前景。

轻轨的建设方式多种多样。改造旧式有轨电车成为轻轨，以德国、东欧各国为代表，德国国内共有35个城市运行有轨电车，线路总长3200 km，有轨电车5200辆。利用废弃铁路线路改建成轻轨线路，以美国圣迭戈轻轨交通为代表，全长25.6 km，从市区圣太飞火车站到墨西哥边境的铁路线路，因被飓风破坏，改造成轻轨线路。瑞典的哥德堡、德国的卡尔·马克思州也都采用这一方式。日本的一些大中城市，有完善的轨道交通系统，仍投资改造有轨电车。我国上海市轨道交通明珠线一期工程也是利用原有铁路改造为轻轨线路。在一些城市和地区，修建轻轨要比修建地铁更经济实惠、更迅速，马尼拉、鹿特丹、中国香港等城市都相继新建了轻轨线路。

2.5 单轨

单轨（monorail，single track），是一种车辆与特制轨道梁组合成一体运行的中运量轨道运输系统，其轨道梁不仅是车辆的承重结构，同时也是车辆运行的导向轨道。

单轨的车辆与专用轨道一体化，可分为跨骑式和悬挂式两种，常见为跨骑式，如图2.2所示。单轨车辆大多采用橡胶轮胎，线路通常采用高架结构，其运能常为中运量，也可以是小运量或大运量。不同运量的单轨系统，其结构形式、车辆结构差异较大，国内外并无统一标准。

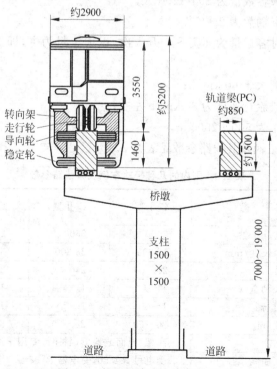

图2.2 某型号跨骑式单轨系统

1821年，英国人 P. H. Dalmer 开发了独轨铁路。1888年，法国人在爱尔兰敷设了约 15 km 的跨座式独轨铁路，由蒸汽机车牵引，因为车厢摇摆、噪声大等原因，1942年这条线路停止运营。1893年，德国人 Langen 发明了悬挂式单轨，1901年在伍帕尔开始运营，线路长 13.3 km，10 km 跨河架设，其余利用街道上空建设，是悬挂式单轨的先驱，至今仍在使用，成为该市的一个历史景观。

单轨的主要技术指标如下：

(1) 最小运行时间间隔为 2 min；
(2) 与其他交通方式隔离率为 100%，适用于地面与高架；
(3) 每节车厢的乘客数量为 50～200 人；
(4) 每列车编组车辆数为 2～6 节；
(5) 单向高峰小时客运量为 0.5 万～5 万人次，以中运量为主，即 1 万～3 万人/单向小时；
(6) 车辆构造速度大于 60 km/h；
(7) 时刻表速度或旅行速度大于 30 km/h；
(8) 车站平均站距为 500～2500 m。

单轨的显著优点是占用土地少，尤其适合地下、地面无法施工建设的特殊情形，如果按每根支柱直径仅为 1～1.5 m，双线断面总宽度为 5～7 m，明显窄于其他的高架地铁、轻轨系统。国内某单轨系统的车辆与线路参数见表 2.3。

表 2.3 国内某单轨系统的车辆与线路参数

交通类型	车辆类型	车辆与线路参数	单向高峰小时客运量与旅行速度	适用范围
单轨系统	跨座式单轨车辆 GJ231	车长：15 m；车宽：3 m；定员：150～170 人；线路半径：≥60 m；线路坡度：≤60‰	单向高峰小时客运量：1 万～3 万人次/h；旅行速度：≥35 km/h	中运量，适用于高架
	悬挂式单轨车辆	车长：14 m；车宽：2.6 m；定员：80～100 人；线路半径：≥60 m；线路坡度：≤60‰	单向高峰小时客运量：0.8 万～1.5 万人次/h；旅行速度：≥20 km/h	中运量，适用于高架

单轨系统产生于中运量的运输需求，其行驶部分的结构已经不是传统轨道交通的钢轮钢轨形式，由于车辆结构、控制与运营方式的变化，运量的浮动范围较大，但目前尚未见到能达到高运量的案例。单轨系统能适应复杂的地形要求，爬坡能力强，使用了橡胶轮胎，噪声与振动小。单轨系统适宜在狭窄街道的上空建设，可减少拆迁工程量，结构简单，易于建造，建设工期短，造价低，一般为地铁的 1/3。单轨系统在当前的运用中仍然存在一些问题，由于种类、制式较多，难以统一，互联互通与降低成本面临较大的障碍。随着运量的增大，其结构形式更加复杂，占用空间加大，总成本提高。单轨系统的车辆规格不统一，给设计生产都

带来了较大的困难。橡胶轮与轨道梁摩擦产生橡胶粉尘,对环境有轻度污染。列车运行在区间发生事故时救援困难,乘客疏散困难较大。单轨系统的导向、稳定及转辙装置等关键技术问题,有待在运用中验证,其设计制造水平有待进一步提高。由于单轨系统的特殊导向结构,其道岔转换时间较长,折返作业时间较长,制约了运输能力。

日本至少有六个城市有单轨系统,其中东京的单轨系统年载客量超过一亿人,日本也是世界上唯一具有单轨系统行业标准的国家。

重庆市城市轨道交通中有两条跨座式单轨系统,重庆轨道交通 2 号线已于 2005 年正式运营,重庆轨道交通 3 号线于 2011 年 9 月投入运营,其全长 55 km,是世界上最长的单轨系统,其主要参数见表 2.4。

表 2.4 重庆市跨座式单轨车辆的主要技术参数

规 格		Mc	M
列车编组数量		Mc+M+M+Mc	
轨道尺寸/mm		8500(L),1500(W)	
受流方式		轨道两侧刚性接触网	
供电电压		1500 V DC	
尺寸	长/mm	15 500	14 600
	宽/mm	2980	2980
	高/mm	5300	5300
轴重/t		9.5	7.5
自重/t		28.6	27.6
轴距/mm		走行轮 1500,导向轮 2500	
性能	构造速度/(km/h)	80	
	起动加速度/(m/s^2)	0.833	
	制动减速度/(m/s^2)	1.1	

2.6 有轨电车

有轨电车(tram,streetcar,trolley),也可称为路面电车,通常使用电力牵引,可能是钢轮钢轨结构或者是橡胶轮承重驱动钢轨导向,2~6 辆编组运行在城市道路线路上的小运量城市轨道交通系统。

有轨电车,起源于早期的城市公共马车,为了多载客,人们把马车放在铁轨上,即马拉轨道公交车,既有固定的行驶线路,又不破坏城市路面。世界上第一条有轨电车线于 1888 年 5 月在美国弗吉尼亚州里士满开通。

有轨电车的主要技术指标如下:

(1) 最小运行时间间隔为 5 min;

(2) 与其他交通方式隔离率小于 50%,适用于地面与高架;

(3) 每节车厢的乘客数量为 50~150 人;

(4) 每列车编组车辆数为 2~4 节;

(5) 单向高峰小时客运量为 0.5 万～3 万人次,以小运量为主,即小于 1 万人次/单向小时;

(6) 车辆构造速度大于 50 km/h;

(7) 时刻表速度或旅行速度为 20 km/h;

(8) 车站平均站距为 500～2500 m。

有轨电车的显著优点是直接使用路面道路,投资小,施工建设快。某型号有轨电车车辆的主要技术参数见表 2.5。

表 2.5 某型号有轨电车车辆的主要技术参数

车辆类型	车辆与线路参数	单向高峰小时运量与旅行速度	适用范围
有轨电车车辆 (单车/铰接车)	车长:12.5/28 m; 车宽:2.6 m; 定员:110/260 人; 线路半径:≥30 m; 线路坡度:≤60‰	单向高峰小时客运量:0.6 万～1 万人次; 旅行速度:≥15 km/h	低运量,适用于地面道路,混行

有轨电车的造价低,建设容易,建设速度快,多为两节铰接,多数停靠站为地面车站或简易低站台。有轨电车不享有独立路权,大多数通过交叉口为平交,线路直接布置在道路交通的路面,易与其他地面车辆产生冲突,引起道路交通堵塞。而且运输能力较小,车速慢。

1908 年 3 月 5 日,我国第一条有轨电车线在上海南京路建成通车,之后北京、天津及东北一些城市相继修建了有轨电车。19 世纪后期和 20 世纪前期是有轨电车的发展高峰,1920 年美国有 370 个城镇建有有轨电车,总长 2.5 万 km,年客运量 137 亿人次。20 世纪五六十年代,汽车迅速发展,私人轿车开始普及,路面空间拥挤,世界各大城市纷纷拆除有轨电车。我国在 20 世纪 50 年代末开始拆除有轨电车,后期大连对有轨电车进行改造,运量提高接近轻轨系统。近年来,人类环保意识不断提高,能源危机意识加强,新型有轨电车再次出现,目前在世界多个城市新建设了新型有轨电车系统。天津市滨海新区的天津泰达现代有轨电车,车体长 25 m、宽 2.2 m,由三节车厢组成,100% 低底盘设计,乘客上下车很方便,动力轮由橡胶制成,噪声很低,同时降低了车辆对路面的损坏,每趟可运送乘客 167 人,最高速度为 70 km/h。

2.7 市郊铁路

市郊铁路(commuter rail,regional rail),又称为城市快速铁路、市域铁路、通勤铁路、地区铁路等,通常由电力机车或内燃机车牵引,采用钢轮钢轨结构,车辆编组运行在城市中心与市郊、市郊与市郊、市郊与新建城镇之间,是以地面专用铁路为主的大运量快速城市轨道交通系统。

我国市郊铁路发展较慢,当前面临京津冀一体化、珠三角、渤海区域、郑州市域、广州市域等城市组团的需求,市郊铁路迎来了较大的发展机遇。市郊铁路的主要技术指标如下:

(1) 最小运行时间间隔为 5 min；
(2) 常常使用铁路线路，适用于地面与高架；
(3) 每节车厢的乘客数量为 200 人；
(4) 每列车编组车辆数量为 2～10 节；
(5) 高峰每日客运量为 50 万～80 万人次；
(6) 车辆构造速度大于 120 km/h；
(7) 时刻表速度或旅行速度大于 50 km/h；
(8) 车站平均站距为 5～10 km。

市郊铁路，通常其所有权不属于所在城市，而由铁路或股份公司运行。一般建在城市郊区，把市区与郊区尤其是与远郊联系起来，和干线铁路设有联络线或者是干线铁路的一部分，线路大多建在地面，极少部分建在地下或高架。线路设施与干线铁路基本相同，服务对象为城市公共交通客流，即以短途、通勤旅客为主。市郊铁路的商业速度最高已达到 350 km/h，常见的市郊铁路速度可达 100 km/h。某型号市郊铁路车辆的主要技术参数见表 2.6。

表 2.6 某型号市郊铁路车辆的主要技术参数

车辆类型	车辆与线路参数	运量与旅行速度	适用范围
市郊铁路车辆	车长：22～25 m； 车宽：≤3.4 m； 定员：≥120 人； 线路半径：≥400 m； 线路坡度：≤30‰	客运量：50 万～80 万人次/天； 旅行速度：≥100 km/h	高或大运量，适用于城市间或市郊的交通

市郊铁路，结构上与铁路基本相同，具有干线铁路的技术特征，但其服务对象与干线铁路不同，适用于短途乘客，也可根据需要只在上下班高峰小时开行，在其线路上常有干线旅客列车和货物列车运行，投资额是地铁的 1/10～1/5。

法国巴黎正常工作日的高峰小时交通流量中，市郊铁路的运量占总运量的 40%以上，地铁占 40%。在 5 个巴黎市民中，有 2 人使用市郊铁路，2 人使用地铁或其他公共交通工具，只有 1 人使用私人小汽车。

法国国营铁路公司积极介入巴黎的城市公共交通。法国国铁的 6 个火车站分布在巴黎的 6 个方向，国铁的一部分线路归入了巴黎市交通管理局，有一部分线路由双方共管，还有一部分与巴黎周围铁路干线相连的线路，仍由法国国铁管辖。法国国铁与巴黎市交通管理局有协议，上述所有线路上的车票、票价都是统一的，法国国铁的线路网是巴黎郊区与巴黎市中心联系的主要纽带，其运营长度达 887 km，共有 327 个车站，每天客运量超过 100 万人次。

2.8 磁悬浮

磁悬浮（magnetic levitation），是一种非轮轨黏着传动，悬浮于特制轨道上的交通运输系统。磁悬浮利用常导或超导磁力悬浮原理，使用电磁铁进行悬浮支撑，这个力可以是吸引力或排斥力（见图 2.3），该力将列车浮离地面，并使用线性电机驱动。

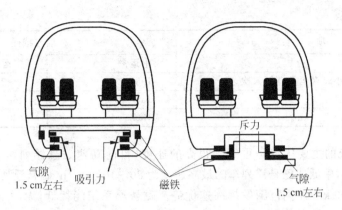

图 2.3 磁悬浮列车利用吸引力或排斥力悬浮起来

磁悬浮系统分为常导和超导两种。德国的 TR 型和日本的 HSST 型采用常导磁悬浮技术。日本的 MLU 型则是利用浸入低温(-268.8℃)槽内的超导材料制成电磁线圈,由于此时电阻为 0,可产生强磁场,然后依靠两大电磁铁之间的斥力使列车浮起,所以称为超导磁悬浮技术。

现有磁悬浮列车的驱动通常采用线性电机,但对于中低速磁悬浮系统和高速磁悬浮系统,供电方式不同,见表 2.7。对于中低速磁悬浮系统,电动机的转子敷设在轨道上,而将电动机的定子布置在列车上。对于高速磁悬浮系统,电动机的转子布置在列车上,电动机的定子敷设在轨道上。通过转子与定子间的相互作用,将电能转化为车辆前进的动能。

表 2.7 高速磁悬浮与中低速磁悬浮的供电

项 目	高速磁悬浮系统	中低速磁悬浮系统
线性电机	定子在轨道上,转子在车上	转子在轨道上,定子在车上
转向	主要依靠道岔	主要依靠道岔
供电	不需要向车辆供电	需要向车辆供电
应用范围	长距离运输	中、短距离运输

磁悬浮系统的主要技术参数见表 2.8。

表 2.8 磁悬浮系统的主要技术参数

项 目		标准与特征	
	车型	低速磁悬浮系统	高速磁悬浮系统
车辆	车辆宽度/mm	2800	3700
	车辆长度/mm	15 500	27 210/24 770
	车辆定员/人	135/153	80/107
	列车编组/辆	4~8	4~8
	列车长度/m	65~125	105~205
线路	类型、形式	高架、地面或地下,封闭专用车道	
	最小平面曲线半径/m	70	300
	最大坡度/‰	70	100

续表

项　目	标准与特征	
运量规模	中运量	中运量
单向高峰小时客运量/(万人次/h)	1.5~3	1~2.5
供电电压(DC)/V	1500	1500
最高旅行速度/(km/h)	100	430

磁悬浮系统的主要优点是可达到很高的速度，目前高速磁悬浮列车的最高速度可达500~600 km/h，中低速磁悬浮列车的最高速度为80~100 km/h，磁悬浮列车的加、减速快，可在1000~1500 km距离范围发挥高速优势。磁悬浮系统能耗低，无污染，无有害气体排放，不使用车轮，无粉尘、橡胶粉产生，舒适度好，采用4~10节车编组，全速行驶乘客仍然十分舒适。运量方面，中、低速磁悬浮列车可达20 000人次/单向小时。线路最小曲线半径，300 km/h速度时为1590 m，400 km/h速度时为2825 m，是高速轮轨列车最小曲线半径的1/3~1/2。由于是非接触运行，取消了受电弓、网，机械磨耗小，可做到免维修。磁悬浮系统的主要缺点是工程、实用和商业运营线路的实践较少，有一定投资风险。

1984年英国伯明翰开通了速度为54 km/h、长度为620 m的商业运营线。2005年3月，日本名古屋东部丘陵线开始商业运营，世博会期间通过干线铁路经由丘陵线到达世博园区。我国上海磁悬浮列车示范线2003年开通，西起上海地铁2号线龙阳路车站南侧，东到浦东国际机场一期航站楼东侧，线路总长31.17 km，设计时速和运行时速分别为505 km/h和430 km/h，总投资89亿元。

2.9　新交通系统

新交通系统，是一个模糊的概念，不同国家和城市对此有不同的理解，没有统一和严格的定义，例如自动导向系统(automated guideway transit)。随着科学技术的进步，会有一些更新、更好的交通系统出现。

当前，新交通系统常常是指那些新出现的、现代化的新型公共交通方式。它们通常由电力牵引，具有特殊导向、操作和转向方式的胶轮车辆，单车或数辆编组运行在专用轨道梁上，一般是中、小运量的轨道运输系统，可无人驾驶自动运行，车站无人管理，自动化水平高。某型自动导向交通系统的主要参数见表2.9。

表2.9　某型自动导向交通系统的主要参数

项目与参数		特征与参数值
车辆	车型	胶轮导向车
	车辆宽度/mm	2500
	车辆长度/mm	8400
	车辆定员/人	75
	车辆最大轴重/t	9
	列车编组/辆	2~6
	列车长度/m	16.8~50.4

续表

项目与参数		特征与参数值
线路	类型、形式	高架、地面或地下，封闭专用车道
	最小平面曲线半径/m	30
	最大坡度/‰	60
单向高峰小时客运量/(万人次)		0.6～1.5
供电电压(DC)/V		750
最高旅行速度/(km/h)		≥25

新交通系统的主要特点是自动化程度更高，普遍采用车辆无人驾驶、车站无人管理的方式，但也可不使用自动运行系统，由人工操作，机动灵活，使用方便，节约能源，基本没有噪声污染。某些新交通系统采用了独特的导向方式，车辆及轨道结构有别于其他轨道系统，兼容性不强，不能与现有的钢轮钢轨的轨道交通进行互联互通。

当前的新交通系统，常见为小运量，系统的道岔简单，换向时间短。从导向方式上区分，有中央导向方式和侧面导向方式。每种导向方式又可分为单用型和两用型，单用型是指车辆只能在导轨上运行，两用型指车辆既可在导轨上运行又可在一般道路上行驶。某胶轮导向车辆的主要技术参数，见表2.10。

表2.10 某胶轮导向车辆的主要技术参数

车 辆 类 型	车辆与线路参数	运量与旅行速度	适用范围
胶轮导向车辆	车长：8.4 m； 车宽：≤2.4 m； 定员：75人 线路半径：≥30 m； 线路坡度：≤60‰	运量：0.6万～1.5万人次/单向小时； 旅行速度：≥25 km/h	低运量，适用于高架

世界各地已有几十条规模不等、用途不同、具体构造也有所不同的新交通系统线路，其中以日本的新交通系统和法国的VAL系统较为先进。

日本将高架独轨和新交通系统看作现代化的象征，从1976年起做出规定，新交通系统可使用国家财政资助，因而促进了新交通系统的发展。现在，日本已经有10多条新交通系统线路。

日本神户自动导向交通车辆技术指标如下：

(1) 最小运行时间间隔为3 min；
(2) 每节车厢乘客数量为70人(按$0.14 m^2$/人计算)；
(3) 每列车编组车厢数为4～12节；
(4) 单向高峰小时客运量为0.8万～2.5万人次；
(5) 时刻表速度为30 km/h；
(6) 最低经济运输量为4300人/(km·天)。

里尔是法国北部的集合城市，由三个城镇组合而成，人口120万。为了将城市中心区和附近的城镇和大学区连接起来，建造了几条线路，1984年开始投入运营，称为VAL系统。

VAL 系统的主要技术特性指标如下：
(1) 最小运行时间间隔为 2 min；
(2) 每节车厢乘客数量为 70 人（按 0.14 m²/人计算）；
(3) 列车编组数为 4～12 节；
(4) 单向高峰小时客运量为 0.8 万～2.5 万人次；
(5) 时刻表速度为 30 km/h。

2.10 城市轨道交通系统的比较

各种城市轨道交通的本质区别是运输能力不同，其代表参数就是单向高峰小时客运量。单向高峰小时客运量是列车载客容量、列车功率、列车控制、线路、车站、通信信号、运营管理等各个部分协调统一、共同工作的最终结果。从小运量、中运量到大运量、高运量，运量的增加意味着列车、线路、车站、设备、运营管理等各方面的能力加强、成本提高。

轨道车辆的速度、车站之间的距离直接影响乘客的旅行时间，因此，各种城市轨道交通系统有其适用的站间距。各种交通工具的出行距离和乘客使用密度如图 2.4 所示。

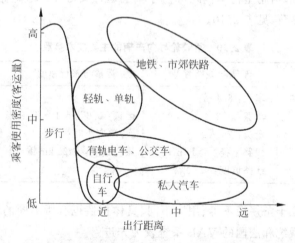

图 2.4 各种交通工具的出行距离和乘客使用密度

以下将常见的各种城市轨道交通系统的参数列出并进行比较，见表 2.11。

表 2.11 各种城市轨道交通系统的参数比较

项　　目	地　铁	轻　轨	单轨或独轨	有轨电车	市郊铁路
最小运行时间间隔	追踪,30 s 左右	1 min 左右	2 min 左右	5 min 左右	>5 min
与其他交通方式的隔离率/%	100	>50	100	<50	100
构造速度/(km/h)	>80	>60	>60	>50	>120
旅行速度/(km/h)	>40	>30	>30	20	>50

续表

项　　目	地　铁	轻　轨	单轨或独轨	有轨电车	市郊铁路
运量	高或大	大或中	中(大、小)	中或小	高或大
轴重/t	15 左右	11 左右	—	7 左右	19 左右
车辆数/节	2～10	2～6	2～6	2～4	8 或更多
供电电压	750 V DC 或 1500 V DC	750 V DC 或 1500 V DC	750 V DC 或 1500 V DC	750 VDC 或 1500 V DC	内燃或单相 25 kV AC
供电方式	接触网或第三轨	接触网或第三轨	第三轨	接触网	接触网

思考题

2-1　城市轨道交通有哪些分类方法？

2-2　有哪些典型的城市轨道交通形式？

2-3　对各种城市轨道交通的特点进行比较。

第 3 章

轨道车辆的基础知识

3.1 引言

城市轨道交通车辆、动车组自出现以来主要用于客运。客运量的大小不同,对一列车中的车辆数量要求也不同,由此出现了编组问题。为了保证轨道车辆能够顺利通过线路,不与任何障碍物发生干涉、碰撞,提出了限界的概念。轨道车辆的结构经历了一个变迁,目前采用具有转向架的结构形式。各种城市轨道交通车辆虽有所不同,但都有一些典型的参数,具有类似的结构组成。为了进一步理解轨道车辆的结构与工作原理,简单介绍和谐电力 3 型(HXD3)干线铁路机车和韶山 8 型(SS8)电力机车。

3.2 列车编组

3.2.1 概述

列车编组,按照预期的目的,将各独立的车辆连接起来,成为一个运行整体,协调完成运输任务。列车编组需考虑的因素包括客流大小、工程投资、线路坡度、运营密度、站台长度与容量、舒适度、安全可靠性等。

城市轨道交通车辆既无统一的型号也无固定的编组标准,但编组车辆的动拖比必须达到一定的要求才能满足运输需求。动车,有电机和传动装置的车辆,又分为无受电弓(M)、有受电弓(Mp)、有驾驶室(Mc)、有受电弓及驾驶室(Mcp)几种情况。拖车,是无电机和传动装置的车辆,又分为无驾驶室(T)和有驾驶室(Tc)两种情况。其中,c(cabin)表示驾驶室,p(pantograph)表示受电弓。

能独立运行的最小列车编组称为单元。单元应该至少有一个驾驶控制室和一个列车受流装置,有一套完整的电传动系统与足够的驱动力,有一套完整的制动系统。列车可能由若干个单元组成。有的城市采用 A、B、C 三种车型进行编组,符号虽然不同,但仍符合以上概念。

3.2.2 城市轨道交通车辆的编组

现代城市轨道交通车辆采用动车组的形式,常见单元(unit)有四种(见图3.1):①一动一拖,即 Mp+T;②二动,即 Mp+M;③二动一拖,即 M+Mp+T;④一动一拖一动,即 Mp+T+M。每个单元的电传动系统、制动系统必须形成一个整体,完整可控。另外,单元一般在一端具有一个完整的司机室,另一端常常有一个简易的司机操纵台,用于临时操纵移动车辆位置。目前已知的城市轨道交通列车,几乎都由这四种单元组成,即列车编组以单元为基础单位进行,一列车采用几个单元,还需要考虑运量需求、站台长度、运营控制等其他因素。

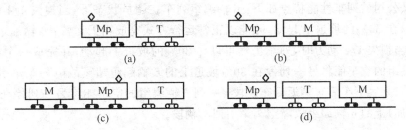

图3.1 编组中常见的四种单元

空心车轮代表拖车轮对;实心车轮代表动力轮对

北京地铁某型号列车编组中,有带驾驶室的拖车(Tc1车、Tc2车)、不带驾驶室的拖车(T车)和不带驾驶室的动车(M车)三种车型,采用贯通式车厢,乘客可任意走动,一个动车和一个拖车为一个制动单元,使用时按2、4、6节进行编组,当采用6节编组时,排列为Tc1—M1—M3—T3—M2—Tc2。

天津地铁1号线车辆,在开通初期为4节编组,采用二动二拖形式,编组为Mcp—T—T—Mcp;后改为6节编组,采用三动三拖形式,编组为Mcp—T—T—M—T—Mcp。

上海地铁车辆,6节编组时排列为A—B—C—C—B—A,也可以写为Tc—Mp—M—M—Mp—Tc。8节编组其排列为A—B—C—B—C—B—C—A或A—B—C—B—C—C—B—A。

以上使用"—"或"+"仅代表车辆之间的连接,并不区分具体的连接方式。有时为了区分列车编组中车辆的连接方式,用"—"代表全自动车钩,"="代表半自动车钩,"*"代表半永久牵引杆。广州地铁2号线、上海地铁1号线和南京地铁的列车编组为—Tc*Mp*M=M*Mp*Tc—,由两个单元组成,每一单元为二动一拖,如图3.2所示。单元内部车辆之间为半永久牵引杆连接,只在大修或特殊情况下分开;两个单元之间采用半自动车钩连接,一般不需要分开;整列车的两端采用全自动车钩,这是为了临时连挂其他单元方便。北京地铁八通线的4辆编组为"—Mc*Tp=T*Mc—",共两个动力单元,每个单元车为一动一拖。北京地铁四号线的列车编组为—Tc=Mp*M=T*Mp=Tc—。需要注意,轻轨电动车辆有3种形式,即4轴单节车辆、6轴单铰接式车辆和8轴双铰接式车辆。铰接式车辆连接不同于一般车钩缓冲装置连接,编组情况也不同。如果列车全部采用动车编组,摘编方便、编组灵活,可以充分利用黏着以发挥再生制动或电阻制动的作用,减小基础制动带来的粉尘效应,整车功率大,并且提高了列车启动加速度和制动加速度,缩短了启动和制动时间,但是成本较高。

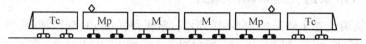

图 3.2 广州地铁 2 号线、上海地铁 1 号线和南京地铁的列车编组

当某列电动列车在运营中因突发故障而无法自行运行时,就需要由另一列完好列车或特种车辆对其进行救援,以"顶"或"拖"的运行方式使故障车脱离正线,以保证正线运行畅通,这种形式的连接就称为多车连挂,当然在运营中也可能采用多车连挂。当列车处于坡道或者列车超员状态下,对其进行救援时必须满足一定的要求方可实施。

某地铁公司的列车性能特点如下:6 辆编组列车在超员状态下,当损失 1/4 动力时,列车仍然可以在 30‰ 的坡道上起动,并能以正常运行方式完成当天运营;6 辆编组列车在超员状态下,当损失 1/2 动力时,列车仍然可以在 30‰ 的坡道上起动,并完成一个单程运行;一列 6 辆编组的空车能将另一列停在 30‰ 坡道上的 6 辆编组超员故障列车牵引至最近的车站(上坡),乘客下车后车辆返回车辆段;一列 6 辆编组的空车能将另一列停在 38‰ 坡道(含曲线附加)上的 6 辆编组故障空车牵引回车辆段。

3.2.3 列车编组的发展趋势

客流量是决定列车编组的首要因素,一个编组包括若干个能够独立运行的单元,目前城市轨道交通大都采用两节以上的编组。

广泛应用的 6 节编组有两种,如图 3.3 所示。

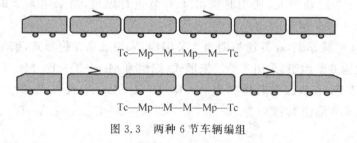

图 3.3 两种 6 节车辆编组

广泛应用的 8 节编组有两种,如图 3.4 所示。

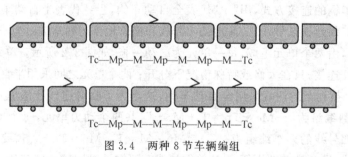

图 3.4 两种 8 节车辆编组

从世界范围的城市轨道交通系统来看,列车编组后车辆数量在 2～10 这 9 个整数中都有可能。在既有运营线路,理论上可以通过调整车辆编组数目、改变发车时间间隔来适应不同时段的客流量。当前我国城市轨道交通日常运营中通过调整车辆编组数目适应客流量的

情况十分少见。自动车钩可以快速连接与断开,预计未来随着技术的进一步发展有可能出现在运营过程中改变编组的情况。

3.3 轨道交通的限界

3.3.1 限界的基本概念

为了保证轨道车辆行驶过程中不发生任何干涉,规定了限界的概念,限界有车辆限界、设备限界和建筑限界。国家标准《地铁设计规范》(GB 50157—2013)规定了钢轨钢轮、标准轨距系列的地铁限界。

车辆限界,就是一个限制车辆横断面最大允许尺寸的轮廓图形。无论空车或重车,当列车在直线、曲线地段运行时,所有突出和悬挂部分都应容纳在限界之内。车辆限界是车辆在正常运行状态下形成的最大动态包络线。车辆及轨道线路各尺寸在具有最不利公差及磨耗时,车辆在运动中处于最不利位置,涉及了由各要素引起的车辆各部位的统计最大偏移均应容纳在车辆限界的轮廓内。直线地段车辆限界分为隧道内车辆限界和高架或地面线车辆限界,后者应在前者的基础上另加当地最大风载荷引起的横向和竖向偏移量。受电弓或受流器限界是车辆限界的组成部分。第1类车辆限界是指采用接触轨形式下的车辆限界,第2类车辆限界是指采用受电弓形式下的车辆限界,如图3.5所示。

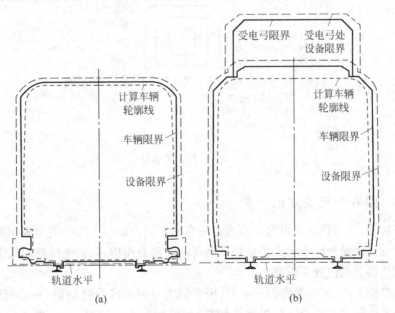

图 3.5 两种车辆限界
(a) 第1类城轨车辆限界;(b) 第2类城轨车辆限界

设备限界,是基准坐标系中位于车辆限界外的一个轮廓线,是用以限制设备安装的控制线。除另有规定外,建筑物及地面固定设备的任一部分,即使涉及了它们的刚性和柔性运动在内,均不得向内侵入此限界。接触轨限界属于设备限界的辅助限界。

设备限界和车辆限界之间留有一定间隙,这个间隙主要作为未涉及因素的安全裕量,按照限界制定时的规定某些偏移量计入此间隙。线路水平曲线上和竖曲线上的曲线偏移也计入这个间隙内,因此,设备限界在水平曲线上需加宽,在竖曲线上需要加高。

建筑限界,是基准坐标系中位于设备限界以外的一个轮廓线,是在设备限界基础上,考虑了设备和管线安装尺寸之后的最小有效断面。它规定了地下铁道隧道的形状、尺寸、位置以及地面建筑物(包括接触网支柱、站台屏蔽门等)的位置,包括施工误差、测量误差及结构永久变形在内,任何永久性建筑物均不得向内侵入此限界。

建筑限界和设备限界之间的空间应能安装各种电缆线、消防水管及消防栓、动力箱、信号箱及信号灯、照明灯、扩音器、通风管、架空线、接触轨及其固定设备。地铁建筑限界应理解为建筑物的最小尺寸,比建筑限界大的隧道、高架桥等建筑应认为是符合地铁建筑限界的。

图 3.6 所示为车辆限界、设备限界、建筑限界之间的位置示意,它们之间是包含、从属的关系。即车辆限界一定在设备限界之内,并且它们之间存在间隙;而设备限界一定在建筑限界之内,它们之间也存在间隙。限界起到了保证安全的作用,因为在设备限界与建筑限界之内安装了各种相关的设备,所以列车在直线和曲线运行时与各种设备之间要具有足够的间隙,以保证行车绝对安全。

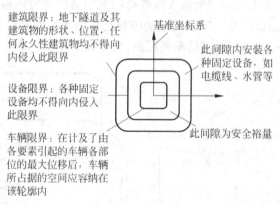

图 3.6　限界位置示意

3.3.2　限界的相关知识

基准坐标系,是与线路的纵向中心线相垂直的平面内的一个二维直角坐标系,该坐标系的第一坐标轴与两根钢轨在名义位置且无磨耗时的顶面相切,第二坐标轴垂直于前者,并与左右两根钢轨的名义位置等距离。

在基准坐标系内,车辆横断面上各点,因车辆本身原因或线路原因,在运行中离开原来在基准坐标系中所定义的设计位置称为偏移,偏移的大小叫偏移量,以毫米(mm)为单位。在第一坐标轴方向的偏移称为横向偏移,在第二坐标轴方向的偏移称为竖向偏移。

车辆在曲线上运行时,线路的中心线是曲线,车辆的纵向中心线是直线,两者不能完全重合。车辆纵向中心线上各点在水平投影图上偏移线路中心线的距离称为曲线几何偏移,简称曲线偏移。车体的中间部偏向线路的内侧,车体的两端偏向线路的外侧,其偏移的多少分别叫内偏移量、外偏移量。车辆在曲线上的偏移量与曲线半径的大小和车体的长度有关,曲线半径越小或车体越长,则偏移量越大。车辆偏移量过大时,车体有可能侵入设备限界和建筑限界,并使车钩互相摩擦,或引起车钩强迫分离以及不能摘钩等现象。

认定具有某一横断面轮廓尺寸和水平投影轮廓尺寸及认定结构的车辆能够满足要求在某指定的轨道线路上运行,使用该车辆作为确定车辆限界及设备限界尺寸的依据,这个车辆称为计算车辆。计算车辆简化了车辆限界的考虑,使得车辆制造厂家不必过多地关心线路的设备限界、建筑限界。在轨道线路上实际运行的新车和旧车只要符合车辆限界及其纳入限界的校核,就能通行无阻,不必与计算车辆完全一致。

3.4 轨道车辆的转向架

自行车、汽车等一般陆上交通工具均有一个基本骨架,车轮、动力机械、制动器、避振弹簧等均装在骨架上,车厢或外壳再固定在骨架上。

一般陆上交通工具前轮可以转动,驾驶者控制前轮让车辆转向或直行,前后轮轴之间的距离通常较短,便于通过小半径曲线,典型的例子是自行车的行驶(见图 3.7)。如果车厢较长则采用拖挂行驶,它们通常车轴固定、车轮转动,车轴和车架大梁之间采用弹簧(板簧)连接减小振动。

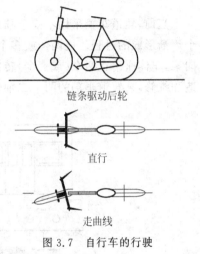

图 3.7 自行车的行驶

早期的轨道车辆是从马车演变而来的(见图 3.8),由于乘客数量增加,车辆载重加大,车辆长度加长,车辆能通过的曲线半径受到限制,车轴与车体磨损严重,不能继续沿用普通陆地车辆的结构,轨道车辆的结构开始改变。

二轴车辆是将轮对直接安装在车体下部,如图 3.9 所示。二轴车辆的缺点是车身较短,载重小,容积小,通过小半径曲线困难。

图 3.8 历史上的马拉轨道车辆

如果采用多轴车辆,车身可加长,载重量增加,但通过小半径曲线仍然困难,轴距仍受限制,车辆结构复杂。如图 3.10 所示,三轴车辆通过小半径曲线时中间轮对相对车体需要有较大的横向移动量。

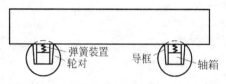

图 3.9 轮对安装在车体下部的二轴车辆

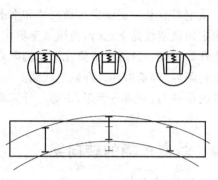

图 3.10 轮对安装在车体上的三轴轨道车辆通过小半径曲线

当前,轨道车辆采用不同于陆地上其他车辆的特殊部件——转向架,在历史上,这是一个逐渐形成的过程。把两个或多个轮对用专门的构架(或侧架)连接,组成一个小车,称为转向架,车体座落在两个(或三个)转向架上。转向架为车辆的相对独立部件,以便于更换、制造和维修,某轨道车辆的两个二轴转向架的布置如图 3.11 所示。

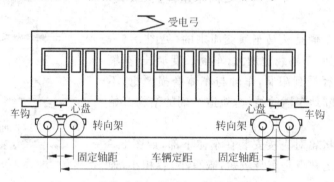

图 3.11 某轨道车辆的两个二轴转向架的布置

轨道车辆在结构上采用转向架后具有诸多优点:可增加车辆的载重、长度和容积,并使各轴重均匀分配;支撑车体,承受并传递从车体至轮轨的各种载荷及作用力,驱动轮对(或车轮),将滚动变为平动,使车辆沿着轨道运行;便于安装弹簧减振装置,保证车辆具有良好的动力性能和运行品质;转向架相对车体可自由回转,使较长的车辆能自由地通过小半径曲线,减小运行阻力与噪声,提高运行速度;便于安装制动装置,传递制动力,满足减速、制动的要求;便于在转向架上安装牵引电动机及减速装置;转向架为车辆的一个独立部件,便于互换和制造、维修。某轨道车辆的二轴转向架如图 3.12 所示。

图 3.12 某轨道车辆的二轴转向架

3.5 城市轨道交通车辆的参数与组成

3.5.1 参数

轨道车辆的参数包括性能参数、尺寸参数、其他参数。

1. 性能参数

(1) 自重、载重和容积。空车时,车辆自身的全部质量称为车辆自重(t),车辆允许的正常最大装载质量叫做车辆载重(t),容积表示装载空间(m^3)。

(2) 构造速度。车辆设计时,按安全及结构强度等条件所允许的车辆最高行驶速度。构造速度只有在破坏性试验时才可能出现。

(3) 最高试验速度。最高试验速度指车辆试验时所允许的最高行驶速度。最高试验速度不应影响车辆的运行性能、寿命,但不允许超过规定的持续时间。

(4) 最高运行速度。类似于构造速度,除满足安全及结构强度条件外,还必须满足长时间、连续以该速度运行时车辆有足够良好的运行性能。

(5) 轴重。按车轴形式以及某个速度范围内,该轴负担的包括轮对自身质量在内的最大总质量。轴重值一般不允许超过铁道线路及桥梁所容许的数值。线路容许轴重与钢轨型号、每千米线路上敷设的枕木数量、线路上部结构的状态以及列车运行速度有关。

(6) 每延米轨道载重(每延米线路载荷)。车辆总重与车辆长度的比值,是车辆设计中与桥梁、线路强度密切相关的一个指标。该参数直接影响站场线的长度,与车站、车场的运输能力相关。

(7) 通过最小曲线半径。通过最小曲线半径指配用某种形式转向架的车辆在站场或厂、段内调车时所能安全通过的最小曲线半径。当车辆在此曲线区段上行驶时不得出现脱轨、倾覆等危及行车安全的事故,也不允许转向架与车体底架或车下其他悬挂物相碰。

(8) 轴配置或轴列数。轴配置或轴列数指车辆的转向架上动轴或非动轴配置情况。英文字母表示动轴数量,数字表示从轴数量,中间横线代表两个独立转向架连接于同一个车体上。例如4轴动车,两台动转向架,其轴配置记为B0-B0。6轴单铰轻轨车,两端为动力转向架,中间为非动力铰接转向架,其轴配置记为B-2-B。

(9) 最大起动加速度。列车起动过程中能达到的最大加速度。

(10) 平均起动加速度。平均起动加速度指列车速度从0增加到某一速度之间的平均加速度。一般地铁为0.9~1 m/s^2,轻轨为0.9~1.3 m/s^2。

(11) 平均制动减速度。平均制动减速度指列车在额定载荷下,自最大运行速度制动减速直到停车过程中的平均减速度。一般地铁常用制动时平均制动减速度大于1.0 m/s^2,紧急制动时大于1.2 m/s^2;轻轨车常用制动时平均制动减速度大于1.2 m/s^2,紧急制动时大于1.4 m/s^2,带磁轨制动时可达到2 m/s^2。

(12) 单位自重功率指标。单位自重功率指标指整车功率与整车自重之比,一般在10~15 kW/t之间。

(13) 供电电压。常见为750 V DC或1500 V DC,普通铁路或高铁一般采用单相25 kV AC。

(14) 最大网电流。一般受电网限制,由轨道车辆消耗功率决定。

(15) 牵引电动机功率。城市轨道交通车辆中单个牵引电动机功率一般为 150~250 kW。

(16) 制动形式。常见有摩擦制动和电制动。摩擦制动可分为踏面制动、盘形制动和磁轨制动。电制动可分为电阻制动和再生制动(反馈制动)。

(17) 座席数及单位地板面站立人数。城市轨道交通的座席数一般较少。单位地板面站立人数,额定时按 6 人/m^2 计算,超载时按 9 人/m^2 计算。

(18) 列车平稳性。反映车辆振动对人体感受造成影响的主要指标。其值越大,说明车辆的稳定性越差,一般要求城轨车辆的平稳性指标值应小于 2.7。

(19) 冲击率。由于工况改变引起的列车中各车辆所受到的纵向冲击,以加速度变化率(m/s^3)来衡量。一般要求城轨车辆的纵向冲击率不得超过 1 m/s^3。

另外还有脱轨系数、轮重减载率、倾覆系数等。

苏州地铁二号线车辆采用 B 型车,列车以 3M2T 五节编组,其列车性能参数见表 3.1。

表 3.1 苏州地铁二号线列车性能参数

性 能 参 数	数 值
构造速度/(km/h)	90
最高运行速度/(km/h)	80
最大起动加速度(0~35 km/h)/(m/s^2)	0.95
平均加速度(0~60 km/h)/(m/s^2)	≥0.5
常用制动平均减速度/(m/s^2)	1.0
紧急制动减速度/(m/s^2)	1.2
最大冲击率/(m/s^3)	0.75
轴重/t	≤14
平稳性	$W \leq 2.5$
脱轨系数	$Q/P \leq 0.8$
轮重减载率	$\Delta P/P_{st} \leq 0.6$
倾覆系数	$D = P_d/P_{st} \leq 0.8$

2. 尺寸参数

(1) 车辆全长。车辆前、后两车钩连挂中心线之间的距离称为车辆全长。

(2) 车体长度和底架长度。车体两外端墙板外表面间的水平距离。底架长度为底架两端梁外表面间的水平距离。

(3) 车辆宽度与最大宽度。车辆宽度指车辆两侧的最外凸出部位之间的水平距离。车辆最大宽度指车辆侧面的最外凸出部位与车体纵向中心线间的水平距离的两倍。

(4) 车辆高度与最大高度。空车时,车体上部外表面至轨面的垂直距离为车辆高度。车辆最大高度指空车时车辆上部最高部位至轨面的垂直距离。

(5) 车体内部主要尺寸。车体内长是指车体两端墙板内表面间的水平距离,车体内宽是指车体两侧墙板内表面间的水平距离,车体内侧面高是指地板上平面至侧墙上侧梁的上平面间的垂直距离,车体内中心高是指由地板上平面至车顶中央部内表面间的垂直距离。

(6) 地板面高度。地板面高度指空车时,底架地板上表面至轨面的垂直距离。地板面高度取新造或修竣后空车的数值。上海地铁车辆地板面高度为 1130 mm,北京地铁车辆地板面高度为 1053 mm。

(7) 车钩中心线高度。车钩中心线高度指空车时,车钩中心线至轨面的垂直距离,简称为车钩高度。车钩中心线高度取新造或修竣后空车的数值。一列车中各车辆的车钩高基本一致,从而保证车辆连挂和运行平稳。广州、上海地铁车辆车钩高度 770 mm,北京地铁车辆车钩高度 660 mm。

(8) 车辆定距。一辆车两个转向架中心之间的距离称为车辆定距。车辆定距是车辆计算中不可缺少的技术参数。一般在制造车辆时,取车体长度与定距之比为 1.4∶1,比例过大时易引起牵引梁下垂。比例也不宜过小,否则会造成通过曲线线路时车体两端偏移量过大。

(9) 固定轴距。同一个转向架最前位车轴和最后位车轴中心线间的水平距离称为固定轴距。城市轨道交通列车转向架的固定轴距,A 型车一般为 2200～2500 mm,B 型车一般为 2000～2300 mm。

另外,还有车轮轮径(新轮、半磨耗、磨耗)等参数。

轨道车辆的纵向尺寸参数如图 3.13 所示。

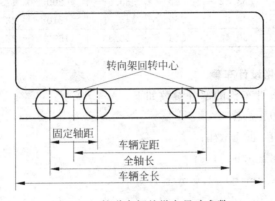

图 3.13 轨道车辆的纵向尺寸参数

苏州地铁二号线车辆采用 B 型车,列车以 3M2T 五节编组,其列车尺寸参数见表 3.2。

表 3.2 苏州地铁二号线列车尺寸参数

尺寸参数		数 值
车体长度/mm		19 000
车辆长度(Tc 车/Mp 车)/mm		20 450/19 520
车体宽度(地板面处)/mm		2800
车体高度(落弓时)/mm		≤3810
车门/车窗数量/对		4/3～5
车门开门尺寸/mm		宽≥1300,高≥1800
开关门时间/s		5
车内净高/mm		≥2100
地板面高度/mm		1100
车钩高度/mm		720
转向架中心距/mm		12 600
转向架轴距/mm		2300
车轮轮径	新轮/mm	φ840
	半磨耗/mm	φ805
	磨耗/mm	φ770

3．其他参数

将不属于性能参数与尺寸参数的归为其他参数,例如 AW。

AW(average weight)是表征列车载客量的参数,包括 AW0、AW1、AW2、AW3 四种情况。AW0 表示空载；AW1 表示满座；AW2 表示满载(按 6 人/m^2 计算),即定员载荷；AW3 为超载(按 9 人/m^2 计算)。

苏州地铁二号线车辆的载客数量与质量见表3.3。

表 3.3　苏州地铁二号线车辆载客数量与质量

载客状态(AW)	拖车(TC)		动车(M 或 Mp)		列车(3M2T)		备 注
	数量/人	质量/t	数量/人	质量/t	数量/人	质量/t	
AW0	0	31	0	33	0	161	每位乘客质量按 60 kg 计算
AW1	37	33.22	42	35.52	200	173	
AW2	230	44.8	250	48	1210	233.6	
AW3	324	50.44	348	53.88	1692	262.52	

4．浦镇公司轻量化设计车辆

浦镇公司轻量化设计车辆的部分参数如下。

列车构造速度：90 km/h；

列车最高运行速度：80 km/h；

平均旅行速度：38 km/h；

启动加速度(0→40 km/h)：1.0 m/s^2；

平均加速度：0.6 m/s^2；

最大常用制动减速度：≥1.0 m/s^2

快速制动减速度：≥1.2 m/s^2；

紧急制动减速度：≥1.2 m/s^2；

紧急制动距离：≤215 m。

浦镇公司轻量化设计车辆具有明显的节能效果。浦镇公司轻量化设计列车的重量比一般招标要求的 202 t 轻 10～16 t。每列车每天可节省电能约 380 kW·h,全年 26 列车可节省电能约 360 万 kW·h,按每度电 0.8 元计算,每年可节省约 280 万元。

3.5.2　组成

城市轨道交通车辆的组成如图 3.14 所示,一般包括如下八个典型部分：车体、车辆内部设备、转向架(走行部)、车钩缓冲装置(车端连接装置、牵引缓冲连接装置、钩缓)、制动装置(包括风系统)、受流装置(第三轨或受电弓)、车辆电气系统、列车通号与信息系统。

以上介绍的是城市轨道交通车辆的组成,各种轨道车辆的组成基本相同。轨道车辆目前形成五大关键技术：整车控制系统、柴油机及其管理系统(内燃机车)或电力逆变装置(电力机车)、制动系统(含控制部分)、高速转向架、车钩缓冲装置(密接式车钩)。

3.5.3　车体

城市轨道交通车辆的车体可分为有司机室车体和无司机室车体两种,车体是安装、连接

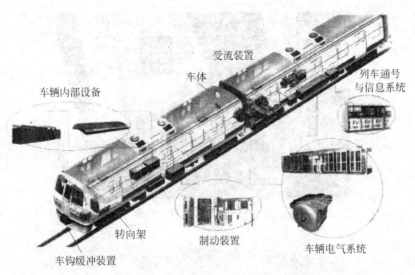

图 3.14 城市轨道交通车辆的组成

其他设备和部件的基础。

车体坐落在转向架上。车体除了载客之外,几乎所有的机械、电气、电子等设备都安装在车体的上部、下部及内部。城市轨道交通车辆车体均采用整体承载的钢结构或轻金属结构,以达到在最轻的自重下满足强度、刚度的要求。城轨车辆的车体如图 3.15 所示。城轨车辆的驾驶室如图 3.16 所示。

图 3.15 城轨车辆的车体

在结构上,车体一般由底架、侧墙、车顶、端墙等组成。车体具有隔音、减振、隔热、防火等功能,并应具有尽可能保证乘客安全的措施。城轨车辆的车体结构如图 3.17 所示。

3.5.4 车辆内部设备

车辆内部设备包括服务于乘客的固定附属装置和服务于车辆运行的设备装置。

服务于乘客的固定附属装置如车电、通风、取暖、空调、车窗、车门及机构、座椅、扶手、吊

图 3.16　城轨车辆的驾驶室

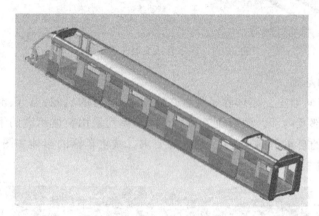

图 3.17　城轨车辆的车体结构

环、擎天柱及乘客信息装置等。内部装饰(见图 3.18)是城市轨道交通车辆必不可少的部分,包括客室内部的墙板、顶板、地板及司机室布置等,其要求是美观、舒适、实用、隔音、减振、坚固、防火。

服务于车辆运行的设备装置大多吊挂于车底架,如蓄电池箱、继电器箱、主控制箱、电动空气压缩机组、总风缸、电源变压器、各种电气开关和接触器箱等。

图 3.18　城轨车辆的内部装饰

城市轨道交通车辆的转向架上的空气弹簧、制动装置、门的开闭等都需要压缩空气，所以必须有风源系统。风源系统一般由空气压缩机，除油、除湿装置，散热装置，压力控制装置，管路等组成，风源系统的主要部件均悬挂在车底。

城市轨道交通车辆因乘客较多，容易引起空气污浊，所以必须设有通风装置，一般采用机械通风。较冷地区的车辆还设有电热器。为改善乘客的舒适度，现代城市轨道交通车辆一般设有空调装置。

3.5.5 转向架

转向架（见图3.19），或称为走行部，其功能为承载、缓冲（平稳）、牵引（动车转向架）、制动、转向。转向架置于车体与轨道之间，用来牵引和引导车辆沿轨道方向行驶和承受与传递来自车体及线路的各种载荷并缓和其冲击。

图 3.19　城轨车辆的转向架

转向架的结构及各部参数是否合理，直接影响车辆的运行品质、动力性能和行车安全。转向架分为动力转向架和非动力转向架。动力转向架上安装牵引电动机，装有动力转向架的车辆称为动车，装有非动力转向架的车辆称为拖车。

转向架主要包括轮对、轴箱、轴箱定位装置、构架、牵引装置，以及车体与转向架连接装置、驱动装置、制动装置等。

转向架的轮对如图3.20所示。

转向架的轴箱如图3.21所示。

轴箱定位装置如图3.22所示。转向架的构架如图3.23所示，转向架的二系弹簧（中央空气弹簧）如图3.24所示。牵引装置的中心销如图3.25所示。

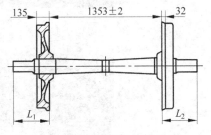

图 3.20　转向架的轮对

3.5.6 车钩缓冲装置

车钩缓冲装置，或称为牵引缓冲连接装置，简称为钩缓，用于将车辆连接成列。车钩缓冲装置的连接如图3.26所示，车钩缓冲装置的分开如图3.27所示。

车钩缓冲装置包括车钩（即机械连接装置）、缓冲装置、电气连接装置及风路连接装置，现代车钩开始有弱电连接。缓冲装置的作用是减小车辆间的纵向冲撞。

图 3.21 转向架的轴箱

图 3.22 轴箱定位装置

图 3.23 转向架的构架

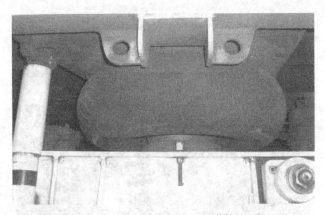

图 3.24　转向架的二系弹簧

图 3.25　牵引装置的中心销

图 3.26　车钩缓冲装置的连接

为便于相邻车辆间乘客的流动、调节客室内的乘客疏密，现代车辆之间采用全贯通式结构，故设有风挡及渡板。

车钩缓冲装置按应用可分为非刚性车钩（普通车钩，普通铁路应用）、刚性车钩（或称为密接式车钩，城市轨道交通车辆与高铁列车应用）。按功能可分为全自动车钩、半自动车钩、半永久牵引杆。

图 3.27 车钩缓冲装置的分开

3.5.7 制动装置

为了使运行的轨道车辆能迅速减速、停车,必须对其施加制动。一般动车或拖车均需设制动装置,使运行中的列车按需要减速或在规定的距离内停车,制动功率通常要大于驱动功率。

制动系统十分复杂,国产化率较低。在城市轨道交通车辆与高铁列车应用领域,德国克诺尔(KNORR)的 EP2002 型制动系统和日本纳博特斯克(NABTESCO)的 HRA 空气制动机占据大部分市场,另有法莱维、铁科院、南京海泰等提供部分产品。制动系统包含机械部分、空压机部分、空气管路部分、电气部分、控制部分。

制动按轨道车辆动能的转移方式可以分为摩擦制动与动力制动。摩擦制动,动能通过摩擦转变为热能,然后消散于大气。动力制动,把动能通过发电机转化为电能,然后将电能从车上转移出去。

1. 摩擦制动

常用的摩擦制动方式主要有闸瓦制动、盘形制动和磁轨制动等方式。

(1) 闸瓦制动(见图 3.28)。闸瓦制动又称为踏面制动,是最常用的一种制动方式。

(2) 盘形制动(见图 3.29)。制动缸通过制动夹钳,夹紧制动盘,使闸片和制动盘间产生摩擦,把电动车组的动能转变为热能,热能通过制动盘与闸片散于大气。

(3) 磁轨制动(见图 3.30)。安装在转向架构架下的电磁铁落下,与钢轨产生摩擦,实施制动。

2. 动力制动

动力制动包括电阻制动与再生制动。

(1) 电阻制动。将发电机发出的电能加到电阻器,使电阻器发热,即电能转变为热能,电阻器上的热能靠风扇强迫通风而散于大气中。电阻制动一般能提供较稳定的制动力,但车辆底架下需要安装体积较大的电阻箱及其散热装置。

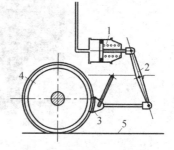

图 3.28 闸瓦制动
1—制动缸;2—基础制动装置;
3—闸瓦;4—车轮;5—钢轨

图 3.29 盘形制动

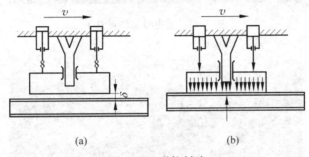

图 3.30 磁轨制动
(a) 缓解状态；(b) 制动状态

（2）再生制动。再生制动是把轨道车辆的动能通过发电机转换为电能后，再将电能反馈回电网，进行回收使用。

3.5.8 受流装置

轨道车辆从接触导线（接触网）或导轨（第 3 轨）将电流引入车辆的装置称为受流装置或受流器。受流装置就是接受供电的装置，一般为受电靴或受电弓。

城市轨道交通车辆通常采用直流供电，常见有 750 V DC 和 1500 V DC 两种。1500 V DC 供电一般采用架空线接触网供电，车辆采用受电弓受流，如图 3.31～图 3.34 所示。750 V DC 供电一般采用线路旁边的第三轨供电，即铺设额外的供电轨道——第三轨，车辆采用受电靴（导电靴）受流，如图 3.35、图 3.36 所示。

受电弓根据驱动动力不同可分为气动弓和电动弓。受电弓的结构复杂，包含的零部件较多，受电弓的结构如图 3.37 所示。

第三轨供电的布置如图 3.38 所示。

第三轨供电方式按受电靴与第三轨的接触方式可分为上部受流、侧面受流、下部受流，如图 3.39 所示。

上部受流就是受电靴的滑块与第三轨上部接触滑行，如图 3.40 所示。受电靴（导电靴，中间扁六边形铜滑块）搭在第三轨上边，与第三轨接触受流。

图 3.31　受电弓工作场景 1

图 3.32　受电弓工作场景 2

图 3.33　受电弓工作场景 3

图 3.34 受电弓示意图

图 3.35 第三轨示意图

图 3.36 受电靴实物图

图 3.37 受电弓的结构

1—基础框架；2—高度止挡；3—绝缘子；4—框架；5—下部支杆；6—下部导杆；7—上部支杆；8—上部导杆；9—集流头；10—接触带；11—端角；12—升高和降低装置；13—电流传送装置；14—吊钩闭锁器

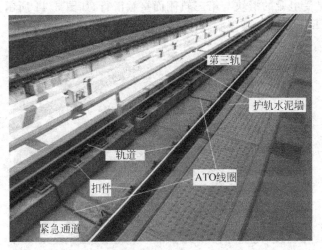

图 3.38 第三轨供电的布置

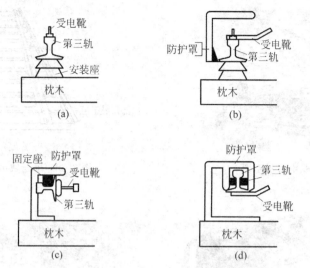

图 3.39 第三轨供电示意
(a) 上部受流；(b) 带防护罩的上部受流；(c) 侧面受流；(d) 下部受流

图 3.40 受电靴的安装布置——上部受流

侧面受流就是受电靴的滑块与第三轨侧面接触滑行，如图 3.41 所示。受电靴（导电靴）搭在第三轨侧面，与第三轨接触受流。

图 3.41 受电靴的安装布置——侧面受流

下部受流就是受电靴的滑块与第三轨下部接触滑行,如图 3.42 所示。受电靴(导电靴,中间扁六边形铜滑块)搭在第三轨下部,与第三轨接触受流。

图 3.42 受电靴的安装布置——下部受流

3.5.9 车辆电气系统

车辆电气系统包括车辆上的各种电气设备及其控制电路。车辆电气系统涉及多个专业:控制工程、自动化、电力电子、电机、电传动等,从强电到弱电,从高压到低压,从电机与接触器继电器到 PLC、单片机等,涉及了较多的电器零部件,不同厂家生产车辆的电器布置也不相同。庞巴迪公司与长客生产的地铁车辆的主要设备配置如图 3.43、图 3.44 所示。车辆电气系统按功能可分为主电路系统、辅助电路系统和控制电路系统。

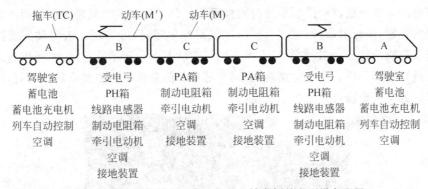

图 3.43 庞巴迪公司与长客生产的地铁车辆的主要设备配置 1

主电路系统是直接向轨道车辆驱动电动机供电的电路系统,一般具有高电压、大电流的特点。辅助电路系统是向除驱动电动机以外的设备供电的电路系统,还包括与蓄电池相关的电路等,相对于主电路,电压较低、电流较小。控制电路系统是一个带有专用通信信号系统的分布式分级多 CPU 实时网络控制系统,具有工业级别的高可靠性,包括各种传感器、控制器等。

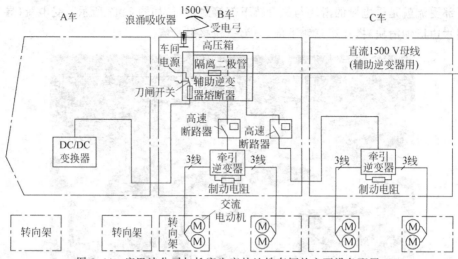

图 3.44 庞巴迪公司与长客生产的地铁车辆的主要设备配置 2

主电路系统又称为电传动系统,可分为直流传动系统和交流传动系统。直流传动系统就是采用直流驱动电动机的车辆,受流装置接受外部电源后,需要将其变换为直流牵引电动机能够使用的直流电流、电压,并根据车辆调速的需要,调整电流、电压的大小。交流传动系统就是采用交流驱动电动机的车辆,受流装置接受外部电源后,需要将其变换为交流牵引电动机能够使用的交流电流、电压、频率,并根据车辆调速的需要,调整电流、电压、频率。

辅助电路系统包括辅助电源、逆变电源、蓄电池等电器部件。城市轨道交通车辆上的照明、通风、空调、控制等用电均由辅助电源供给。辅助电源早期为电动发电机组,现多采用逆变电源。电动发电机组或逆变电源将受流装置接受的外部直流电变换成三相交流电,供交流用电设备使用,经过整流装置后供直流用电设备使用。城市轨道交通车辆装有蓄电池,用作控制电源和辅助电源临时停止工作后的应急电源。

控制电路系统包括自动控制系统与监控系统。自动控制系统就是将行车指挥信息转换成对车辆的控制,执行限速、加速、制动等,以保持行车间隔,可实现无人驾驶。监控系统就是将列车及车辆的运行状态、主要机电设备的工作状态进行显示及存储,主要用途是保证行车安全及进行故障分析。控制电路系统、列车通号与信息系统的主要电器件布置在司机室。某轨道车辆的司机操纵台如图 3.45 所示。

图 3.45 某轨道车辆的司机操纵台

3.5.10 列车通号与信息系统

列车通号和信息系统与车辆电气系统中的自动控制系统相结合,对整个列车的牵引、制动和车内所有设备进行控制、监测和故障诊断。

列车通号与信息系统包括车辆与地面的信号信息自动交换,司机与调度、车站值班员的通话通信,司机对车厢的监控、对讲,车站与中控室对车辆的广播等。常见的设备有列车信息中央装置,列车信息终端装置,列车信息显示器,各种设备控制、监测、显示装置,各种通信信号、信息显示设备等。

城市轨道交通列车通号与信息系统,结合 OCC,目前发展到 ATC 阶段(包含 ATP、ATS、ATO),与普通铁路、高速铁路采用的技术区别较大。

列车自动控制系统(automatic train control,ATC)包括三个子系统:列车自动监控系统(automatic train supervision,ATS)、列车自动防护子系统(automatic train protection,ATP)、列车自动运行系统(automatic train operation,ATO)。

三个子系统通过信息交换网络构成闭环系统,实现地面控制与车上控制相结合、现场控制与中央控制相结合,构成一个以安全设备为基础,集行车指挥、运行调整以及列车驾驶自动化等功能为一体的列车自动控制系统。ATC 按各系统设备所处地域可分为控制中心子系统、车站及轨旁子系统、车载设备子系统、车场子系统。

随着技术的发展,ATC 系统也在不断发展变化,现有的种类、制式较多,常见有两种分类方法。按闭塞区间的布点方式 ATC 系统可分为固定式和移动式,按控制方式固定式又可分为速度码模式(台阶式)和目标距离码模式(曲线式);按机车信号传输方式 ATC 系统可分为连续式和点式。

3.6 典型城市轨道交通车辆

3.6.1 概述

城市轨道交通车辆具有以下特点:安全、防火等级高;客流量大且乘客上下车频繁,车辆负载变化较大且高峰期会超载;较高的起动加速度和制动减速度,能频繁起动、制动,爬坡能力、曲线通过能力强,具有短时高速运营能力;车辆的通信信号与控制系统复杂且具有高可靠性,以满足运营需要;车门较多且开关频繁;车辆之间连通,乘客可自由走动并分布均匀;客车容量大且轻量化,节能并减少无效发热部件,以降低隧道温度;车辆内外噪声都较低,以免影响乘客和市区行人;乘坐舒适,需要考虑加热、制冷、加湿、除湿、通风换气;车辆工作频繁,各部件要具有高可靠性,关键部件有冗余;寿命周期长且周期内维修成本低,维护保养时间短;外形美观,不影响市容等。

某城市新建地铁线路全长 18.5 km,全部为地下线,采用地下铁道制式、B 型车,初期、近期和远期均采用 6 辆编组形式,远期最大设计运输能力可达 4.32 万人次/单向小时,远期预测客流为 3.82 万人次/单向小时。开通初期计划配备不锈钢车辆共 17 列,6 辆编组,采用 4 动 2 拖的编组形式。列车行驶方向的左侧设有逃生通道平台,列车在紧急情况下通过客室车门对乘客进行紧急疏散,车辆设计寿命为 30 年,以年平均走行距离 119 000 km 为计算依据。

要求地铁车辆可适应该城市地区环境、气候条件，运行安全可靠，使用维护方便，乘坐舒适，节省能源，采用轻量化和模块化设计，零部件互换性高，维修成本低。列车运行可采用司机监控自动驾驶（ATO）模式，也可采用单司机人工手动驾驶模式。下面介绍车辆运行环境、主要参数、总体布置、车辆断面结构、主要组成与特性。

3.6.2 车辆运行环境

车辆的运行环境包括气候条件、线路条件、供电条件。

1. 气候条件

车辆能适应该地区的自然条件，可在地下、地面和高架线路上运行。

海拔：1200 m；

环境温度：−10～40℃（遮荫处）；

相对湿度（最湿月月平均温度不大于25℃）：≤90%。

2. 线路条件

标准轨距：1435 mm；

最小平面曲线半径，正线：350 m；

最小平面曲线半径，车辆段：150 m；

最大坡度，正线：≤30‰；

最大坡度，辅助线：≤35‰；

最大坡度，车站线路：≤30‰；

站台到钢轨顶面距离：1040 mm。

3. 供电条件

供电方式：接触导线接触受电，隧道内采用刚性接触网，车场及出入段采用柔性接触网；

接触导线安装高度（距轨面），车辆段内：5000 mm；

接触导线安装高度（距轨面），隧道内平均高度：4040 mm；

接触导线安装高度（距轨面），隧道内最小高度：4000 mm；

接触导线安装高度（距轨面），高架线和地面线处最小高度：4400 mm；

供电额定电压：1500 V DC；

电压变化范围：1000～1800 V DC，再生制动时网压不高于1980 V DC。

3.6.3 主要参数

下面介绍列车编组、列车载客量、车辆结构参数与尺寸、车辆自重、车辆动力性能、列车牵引系统故障时的救援。

1. 列车编组

正线列车由6辆编组，4动2拖（4M2T）结构，如图3.46所示。

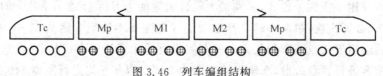

图 3.46 列车编组结构

Tc 车：有司机室的拖车；

M 车：无司机室的动车；

Mp 车：无司机室带受电弓的动车。

初期、近期、远期列车编组方式均采用由两个单元(每个单元为 Tc＊Mp＊M)组成的 6 辆编组列车，即＝Tc＊Mp＊M1＊M2＊Mp＊Tc＝，其中"="为半自动车钩，"＊"为半永久牵引杆。对应此顺序的车辆编组，编号顺序为 1、2、3、4、5、6，每节轨道车辆的 I、II 位端顺序为＝Tc(I-II)＊Mp(I-II)＊M1(I-II)＊M2(II-I)＊Mp(II-I)＊Tc(II-I)＝。

2．列车载客量

整列车在不同工况下的载客量见表 3.4。

表 3.4　列车载客量

载客状态(AW)	单　　车		列　　车
	Tc 车	M、Mp 车	6 辆编组
AW0	0	0	0
AW1	36	42	240
AW2	226	254	1468
AW3	290	325	1880

3．车辆结构参数与尺寸

车体采用轻型不锈钢材料，车体外部不涂装，车体结构属于板梁组合薄壁筒形整体承载全焊接结构。

车体静态纵向压缩载荷：800 kN；

车体静态纵向拉伸载荷：640 kN；

车辆长度，车钩连接面之间长度，Tc 车：19 970 mm；

车体长度，Tc 车：19 380 mm；

车辆长度，车钩连接面之间长度，Mp、M1、M2 车：19 520 mm；

车体长度，Mp、M1、M2 车：19 000 mm；

列车长度，6 辆编组列车：118 020 mm；

车体宽度，最大：2800 mm；

车辆高度(轨面到车顶高度)：3810 mm；

客室高度，地板面到顶板中心高度：2100 mm；

客室高度，乘客座椅区地板面到顶板中心高度：1850 mm；

地板面到轨面高度(新轮)：1100 mm；

转向架中心距：12 600 mm；

转向架固定轴距：2200 mm；

车钩中心线距轨面高度：660 mm＋10 mm；

车轮直径：840(新)/770(旧) mm；

轮对内侧距：1353 mm＋3/0 mm；

客室侧门对数：每侧 4 对/辆；

客室侧门净开度：1300 mm；

客室侧门高度：1850 mm；

通道、贯通道宽度：1300 mm；

通道、贯通道高度：1900 mm。

4. 车辆自重

Tc 车自重约 32 t，Mp 车自重约 36 t，M 车自重约 35 t。

5. 车辆动力性能

1）速度和加速度

列车速度从 0 到 36 km/h 的平均加速度：$\geqslant 1\ m/s^2$；

列车速度从 0 到 80 km/h 的平均加速度：$\geqslant 0.6\ m/s^2$；

最高运行速度：80 km/h。

2）制动特性

制动系统采用 Nabtesco 公司的产品；

速度从 80 km/h 制动到停车，包括响应时间的常用制动平均减速度：$1.0\ m/s^2$；

紧急制动采用空气制动，其平均制动减速度：$\geqslant 1.2\ m/s^2$；

弹簧停放制动的能力，可保证在一个转向架停放制动失效的情况下，使最大超员（AW3）的列车停放在 30‰ 坡道上。

6. 列车牵引系统故障时的救援

6 辆编组列车在超员状态下，当损失 1/4 动力时，列车仍然可以在 30‰ 坡道上启动，并能以正常运行方式完成当天运营。6 辆编组列车在超员状态下，当损失 1/2 动力时，列车仍然可以在 30‰ 坡道上启动，并完成一个单程运行。一列 6 辆编组的空车能将另一列停在 30‰ 坡道上的 6 辆编组超员故障列车牵引至最近的车站（上坡），乘客下车后返回车辆段。一列 6 辆编组的空车能将另一列停在 38‰ 坡道（含曲线附加）上的 6 辆编组故障空车牵引回车辆段。

3.6.4 主要设备布置

为了节约车内空间，便于乘客乘坐，大量设备悬挂在车体下面，同时需要考虑各种设备质量均匀布置。一列 6 辆编组的列车，其各节车辆车下悬挂设备不同。Tc 车车下主要悬挂设备布置如图 3.47 所示。Mp 车车下主要悬挂设备布置如图 3.48 所示。M1/M2 车车下主要悬挂设备布置如图 3.49 所示。

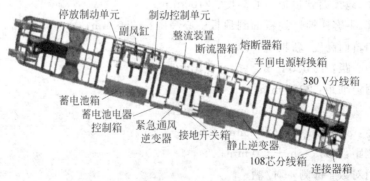

图 3.47　Tc 车车下主要悬挂设备布置

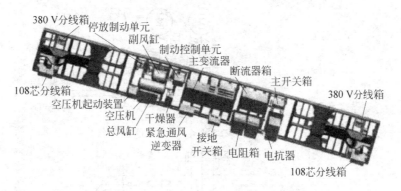

图 3.48 Mp 车车下主要悬挂设备布置

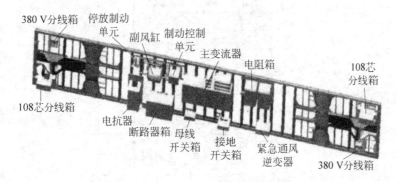

图 3.49 M1/M2 车车下主要悬挂设备布置

3.6.5 主要组成与特性

城市轨道交通车辆主要包括转向架、牵引系统、辅助供电系统、制动系统、空调与采暖系统等,特性主要是列车牵引与制动特性。

1. 转向架

转向架采用焊接结构、无摇枕 H 形构架。轴箱定位装置采用圆锥叠层橡胶弹簧,二系悬挂采用空气弹簧,驱动装置采用挠性浮动齿式联轴节式牵引电动机架悬式结构,基础制动装置采用单元空气式单侧踏面闸瓦制动。

2. 牵引系统

牵引系统为交流传动系统,采用日本东洋电机制造株式会社的产品。主变流器(VVVF)逆变器的功率元件采用大功率电力电子器件——绝缘栅双极型晶体管(IGBT),牵引电动机为鼠笼式三相异步电动机。

列车 4 动 2 拖编组,以 2 动 1 拖为一个牵引动力单元,共有前后两个牵引动力单元,其中前三辆车(即 TC1、MP1 和 M1)组成第一个牵引动力单元,后三辆车(即 TC2、MP2 和 M2)组成第二个牵引动力单元,前后两个牵引动力单元基本相同且相互独立。

牵引系统控制采用车控方式,每套主变流器单元给一辆动车上的 4 台牵引电动机供电,其电气原理如图 3.50 所示,主要电器件名称与参数见表 3.5。

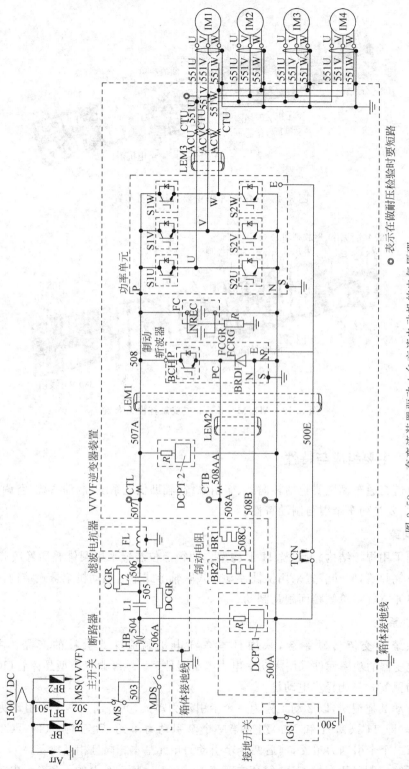

图 3.50 一套变流装置驱动 4 台交流电动机的电气原理

表 3.5　主要电器件名称与参数

英文缩写	中文名称	具体参数
MS	主开关	800 A
MF	主熔断器	500 A×2P
HB	调整断路器	UM712V1-B7B-M
L1,L2	线路接触器	UM629-8CB-M
CGR	充电电阻	30 Ω(15 Ω×3P)
DCGR	放电电阻	2 kΩ(1 kΩ×2S2P)
MDS	放电开关(MS 联动)	800 A
BCH+BRDD BCH+UNIT	制动斩波器	SU494-A-M Bch：3300 V/1200 A BRDD：3300 V/400 A
BR1,BR2	制动电阻	1.235 Ω×2 S
FL	滤波电抗器	7 mH
DCPT1,DCPT2	直流电压检测器	MA228-R-M 2500 V/10 V
FC	滤波电容器	4900 μF×2P
CTL	电流检测器	2000 A/10 V
CTB	电流检测器	2000 A/10 V
GS1	接地开关	800 A
S1U,S1V,S1W S2U,S2V,S2W	VVVF 逆变器的 IGBT	SU493-A-M IGBT：3300 V/100 A
CTU,CTV,CTW	电流检测器	2000 A/10 V
LEM1~LEM3,NRFC	滤波电容器	6 μF
FCRG	滤波电容器接地电阻	10 kΩ
TCN	耐压试验连接器	
IM1~IM4	主电动机	TDK6176-A

受电弓从额定电压为 1500 V 的接触网获得电能后,通过主熔断器 MF1 和主开关 MS,传至高速断路器 HB,经线路接触器 L1 和 L2,再经滤波电抗器 FL 滤波后,送入主变流器 VVVF 进行逆变,该逆变装置的主要部件为功率单元 power-UNIT,将直流电逆变为频率、电压可变的三相交流电,一个变流装置同时驱动一节车辆两个转向架的 4 台鼠笼式三相异步电动机,该控制方式称为车控。如果采用一个变流装置驱动一个转向架上的两台鼠笼式三相异步电动机,称为架控。4 台鼠笼式三相异步电动机并联,采用无速度传感器矢量控制,空转基于单节车辆控制。

主变流装置包括线路接触器、预充电电路、制动斩波电路、逆变模块、测量电路、放电电路等,其中滤波电容器 FC 和直流电压检测器 DCPT1 与 DCPT2 的作用为滤波和检测电压。放电开关 MDS 与主开关 MS 联动,形成放电回路。

该牵引系统充分利用轮轨黏着条件,按列车载重量从空车到超员范围内,自动调整牵引力和制动力的大小,使列车在空车到超员范围内,保持启动加速度和制动减速度基本不变。

牵引主回路主要包括主开关箱、断流器箱、滤波电抗器、主变流装置、制动斩波器、制动电阻器、牵引电机等。各装置的具体功能如下：

(1) 主开关箱。主开关箱由主开关 MS 与放电开关 MDS 组成。主开关 MS 用于接通和关断高压电路。放电开关 MDS 与 MS 联动,在主开关 MS 切断时闭合,通过放电电路释放滤波电容器 FC 上的高压静电。

（2）断流器箱。断流器箱包括高速断路器 HB、线路接触器 L1 和 L2、充电电阻 CGR、放电电阻 DCGR。高速断路器 HB 是车辆电气系统的总保护开关,用于紧急情况下切断主回路 1500 V DC 受电。线路接触器 L1 是充电接触器,用于车辆 1500 V DC 受电开始后首先向滤波电容器 FC 充电。充电电阻 CGR 用于限制充电电流。放电电阻 DCGR 用于主开关 MS 切断时与放电开关 MDS 配合,将滤波电容器 FC 的高压静电释放。

（3）滤波电抗器。无论车辆接受 1500 V DC 的外部供电电压还是交流电机发电整流后的电压,滤波电抗器 FL 都能抑制电流的脉动成分,限制特定频率的电流。

（4）滤波电容器。无论车辆接受 1500 V DC 的外部供电还是交流电机发电整流后的直流电压,滤波电抗器 FC 都能稳定电压,滤除交流成分。

（5）主变流装置。牵引时,主变流装置将接触网送来的 1500 V DC 的外部电源转换为交流电机可用的电压、频率可调整的三相交流电;制动时,主变流装置将交流电机发出的三相交流电整流为 1500 V DC,回馈电网或者通过制动电阻消耗能量。

（6）制动斩波回路。当回路中出现直流电压异常上升时,制动斩波器 BCH 作用,抑制回路的直流电压过高。

（7）制动电阻器。当回路中出现直流电压异常上升时作用。当列车施加常用制动时,此时牵引电机工作在发电机模式,发出的电经过变流装置 VVVF 逆变、FC 稳压、FL 滤波,再经过 L2、L1、HB、MF1、受电弓回馈到接触网。当发出的电没有被其他列车吸收,接触网电压升高,当网压大于 1980 V 时,制动斩波回路 BCH 导通,此时发出的电能由制动电阻 BR 消耗为热能,当列车速度低于 6 km/h 时,电空制动进行转换,最后由空气制动使列车平稳停车。

（8）牵引电机。电机铭牌参数如下：190 kW、1100 V、124 A、80 Hz、2355 r/min。

3. 辅助供电系统

每列车安装两套辅助电源装置即静止逆变器和蓄电池组,分别位于两端的 TC 车上,其输出满足 6 辆编组列车各种负载工况的用电要求。

两个受电弓同时向辅助系统高压母线供电,一个受电弓不工作时,另一个受电弓可通过辅助系统高压母线向整列车辅助系统供电。每台静止逆变器的容量为 185 kV·A,为列车提供三相交流 380 V、单相 220 V 和低压 110 V DC/24 V DC 电源。正常情况下,每套电源装置负责一个牵引动力单元(即前后各 3 辆车)的所有辅助设备用电。

在这个静止逆变器中用输入滤波电路(FL 及 FC)、初充电电路(RC、BD 及 BTH)、逆变器电路、AC 滤波电路来把 1500 V DC 变换为工频交流电(即频率 50 Hz)。而且以三相输出变压器(T0)与高压侧绝缘、变压到所定电压(380 V AC)后输出。静止逆变器的电路原理如图 3.51 所示。

在正常情况下,蓄电池由静止逆变器和整流装置组成的辅助系统充电。在列车起动和紧急情况下,辅助空压机、紧急通风装置和照明装置将由蓄电池供电。蓄电池容量满足紧急情况下 45 min 紧急通风及照明等负载的用电要求。

4. 制动系统

制动系统采用纳博特斯克公司的微机控制的闭环数字、模拟式电空控制系统。内设监控终端,具有自诊断和故障记录功能。它能在司机控制器、自动列车操纵(ATO)或自动列车保护(ATP)的控制下对列车进行阶段性或一次性的制动与缓解。

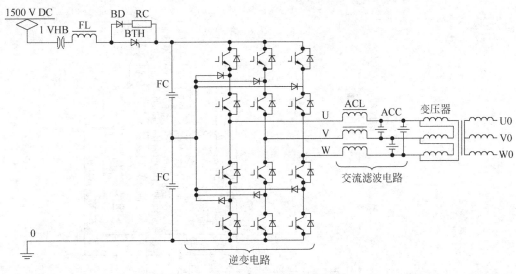

图 3.51 静止逆变器的电路原理

空气制动系统包括常用制动和紧急制动,当再生制动(包括电阻制动)投入时常用制动可与之随时配合进行混合制动。紧急制动仅采用空气制动,紧急制动系统采用得电缓解方式,贯穿整个列车的电源线控制制动系统的缓解,此线路一旦断开,列车编组中的所有车辆即实施紧急制动。常用制动力和紧急制动力均可根据列车载荷进行调节,以保证列车制动力从空车到超员基本不变。车辆载荷信号取自空气弹簧的气压。

基础制动采用单元踏面制动形式,1/2 带有停放制动功能,且能在车旁对停放制动方便地进行手动缓解。

列车制动(除紧急制动外)采用再生制动(包括电阻制动,以下相同)与空气制动实时协调配合,且再生制动优先、空气制动延时投入的混合制动方式。再生制动和空气制动均可由车载自动控制或人工操纵司机控制器控制,且自动列车保护可发出超速紧急制动指令使列车实施紧急制动。

目前国内应用较多的为克诺尔公司生产的 EP2002 型空气制动系统和纳博特斯克公司生产的 HRA 型空气制动系统,另外供应商还有法莱维公司、铁道科学研究院和南京海泰。

制动系统具有滑行控制(抑制)功能,使发生滑行的车轮尽快恢复黏着。防滑采用轴控方式,反应更加灵敏。列车具有停放制动功能,且列车停放制动满足超员列车 30‰坡道上和空载列车在 38‰坡道上停住的要求(考虑最大风力影响)。

每辆车的制动系统工作原理基本相同,下面以 Mp 车制动系统(见图 3.52)为例来介绍。首先,空气压缩机产生的高压空气经干燥装置去除水分后,存储在总风缸内,通过管路输送到制动管,并送入各车辆自身的副风缸内存储。当制动控制单元得到司机制动信号后,将按照不同制动信号控制副风缸内的压缩空气进入踏面制动单元对车辆施行制动。制动系统的主要技术指标如下:最大常用制动平均减速度为 1.0 m/s^2,紧急制动平均减速度为 1.2 m/s^2,列车停放制动能使超员列车在 30‰坡道上和空载列车在 38‰坡道上停住,快速制动距离 $S=205.8 \text{ m}$,紧急制动距离 $S=246.9 \text{ m}$,空气压缩机的运转率为 43.8%(不小于 30%),初始充气时间(包括空气弹簧)为 12.17 min(小于 15 min),储风缸容积满足列车 7 次

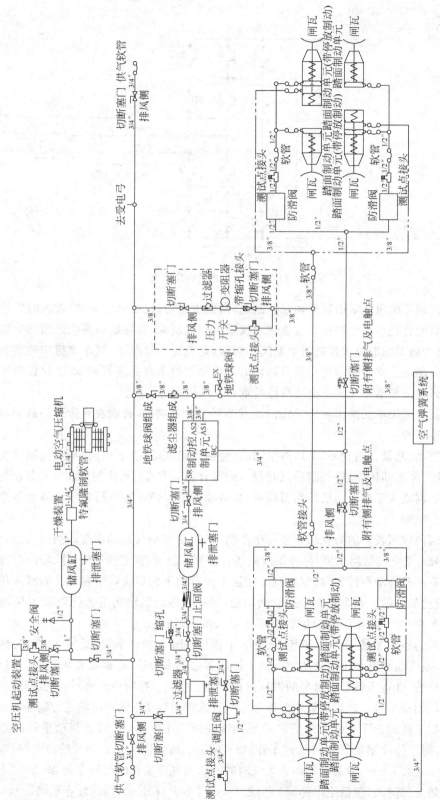

图 3.52 Mp 车制动系统工作原理

最大常用制动和 5 次紧急制动。

5. 空调与采暖系统

车辆装有单元式空调,在环境温度为 33℃ 时,可保证车内温度不高于 28℃,相对湿度不高于 65%。在正常情况下,每台机组新鲜空气量为 1270 m³/h,应急通风风量为 1500 m³/h,全部为新鲜空气。

在外界环境温度为 0℃ 时,客室内温度不低于 15℃,司机室温度不低于 18℃。

6. 列车牵引与制动特性

整列车牵引特性曲线(列车编组为 4M2T,电网电压为 1500 V)如图 3.53 所示,图中用不同线型分别表示在不同列车质量的情况下牵引力、电网电流、电机电流与速度的关系。由图 3.53 可知,在额定载重情况下(即 AW2)牵引力首先是恒定的,当速度超过 43 km/h 后,牵引力将按照恒功率曲线随速度增加而下降。图中还画出了平直道上列车运行阻力随速度变化的曲线。

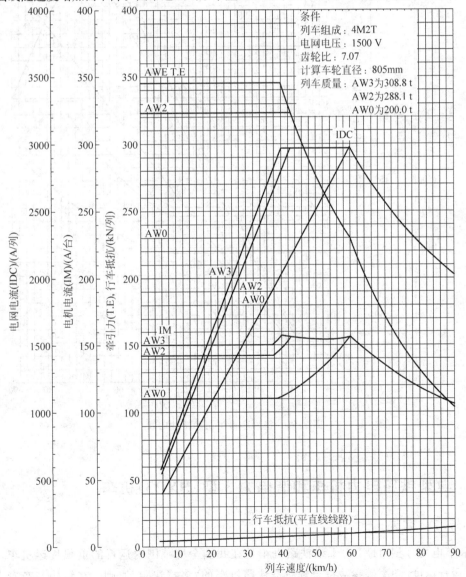

图 3.53 整列车牵引特性曲线

整列车再生制动特性曲线(列车编组为4M2T,电网电压为1500 V)如图3.54所示,图中用不同线型分别表示在不同列车质量(即AW0、AW2、AW3)的情况下再生制动力、电网电流、电机电流与速度的关系。

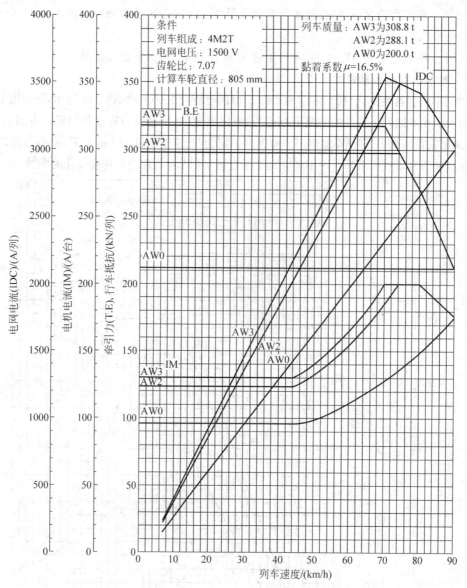

图3.54 整列车再生制动特性曲线

3.7 典型铁路电力机车和谐电力3型(HXD3)机车

3.7.1 概述

和谐电力3型(HXD3)干线铁路机车是在我国全境范围内运行的重载货运机车,其牵引力、运行速度、功率等参数符合现阶段铁路机车的"多拉快跑"原则。在结构与布置上,具有集成化、模块化的特点,同时考虑了环境保护与减小维修工作量等问题。该机车采用两台三轴转向架,滚动抱轴承半悬挂结构。机车车体为带中梁的整体承载的框架式车体结构。牵引电机独立通风冷却,牵引变流器水冷和牵引变压器油冷,采用复合式铝冷却器,车顶直接进风冷却。电传动系统采用交-直-交电传动系统,轴控技术,具有两组辅助变流器对辅助机组供电。该机车采用微机网络控制系统及微机集成化空气制动系统,机械制动采用轮盘制动。下面简单介绍该机车的工作环境、主要参数、机车主要特点、机车特征、设备布置、工作原理。

3.7.2 工作环境

为保证和谐电力 3 型(HXD3)机车能够按额定功率正常工作,对工作环境要求如下:

(1) 工作环境温度-40～40℃。可在低于-40℃环境存放,加强防寒后可正常使用,但使用前需要预热。

(2) 工作海拔高度小于或等于 2500 m。

(3) 工作海拔高度大于或等于 1200m 或者环境温度≥40℃时,连续在额定功率工作,可能会出现功率限制。

(4) 工作环境温度,月平均温度大于或等于 25℃时,最大相对湿度 95%。

(5) 工作环境条件,能承受风、沙、雨、雪、雾、煤尘及偶有沙尘暴。

3.7.3 主要参数

1. 工作电源

电流制: 单相交流 50 Hz;
额定电压: 25 kV。

在 22.5～31 kV 之间时机车能发挥额定功率,在 22.5～17.5 kV 和 17.5～17.2 kV 范围内机车功率按不同斜率线性下降,在 17.2 kV 时功率为零,在 31～31.3 kV 范围内机车功率线性下降至零,如图 3.55 所示。

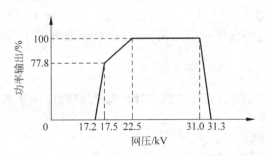

图 3.55 HXD3 机车额定功率与网压特性曲线

2. 牵引性能参数

电传动方式: 交-直-交传动;
持续功率: 7200 kW;
机车速度: 持续制速度 70 km/h(23 t 轴重),65 km/h(25 t 轴重);
最高速度: 120 km/h;

起动牵引力：520 kN(23 t 轴重)，570 kN(25 t 轴重)；

持续牵引力(半磨耗轮)：370 kN(23 t 轴重)，400 kN(25 t 轴重)；

恒功率速度范围：65~120 km/h(25 t 轴重)，70~120 km/h(23 t 轴重)。

3. 动力制动性能参数

电制动方式：再生制动；

电制动功率：7200 kW(70~120 km/h)(23 t 轴重)，7200 kW(65~120 km/h)(25 t 轴重)；

最大电制动力：370 kN(15~70 km/h)(23 t 轴重)，400 kN(15~65 km/h)(25 t 轴重)。

4. 主要结构尺寸

轨距：1435 mm；

轴式：C0-C0；

机车总重：138 t_{-1}^{+3} ‰ t(23 t 轴重)，150 t_{-3}^{+1} ‰ t(25 t 轴重)；

轴重：(23+2) t；

机车前、后车钩中心距：20 846 mm；

车体底架长度：19 630 mm；

车体宽度：3100 mm；

车体高度：4100 mm(新轮)；

机车全轴距：14 700 mm；

转向架固定轴距：(2250+2000) mm；

车轮直径：1250 mm(新轮)，1200 mm(半磨耗)，1150 mm(全磨耗)；

受电弓落下时，滑板顶面距轨面高度：(4775±30) mm；

受电弓滑板距轨面的工作范围：5200~6500 mm；

车钩中心线距轨面高度(新轮)：(880±10) mm；

排障器距轨面高度：(110±10) mm。

5. 功率因数

当机车发挥10%及以上额定功率时，功率因数：大于或等于0.98。

6. 等效干扰电流(JP)

额定功率时，机车在持续制牵引工况下，在距牵引变电所10 km处测量，等效干扰电流：小于或等于2.5 A。

7. 机车总效率

额定网压下，在牵引工况发挥持续功率时的机车总效率：大于或等于0.85。

8. 机车微机控制

1) 机车微机控制功能

机车预备的顺序逻辑综合控制；

机车牵引力和制动力控制；

机车空电联合制动控制；

机车主、辅电路过流、过压、欠压、接地等保护控制；

机车空转/滑行保护控制；

机车重联控制；

机车轴重转移补偿控制；

机车定速控制。

2) 其他功能

停车状态下,微机控制系统自诊断功能;

行驶过程中对被控对象进行实时在线监测诊断功能;

故障信息的记录、保存和显示功能;

故障记录的转储功能。

9. 机车动力学性能

机车应能以 5 km/h 速度安全通过半径为 125 m 的曲线,并应能在半径 250 m 的曲线上进行正常摘挂作业。机车动力学其他性能、参数符合行业标准《铁道机车动力学性能试验鉴定方法及评定标准》(TB/T 2360—1993)的有关要求。

10. 制动距离

机车单机以 120 km/h 速度于平直道上施行紧急空气制动时,最大制动距离:≤800 m(23 t 轴重),≤900 m(25 t 轴重)。

3.7.4 机车主要特点

HXD3 机车有以下主要特点:

(1) 轴式为 C0-C0,电传动系统为交-直-交传动,采用 IGBT 水冷变流机组,1250 kW 大转矩异步牵引电动机,具有起动(持续)牵引力大、恒功率速度范围宽、黏着性能好、功率因数高等特点。

(2) 辅助电气系统采用两组辅助变流器,能分别提供 VVVF 和 CVCF 三相辅助电源,对辅助机组进行分类供电。该系统冗余性强,一组辅助变流器故障后可以由另一组辅助变流器对全部辅助机组供电。

(3) 采用微机网络控制系统,实现了逻辑控制、自诊断功能,而且实现了机车的网络重联功能。

(4) 总体设计采用高度集成化、模块化的设计思路,电气屏柜和各种辅助机组按功能斜对称布置在中间走廊的两侧,采用了规范化司机室,有利于机车的安全运行。

(5) 采用带有中梁的、整体承载的框架式车体结构,有利于提高车体的强度和刚度。

(6) 转向架采用滚动抱轴承半悬挂结构,二系采用钢螺旋弹簧;采用整体轴箱、推挽式低位牵引杆等技术。

(7) 采用下悬式安装方式的一体化多绕组(全去耦)变压器,具有高阻抗、质量轻等特点,并采用强迫导向油循环风冷技术。

(8) 采用独立通风冷却技术。牵引电动机采用由顶盖百叶窗进风的独立通风冷却方式;主变流器水冷和主变压器油冷,采用水、油复合式铝板冷却器,由车顶直接进风冷却;辅助变流器也采用车外进风冷却的方式;另外还考虑了司机室的换气和机械间的微正压。

(9) 采用集成化气路的空气制动系统,具有空电制动功能,机械制动采用轮盘制动。

(10) 采用新型空气干燥器,有利于压缩空气的干燥,降低制动系统阀件的故障率。

3.7.5 机车特性

1. 机车牵引特性

机车的牵引、制动控制采用恒牵引力(制动力)、准恒速特性控制方式。

1) 牵引特性控制要求

采用恒牵引力、准恒速特性控制。牵引控制司机控制器手柄为13级,级间能平滑调节。每级牵引力变化设定为 $\Delta F=80$ kN,控制要求如下。

(1) 23 t 时的牵引力计算

① 基本公式:牵引力(kN)=换级触点号×80。

② 最大牵引力。速度<10 km/h,牵引力(kN)=520;

10 km/h≤速度<70 km/h,牵引力(kN)=544.8-(2.48×速度);

速度≥70 km/h,牵引力(kN)=25 970/速度。

③ 缩减牵引力。牵引力(kN)=(640×换级触点号)-(64×速度)。计算结果为负时,视为0。

④ 输出牵引力(传输到 CI 的牵引力)。上述①~③中,最小值即为输出牵引力。

(2) 25 t 时的牵引力计算

① 基本公式:牵引力(kN)=换级触点号×80。

② 最大牵引力。速度<10 km/h,牵引力(kN)=570;10 km/h≤速度<65 km/h,牵引力(kN)=600.9-(3.09×速度);速度≥65 km/h,牵引力(kN)=26 000/速度。

③ 缩减牵引力。牵引力(kN)=(640×换级触点号)-(64×速度)。计算结果为负时,视为0。

④ 输出牵引力(传输到 CI 的牵引力)。上述①~③中,最小值即为输出牵引力。

2) 机车牵引特性控制曲线

HXD3 机车牵引特性控制曲线(23 t 轴重)如图 3.56 所示。HXD3 机车牵引特性控制曲线(25 t 轴重)如图 3.57 所示。

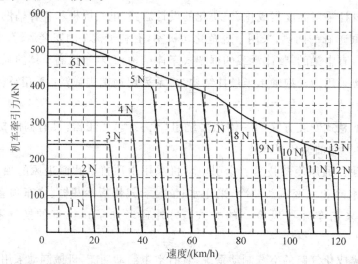

图 3.56 HXD3 机车牵引特性控制曲线——23 t 轴重

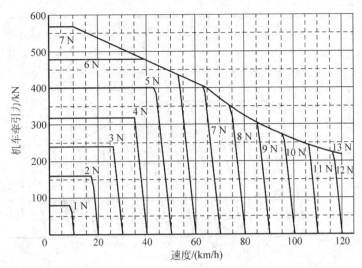

图 3.57　HXD3 机车牵引特性控制曲线——25 t 轴重

2．机车制动特性

1）机车制动特性

采用准恒速特性控制，制动控制司机控制器手柄为 12 级，级间能平滑调节，每级速度变化 $\Delta v = 10$ km/h，控制要求如下。

(1) 23 t 时的制动力计算

① 速度 < 70 km/h。换级触点为 1N，输出制动力(kN) = (33.7 × 速度) − 134.8；换级触点在 1N 以外，输出制动力(kN) = (33.7 × 速度) − (337 × (换级触点号 − 1))。计算结果为负时，视为 0；计算结果超过 370 kN 时，视为 370 kN。

② 速度 ≥ 70 km/h。最大制动力计算：制动力(kN) = 25 970/速度。缩减制动力计算：换级触点为 1N，输出制动力(kN) = (33.7 × 速度) − 134.8；换级触点在 1N 以外，输出制动力(kN) = (33.7 × 速度) − (337 × (换级触点号 − 1))。计算结果为负时，视为 0；计算结果超过 370 kN 时，视为 370 kN。输出制动力计算：

最大制动力和缩减制动力中的最小值即为输出制动力。

(2) 25 t 时的制动力计算

① 速度 < 65 km/h。换级触点为 1N，输出制动力(kN) = (36.4 × 速度) − 145.6；换级触点在 1N 以外，输出制动力(kN) = (36.4 × 速度) − (364 × (换级触点号 − 1))。计算结果为负时，视为 0；计算结果超过 400 kN 时，视为 400 kN。

② 速度 ≥ 65 km/h。最大制动力计算：制动力(kN) = 26 000/速度(km/h)。缩减制动力计算：换级触点为 1N，输出制动力(kN) = (36.4 × 速度) − 145.6；换级触点在 1N 以外，输出制动力(kN) = (36.4 × 速度) − (364 × (换级触点号 − 1))。计算结果为负时，视为 0。计算结果超过 400 kN 时，视为 400 kN。输出制动力计算：

最大制动力和缩减制动力中的最小值即为输出制动力。

2）机车制动特性控制曲线

HXD3 机车制动特性控制曲线(23 t 轴重)如图 3.58 所示。HXD3 机车制动特性控制曲线(25 t 轴重)如图 3.59 所示。

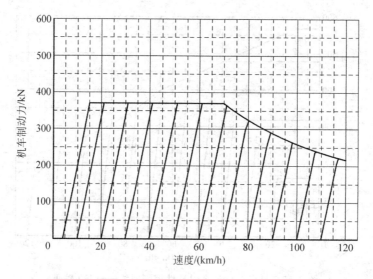

图 3.58 HXD3 机车制动特性控制曲线——23 t 轴重

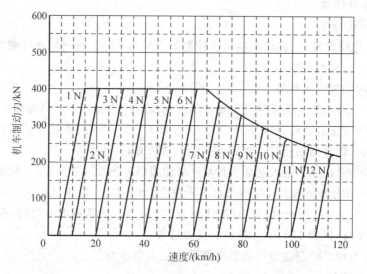

图 3.59 HXD3 机车制动特性控制曲线——25 t 轴重

3.7.6 设备布置

HXD3 电力机车为 6 轴货运机车,其外形如图 3.60 所示。在机车的两端各设有一个司机室,两个司机室的中间是机械室。在机械室内设有 600 mm 宽的中央通道,在通道左右两侧设有主变流装置、鼓风机、空气压缩机等机器。在车体下设有两台 3 轴的转向架及主变压器,在顶盖上有高压电器。车内设备布置以平面斜对称布置为主,设备成套安装,有利于机车的质量分配以及机车的制造、检修和部件的互换。

1. 司机室设备布置

司机室内设有操纵台、八灯显示器、司机座椅、端子柜、热水器、紧急放风阀、灭火器等设备。司机室顶部设有空调装置(冷热)、风扇、头灯、司机室照明等设备。司机室前窗采用电

图 3.60 HXD3 电力机车外形

加热玻璃,窗外设有电动刮水器,窗内设有电动遮阳帘,侧窗外设有机车后视镜。在操纵台上设有 TCMS 显示器、ATP 显示器、压力组合模块、司机控制器、制动控制器、扳键开关组、制动装置显示器、冰箱、暖风机、脚炉和膝炉。

2. 机械室设备布置

机车的Ⅰ端设备室紧邻Ⅰ端司机室,内部布置有主电动机通风机、更衣箱、卫生间、蓄电池充电装置、蓄电池柜、滤波装置、微机及监控柜(TCMS&ATP 柜)、控制电器柜、综合通信柜。

机车的Ⅱ端机械室紧邻Ⅱ端司机室,内部布置有主电动机通风机、空压机、主风缸、辅助风缸、干燥器、制动屏柜。

在Ⅰ端设备室和Ⅱ端设备室之间设有中央机械室,室内布置有主变流装置、复合冷却器及复合冷却器通风机组。

3. 车顶设备

车顶设备主要包括 3 个顶盖及其上配备的各种设备。其中,Ⅰ端顶盖、Ⅱ端顶盖配置有受电弓,中央顶盖上配置有高压隔离开关、高压电压互感器、真空断路器、避雷器、接地开关等高压电器。在中央顶盖上设有检修升降口,由此上车顶进行检修和维修作业(为确保安全,天窗设置钥匙联锁装置)。

4. 车下设备

车下设备包括悬挂在机车中部的主变压器以及以变压器为中心对称布置的两台转向架。在转向架上配置有主电动机等设备。另外还配置了动车插座、辅助/控制电路外接电源插座、行灯插座、机车电子标签、速度传感器和轴温传感器等设备。

3.7.7 工作原理

HXD3 交流传动电力机车的电气线路主要由主电路、辅助电路、控制电路、行车安全综合信息监控系统电路和空气管路系统电路组成,下面简单介绍主电路、辅助电路、控制电路。

1. 主电路

机车主电路主要由网侧电路、主变压器、主变流器及牵引电机等组成。

1)网侧电路

网侧电路由两台受电弓 AP1、AP2,两台高压隔离开关 QS1、QS2,一个高压电流互感器 TA1,一个高压电压互感器 TV1,一台主断路器 QF1,一台高压接地开关 QS10,一台避雷器 F1,主变压器原边绕组 AX,一个低压电流互感器 TA2 和回流装置 EB1~EB6 等组成。

接触网电流通过受电弓 AP1 或 AP2 进入机车,经高压隔离开关 QS1 或 QS2 和主断路器 QF1,通过高压电流互感器 TA1 进入车内,经 25 kV 高压电缆与主变压器原边 1U 端子相连,经过主变压器原边,从 1V 端子流出,通过 6 个并联的回流装置 EB1~EB6,从轮对回流至钢轨。

2)主变压器

机车采用轴向分裂、心式卧放、下悬式安装的一体化多绕组变压器,具有高阻抗、质量轻等特点;采用真空注油、强迫风冷、氮气密封等特殊的工艺措施,可延长变压器的绝缘寿命。

主变压器的 6 个 1450 V 牵引绕组分别用于两套主变流器的供电,两个 399 V 辅助绕组分别用于辅助变流器的供电。主变压器的主要技术参数见表 3.6。

表 3.6 主变压器的主要技术参数

	高压绕组	牵引绕组	辅助绕组
额定容量/(kV·A)	9006	8400×6	606
额定电压/V	25 000	1450×6	399×2
额定电流/A	360	966×6	759×2

3)主变流器及牵引电动机

机车采用两组主变流器 UM1、UM2,分别由主变压器的牵引绕组 2U1~2V6 供电,主变流器再分别给牵引电机 M1、M2、M3 和 M4、M5、M6 供电。两套主变流器的电路完全相同,以下就主变流器 UM1 的电路进行说明。

主变流器 UM1 内部可以看成由 3 个独立的"整流-中间电路-逆变"环节(称为牵引变流器)构成。每组牵引变流器分别由两个接触器、一个输入电流互感器、一个充电电阻、一个四象限整流器、中间电路、一个 PWM 逆变器、两个输出电流互感器等组成。机车 6 组牵引变流器的主电路和控制电路相对独立,分别为 6 个牵引电机提供交流变频电源。当其中一组或几组发生故障时,可通过 TCMS 微机显示屏,利用触摸开关将故障的牵引变流器切除,剩余单元仍可继续工作,实现整车的冗余控制。

当中间电压为零时,主变压器的牵引绕组通过充电电阻向四象限整流器供电,给中间直流回路支撑电容充电。当中间直流电压达到 2000 V 时,充电接触器切除充电电阻,中间电路预充电完成。在逆变器工作之前,牵引绕组迅速向中间直流回路支撑电容充电,直至 2800 V。此时,牵引变流器起动充电过程完成,逆变器可以投入工作。机车再生制动时,逆变器工作在整流状态,四象限整流器工作在逆变状态,并通过中间直流回路向主变压器牵引绕组馈电,将再生能量回馈至接触网。

HXD3 交流传动货运电力机车的牵引逆变器是由 IGBT 元件组成的 PWM 逆变单元,整车的 6 个牵引逆变器分别向 6 台牵引电机供电。由于牵引逆变器采用矢量控制模式,使异步牵引电机具有快速反应的动态性能,实现了机车每个牵引电机的独立控制。整车采用轴控方式,当整台机车的 6 个轴的轮径差、轴重转移及空转等可能引起的负载分配不均匀时,可以通过牵引变流器的控制进行适当的补偿,以实现最大限度地发挥机车牵引力。

牵引电机的主要技术参数如下。

额定输出功率:1250 kW;

额定电压:2150 V;

额定电流:390 A;

极数:4;

额定转速:1365 r/min;

最高转速:3195 r/min;

效率:0.95。

2. 辅助电路

机车辅助电路主要包括辅助变流器、辅助电动机、辅助加热装置电路等。

1) 辅助变流器

辅助变流器是辅助电动机供电电路的核心。机车共设置两套辅助变流器 UA11、UA12(又称作 APU1、APU2),分别同两套主变流器 UM1、UM2 安装在一起。

辅助变流器 UA11、UA12 都有 VVVF 和 CVCF 两种工作方式,可以依据连接的辅助电动机情况进行设置。机车正常运行时,辅助变流器 UA11 工作在 VVVF 方式,辅助变流器 UA12 工作在 CVCF 方式,分别为机车辅助电动机供电。每一台辅助变流器的额定容量是按照独立带整车辅机的情况设计的,因此正常情况下,辅助变流器 UA11、UA12 基本上以 50% 的额定容量工作。

当某一套辅助变流器发生故障时,不需要切除任何辅助电动机,另一套辅助变流器可以承担机车全部的辅助电动机负载。此时,该辅助变流器按照 CVCF 方式工作,辅助电动机系统按全功率运行。两台压缩机中,只有操纵端压缩机可以投入工作,从而确保机车辅助电动机供电系统的可靠性。辅助变流器的故障转换控制由机车微机控制系统(TCMS)自动完成。

辅助变流器的中间直流回路同时给 110 V 电源充电模块供电。辅助变流器 UA12 的输出还经隔离变压器,给司机室各加热设备及低温预热回路供电。辅助变流器内设有元器件过压、过流保护。

辅助变流器参数如下。

额定输入电压:399 V AC(单相);

额定输入频率:50 Hz;

直流中间回路电压:750 V DC;

元件类型:IGBT(1700 V、1200 A);

调制方式:四象限整流(输入)+PWM(输出);

恒频恒压变流器输出容量:230 kV·A;

输出电压:380 V AC(三相);

输出频率:50 Hz;

变频变压变流器输出容量:230 kV·A;

频率控制范围：0.2～50 Hz；

电压控制范围：2～380 V AC。

2）辅助电动机

机车上的各辅助电动机均通过各自的自动开关与辅助变流器连接，除两台空气压缩机外，均不设电磁接触器，使得辅助电动机电路更简化、更可靠。当辅助变流器采用软起动方式进行起动时，除空气压缩机电动机外，其他辅助电动机也随之起动。空气压缩机的起动受电磁接触器的控制，电磁接触器受机车司机控制扳键开关和总风缸空气压力继电器控制。辅助电机的功率见表3.7。

表 3.7 辅助电机的功率　　　　　　　　　　kV·A

辅助变流器 UA11		辅助变流器 UA12	
牵引电动机通风机	18.5×6	空气压缩机	25×2
冷却塔通风机	20×2	主变流器水泵	5.4×2
		主变流器油泵	3.7×2
		司机室空调	5×2
		辅助变流器通风机	2×2
		辅助加热装置	30
合计	151	合计	115

3）辅助加热装置电路

机车辅助加热装置主要有电热玻璃 EH11-12、膝炉 EH15-18、侧墙暖风机 EH19-22、脚炉 EH23-26、后墙暖风机 EH27-30、司机室多功能热水器 EH31-32 及低温预热回路等，它们均由辅助变流器 UA12 通过隔离变压器 AT1 进行供电。

在膝炉、侧墙暖风机、脚炉、后墙暖风机支路上设置了功能转换开关 SA11、SA12 进行投入和切除转换，并设置了空气自动开关 QA31A 和 QA31B 进行过流保护。在电热玻璃支路上设置了功能转换开关 SA13、SA14 进行投入和切除转换，并设置了空气自动开关 QA32 进行过流保护。在司机室多功能热水器支路上设置了空气自动开关 QA33 进行过流保护。另外，还设置了两个司机室电源插座 XSA3、XSA4，给司机室提供 220 V 交流电源，满足机车的需要。

3. 控制电路

控制电路，即机车的控制系统，是以日本东芝公司的机车微机控制监视系统（TCMS）为核心，结合目前国内现有的机车行车安全综合信息监控系统和克诺尔的 CCB-Ⅱ 电控制动系统，配以机车外围电路来进行设计的。TCMS 主要功能是实现机车特性控制、逻辑控制、故障监视和诊断，并将有关信息送到司机操纵台上的微机显示屏。

TCMS 包括一个主控制装置和两个显示单元，其中主 CPU 采用冗余设计，设有两套控制环节，一套为主控制环节（Master），一套为备用控制环节（Slave）。当主控制环节发生故障时，备用控制环节立即自动投入工作。

机车的控制电路系统主要完成下列功能：

（1）顺序逻辑控制，如升、降受电弓，分、合主断路器，司机控制器的换向、牵引、制动，辅助电动机的逻辑控制，机车库内动车逻辑控制，主辅变流器库内试验逻辑控制等。

(2) 机车特性控制。采用恒牵引力/制动力＋准恒速特性控制，实现对机车的控制要求。

(3) 定速控制。根据机车运行速度，可以实现牵引工况下机车恒定速度控制。

(4) 辅助电动机的控制。除空气压缩机外，机车各辅助电动机根据机车准备情况，在外部条件具备的前提下，由 TCMS 发出指令，与辅助变流器同时起动、运行。空气压缩机则根据总风缸压力情况，通过控制接触器的分合来实现控制。

(5) CCB-Ⅱ制动机的电空网络控制和机车防滑行保护。

(6) 机车黏着控制，包括防空转、防滑行控制以及轴重转移补偿控制。

(7) 故障诊断、显示与保护。通过设在司机室的微机屏显示机车正常运行的状态信息，如网压、原边电流、机车工况、级位、机车牵引力、机车速度等。正常的设备工作状态，如主变流器、辅助变流器等。正常的设备开关状态，如主断路器、辅助接触器、各种故障转换开关。

(8) 显示机车即时发生的故障信息、发生故障的设备、故障处理的方法等，并将故障发生时的有关数据记忆。

(9) 机车重联控制，最多可以实施同型号的 4 台机车重联。

3.8 典型铁路电力机车韶山 8 型(SS8)机车

3.8.1 概述

韶山 8 型(SS8)电力机车是我国铁路使用的电力机车车型之一，由株洲电力机车厂与株洲电力机车研究所共同研制。韶山 8 型电力机车是四轴准高速干线客运电力机车，是我国第八个五年计划("八五")重点科技攻关项目，原设计是用于广深准高速铁路的电力机车，后成为用于我国干线铁路牵引提速旅客列车的主型机车。机车最大运行速度为 170 km/h，最高试验速度达到 240 km/h。

韶山 8 型电力机车的主要性能参数如下。

电流制式：单相工频交流；

额定电压：25 kV；

最高电压：29 kV；

最低电压：20 kV；

机车整备质量：88 t；

轴重：22 t；

轴配置(轴列式)：B0-B0；

轨距：1435 mm；

持续牵引功率：3600 kW；

持续牵引力(半磨耗轮)：126 kN；

起动牵引力(半磨耗轮)：210 kN；

机车持续速度(半磨耗轮)：100 km/h；

最高速度：170 km/h；

电制动方式：电阻加馈制动；

制动功率：2700 kW(75～160 km/h)；

最大制动力：130 kN(16～75 km/h)；

调压方式：不等分三段半控桥晶闸管相控调压；

供电方式：转向架电机并联独立供电；

磁场削弱：晶闸管分路无级削弱；

控制方式：特性控制(恒流准恒速控制)；

车钩中心线间距：17 516 mm；

车钩中心线离轨面高度：(880±10) mm；

机车落弓时最高点距轨面高度：4628 mm；

受电弓滑板中心距：8600 mm；

受电弓工作高度：500～2250 mm；

转向架固定轴距：2900 mm；

新轮直径：1250 mm；

半磨耗轮直径：1200 mm；

传动方式：单边直齿六连杆空心轴弹性传动；

悬挂方式：一系全悬挂；

齿轮传动比：77/31＝2.484；

基础制动装置：203 mm×3.5 单元制动器单侧双闸瓦、间隙自动调节；

车体长度：16 300 mm；

车体宽度：3100 mm；

空气压缩机能力：$2×1.6 m^3$/min；

主风缸容量：$1.0 m^3$；

空气制动机系统：DK-1 型机车电空制动机。

3.8.2　机车总体布置

韶山 8 型电力机车是在韶山 5 型电力机车基础上研制的四轴准高速干线客运电力机车。机车车体采用框架式整体承载全钢焊接结构，车体蒙皮结构使用耐候钢，并使用了有限元分析法进行车体轻量化设计，韶山 8 型机车的车体质量从韶山 5 型机车的 20.7 t 减少到 18.1 t。总体布置沿用"韶山"系列电力机车传统的双侧走廊、两端司机室结构，全车共分七个间隔室，中间为变压器室，然后向两侧依次为Ⅰ、Ⅱ端电气室，Ⅰ、Ⅱ端机械室，Ⅰ、Ⅱ端司机室。主要电器设备以机车最重设备主变压器为中央，其他设备以斜对称布置为主，有利于质量平衡。

两端司机室之后车顶各安装一台 TSG3 630/25 型或 DSA-200 型高速受电弓(原型车早期采用西门子 8WLO126-6YH59 型受电弓)，其他车顶设备包括空气断路器、高压电流互感器、高压电压互感器、避雷器等。车体底架下安装两台转向架、两个总风缸、空气干燥器及蓄电池箱。机车采用车体自然通风方式，冷风通过机车侧墙过滤器百叶窗进入车内，经四个风道系统对牵引电机、变压器及硅整流机组进行冷却。制动系统采用 DK-1 型电控空气制动机，由机车电空制动机对列车电空制动系统进行直接控制，以保证列车制动时的平稳性。机车持续功率 3600 kW，最高运用速度 170 km/h，机车总重 88 t，轴重 22 t。

为减小机车高速运行时的空气阻力,韶山 8 型机车头型经风洞模拟试验,司机室正面为倾斜角达 26.15°的倾斜平面。首批 130 台韶山 8 型电力机车驾驶室挡风玻璃面积较大,使用厚度 12 mm 的玻璃。但由于多次发生机车高速行驶途中玻璃被异物击中爆裂事故,因此由 0131 号机车开始,两端车窗面积改小以减小受压面积,同时采用了更高强度、厚度达 21 mm 的玻璃,减低机车在高速行驶期间发生玻璃碎裂的概率,顶灯也做出一些改动以减小风阻。后来,早期出厂的机车的大车窗也在厂修期间被改为小车窗。

3.8.3 机车转向架

机车走行部为两台相同的悬架式二轴转向架。构架采用日字形箱形梁焊接结构,轴箱采用弹性双拉杆式定位。一系悬挂装置由螺旋圆弹簧、橡胶垫和垂向油压减振器组成;二系悬挂装置采用高柔圆弹簧及橡胶垫,车体与转向架之间并装有垂向减振器、横向减振器和抗蛇行减振器。牵引力和制动力通过转向架与车体底架间的低位中间推挽式拉杆牵引机构传递。基础制动装置采用单元式单侧双闸瓦制动器,每台转向架上设有一个仿 8K 型机车的停车蓄能制动装置。

首两台原型车最初仍然沿用与韶山 5 型电力机车相同的转向架,采用电机空心轴全悬挂驱动装置,其齿轮箱的大部分仍属簧下质量,加上轮径较大(达 1250 mm),这两个因素使机车的簧下质量稍大,但由于轴重较轻,因而仍然能满足在 160 km/h 运行速度下的轮轨相互作用力指标。经改造后定型及批量生产的韶山 8 型机车,改为采用轮对空心轴六连杆弹性传动装置、单侧直齿六连杆万向节传动。牵引电动机的一端悬挂在转向架的构架上,另一端固定在轮对的空心轴套上,齿轮箱属于簧上质量,簧下质量仅为 3 t,改善了机车的动力学性能。

3.8.4 机车主电路

韶山 8 型电力机车是交-直流电传动的单相工频交流电力机车。接触网导线上的 25 kV 工频单相交流电电流,由受电弓经过主断路器进入机车后,输入主变压器,经牵引绕组降压后,由晶闸管相控整流电路转换成直流电,供给六台分两组并联的牵引电动机,使牵引电动机产生转矩,将电能转变为机械能,经过齿轮的传递驱动轮对。机车安装一台 TBQ9-5816/25 型主变压器,该型变压器采用一体化结构,与平波电抗器、限流电抗器合并安装并共用冷却系统,冷却方式为强迫油循环导向风冷冷却。

机车主电路设计借鉴了 6K 型电力机车,采用由大功率晶闸管和二极管组成的不等分三段半控桥式相控整流电路,而非韶山 5 型机车的两段串联(一段半控桥和一段全控桥)相控整流电路,并取消了原来的功率因数补偿装置。在引进 8K 型电力机车的同时,株洲电力机车研究所也从美国西屋电气公司引进大功率半导体制造技术,被应用于韶山 8 型机车的晶闸管元件。为扩大机车恒功速度范围,机车采用晶闸管分路进行无级磁场削弱,实现机车全过程无级调速。由于整流电路不设全控桥,因此机车的动态制动方式由韶山 5 型机车的再生制动,改为加馈电阻制动,使机车在低速区可以保持较大的制动力,制动功率为 2700 kW。

每台机车装用四台直流牵引电动机,首两台原型车初期试验时采用与韶山 5 型电力机车相同的 ZD107 型六极串励直流牵引电动机,额定功率为 800 kW,采用半叠片机座技术、全H级绝缘、电机空心轴架承式悬挂。后来批量生产的韶山8型机车均采用ZD115型牵引电动机,该型电动机是采用全叠片焊接机座机构、带有补偿绕组的六极串励直流电动机,额定功率为900 kW,绝缘等级为全H级,采用轮对空心轴三支点弹性架承式悬挂,冷却方式为强迫风冷。

3.8.5 机车辅助电路

韶山8型机车的辅助电路采用单一三相交流电系统,使用旋转式劈相机为辅助电路供电,将主变压器辅助绕组供应的单相交流电转换成三相交流电,车内各种辅助设备如变压器、整流装置、牵引电动机、制动电阻柜等装置的通风冷却,以及空气压缩机的驱动均采用三相交流异步电动机,电压制式为380 V三相交流电。

3.8.6 机车控制电路

韶山8型电力机车采用微机控制系统取代了韶山5型机车的电子模拟控制。微机控制系统架构模仿自进口的8K、6K型机车,并根据韶山4型0038号机车的使用经验进行改进,系统由一个微机控制柜、装在司机室操纵台上的显示屏及显示控制箱组成。控制系统具有恒流准恒速牵引特性控制、制动系统的恒制动力控制、防空转及防滑行控制、磁场削弱控制、空电联合制动控制、列车供电控制、故障诊断与故障记录等功能。

韶山8型机车在出厂时均使用电磁式继电器等作为控制装置,机车在进行大修时均会改用分布式逻辑控制单元(LCU)作为控制装置,将高低压电气柜、列车供电柜内的有触点继电器改为无触点电路,消除了传统电磁式继电器易老化和易发生故障的缺点,提高了机车的可靠性。韶山8型0010号机车是首台大修安装LCU的机车。

3.8.7 机车供电电路

韶山8型电力机车设有列车供电功能,在设计时主变压器就预留了列车供电绕组,初期由于列车供电的条件未成熟,因此早期出厂的机车并未设有供电设备,车头下方的供电插座亦被封闭。至1998年,株洲电力机车厂成功研制了600 V DC列车供电系统,并首次安装在韶山8型电力机车上及投入运用。每台机车装备了两套完全独立的列车供电系统,由主变压器供电绕组提供870 V单相交流电,经整流后输出电压600 V直流电,功率为2×400 kW,采用机车集中整流、客车分散逆变的供电方式,向旅客列车提供空调、取暖、茶炉、照明等供电电源,使列车无须加挂发电车。

首列采用600 V DC直供电的25K型客车自1998年10月1日起在北京西—武昌的T79/80次列车上使用,由郑州机务段的韶山8型电力机车担当牵引及供电任务,是我国铁路采用600 V DC机车直供电的首次试验。自2005年起,随着机车直供电技术的日趋成熟,配套600 V DC直供电25G型客车、25T型客车得到快速普及。早期生产的韶山8型机车也加装了供电系统,至今所有韶山8型机车都配有客车供电装置。

3.8.8 生产制造与应用

1997年1月5日,在铁道科学研究院北京环行铁道试验基地进行我国铁路首次时速200 km以上的高速综合试验,由韶山8型机车牵引南京浦镇车辆厂研制的25Z型双层客车,创造了最高试验速度 212.6 km/h 的纪录,创造了当时的"中国铁路第一速"。1998 年 6 月 24 日,韶山 8 型 0001 号机车于京广铁路许昌至小商桥区段的试验中达到 240 km/h 的速度纪录,创下了当时的"中国铁路第一速"。完成一系列的试验后,株洲电力机车厂在 1996 年 10—12 月开始小批量生产韶山 8 型机车。1997 年 2 月,韶山 8 型机车通过了铁道部科技成果鉴定。由于当时广深铁路电气化提速改造工程尚未完成,因此首批 35 台韶山 8 型机车先于 1997 年 3 月交付郑州铁路局郑州机务段,担当京广铁路郑武段的客运列车牵引任务。株洲电力机车厂根据机车实际运用情况,对机车存在的问题进行了改进,提高了机车的可靠性,并于 1997 年 7 月正式批量生产。1998 年根据文件要求加装了 600 V DC 列车供电装置,1999 年进行机车双管供风改造。韶山 8 型电力机车于 2001 年停产,累计生产 245 台。

思考题

3-1　列车编组如何表示?
3-2　城市轨道交通车辆有哪些典型部件?
3-3　城市轨道交通车辆的典型部件的主要功能有哪些?
3-4　轨道车辆的五大关键技术是什么?
3-5　城市轨道交通车辆由哪些部分组成?
3-6　城市轨道交通车辆有哪些典型参数?
3-7　什么是车辆限界?
3-8　什么是基准坐标系?

参考文献

[1]　张曙光.HXD3 型电力机车[M].北京:中国铁道出版社,2009.
[2]　赵叔东.韶山 8 型电力机车[M].北京:中国铁道出版社,2001.
[3]　中国北车集团大连机车车辆有限公司.HXD3 型大功率交流传动电力机车运用保养说明书[G].
[4]　中国北车集团大连机车车辆有限公司.HXD3 型交流传动电力机车检修手册[G].

第 4 章

转 向 架

4.1 转向架概述

转向架自产生以来,伴随轨道车辆技术的进步而不断发展,目前已形成了适用于各种轨道车辆的转向架,它们的性能、组成差异较大,但主要结构、工作原理类似。转向架技术是轨道车辆的关键技术之一,转向架的结构与性能直接影响车辆的动力性、稳定性和乘坐舒适性。

4.2 转向架的功能、组成与分类

轨道车辆的转向架,又称为走行部,从轨道车辆的运用与维护方面,对其提出以下技术要求:

(1) 良好的动力学性能。转向架是车辆行驶的执行部件,它的动力学性能直接决定了轨道车辆行驶的工作状态。

(2) 最佳的黏着条件。轮轨之间的黏着状态直接影响轨道车辆的受力情况,良好的黏着条件,有利于车辆的操纵。

(3) 质量轻。在满足功能要求、结构合理的前提下,质量轻有利于增加轨道车辆载重、降低轴重。

(4) 良好的可接近性。良好的可接近性指转向架各个组成部分都可方便地进行检查、拆装。良好的可接近性降低了制造难度,也可使得后期的检查、维护保养、检修工作更加方便。

(5) 零部件标准化、系列化、通用化。对于同一系列的轨道车辆,转向架的各组成零部件如果可以互换,将给后期工作带来极大的方便。

轨道车辆的转向架自产生以来经历了一个较长的发展变化时期,为了适用各种功能,如货运、客运、高速、重载等,产生了多种结构形式,其组成零部件也不完全相同。当代轨道车辆的转向架有如下一些典型的技术特征:

(1) 抑制蛇形运动。从车辆结构设计、加装减振器等多个方面，有效抑制了蛇形运动，提高了车辆的临界速度，提高了列车的稳定性。

(2) 多种制动方式。大多数列车都采用踏面制动作为基本配置，在此基础上加装其他制动方式，如盘形制动、磁轨制动、涡流制动、电阻制动、回馈制动等。列车制动过程中综合应用各种制动方式，提高列车的制动能力。

(3) 提高减振性能。用于客运轨道车辆的转向架通常采用高柔度弹簧、液压减振器等，普遍采用二系悬挂，降低轮轨间的动力冲击，抑制车辆振动，使乘坐舒适，延长了线路和车辆的使用寿命。

(4) 优化设计。在满足强度、刚度等要求下，大量采用多种新材料、新工艺，进行结构优化、整车轻量化，提高载重能力。

209T 型客车转向架是用于干线铁路客车的转向架，如图 4.1 所示。转 8A 型货车转向架是用于干线铁路货车的转向架，如图 4.2 所示。

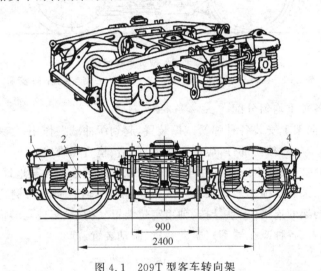

图 4.1　209T 型客车转向架
1—构架；2—轮对轴箱弹簧装置；3—摇枕弹簧装置；4—基础制动装置

4.2.1　转向架的功能与组成

轨道车辆转向架的功能主要有牵引、制动、转向、承载、缓冲。

牵引方面。动力转向架上安装牵引电机与减速装置，钢轮钢轨系统目前采用轮对结构，减速装置的输出连接到轮对上，产生驱动力矩，车体受到的牵引力来自转向架。非动力转向架，需要由车体向转向架传递牵引力。

制动方面。踏面制动的闸瓦、盘形制动的制动盘、磁轨制动的磨耗板、涡流制动的电磁铁等，这些制动力最终需要通过转向架传递到车体。

转向方面。转向架引导车体在曲线上行驶，车体相对转向架可自由回转，使较长的车辆能自由通过小半径线路曲线，减小运行阻力与噪声，提高运行速度。

承载方面。转向架支承车体，承受并传递车体与轨道之间的各种载荷及作用力，通过转向架车轮的滚动转换为车体的平动，车辆沿着轨道运行。转向架的布置可增加车辆的载重、

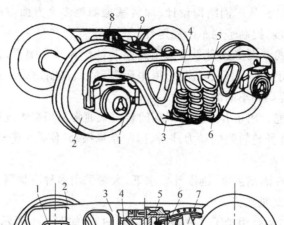
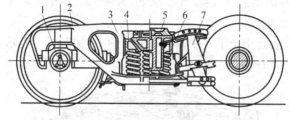

图 4.2 转 8A 型货车转向架

1—轴承；2—轮对；3—侧架；4—楔块；5—摇枕；6—弹簧；7—制动装置；8—旁承；9—下心盘

长度和容积,并使各轴重均匀分配。

缓冲方面。转向架上安装各种弹簧减振装置,起到缓冲减振作用,使乘客乘坐舒适。转向架作为车辆的一个相对独立部件,应便于互换、制造、检查和维修。

各种轨道车辆转向架的组成并不完全相同,图 4.3 所示分别为某地铁车辆动车转向架、某高铁动车转向架、某高铁拖车转向架的组成。以地铁车辆转向架为例,其主要包括轮对、轴箱装置、轴箱与构架的连接(一系悬挂、轴箱定位装置)、构架、车体与转向架或构架的连接(二系悬挂、牵引装置、各种减振器等)、驱动装置、制动装置。

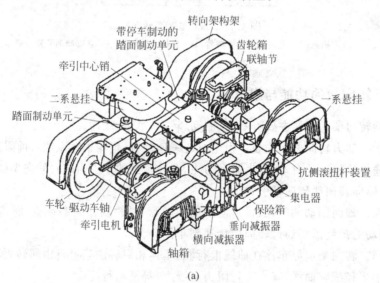

(a)

图 4.3 各种转向架的组成

(a)某地铁车辆动车转向架；(b)某高铁动车转向架；(c)某高铁拖车转向架

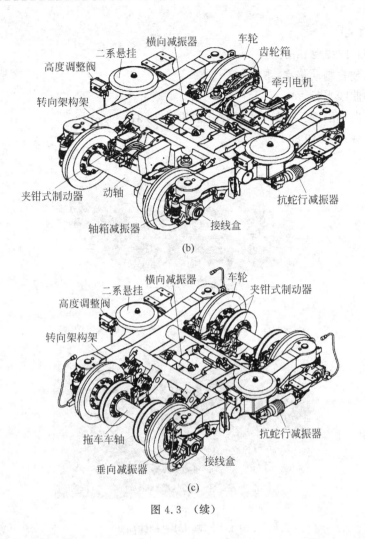

图 4.3（续）

4.2.2 转向架的分类

各种轨道车辆转向架的工作需求差异较大,对转向架的组成、结构、材料、工艺等提出了不同的要求,各种转向架的技术特点差异较大,通常按以下项目进行分类:车轴的数目和类型、弹簧装置形式、轴箱定位方式、车体与转向架的载荷传递方式等。另外,还有一些不常见的转向架,例如铰接式转向架、带摇枕的转向架等。

1. 车轴的数目和类型

按车轴的数目,转向架有二轴、三轴和多轴。转向架上轴数的多少取决于车辆的总重、车体的长度,而满载时的轴重又受到线路条件的限制。

按车轴的类型,我国干线铁路货车采用 B、D、E、F、G 五种车轴型号,普通铁路客车采用 C、D 两种车轴型号。每种车轴的结构尺寸不同,允许轴重不同。

某型号二轴转向架(见图 4.4)的主要技术参数如下:

轴重:25 t;

最高运行速度:75 km/h;

自重：4.1 t；
固定轴距：1727.2 mm；
基础制动装置制动倍率：5.0；
通过最小曲线半径：60 m；
转向架垂向总刚度：空车 6015 N/mm，重车 10 370 N/mm；
心盘允许载荷：449 800 N。

(a)

(b)

图 4.4　某型号二轴转向架

某型号三轴转向架(见图 4.5)的主要技术参数如下：
构造速度：100 km/h；
自重：6.77 t；
心盘载荷：56.2 t；
制动倍率：6.5；
两旁承中心距：1920 mm；
固定轴距：2640(2×1320) mm；
心盘面自由高：820 mm；
空/重车弹簧静挠度：23/40 mm；
通过最小曲线半径：80 m。

2. 弹簧装置形式

转向架的轴箱与构架、构架与车体之间都可能安装有各种弹簧装置以及减振器，弹簧装置可能是螺旋钢弹簧、橡胶弹簧或者空气弹簧，并起到主要承载作用。根据这些弹簧布置的不同，可分为一系悬挂转向架、二系悬挂转向架、多级悬挂转向架，如图 4.6 所示。

第4章 转向架

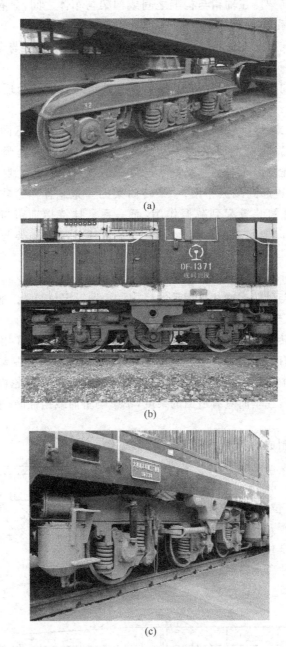

图 4.5 三轴转向架

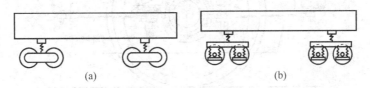

图 4.6 转向架的悬挂
(a) 一系悬挂转向架；(b) 二系悬挂转向架

(1) 一系悬挂转向架。在轴箱与构架之间或构架与车体之间,只有一处安装有弹簧装置。货车通常采用一系悬挂。

(2) 二系悬挂转向架。在这种转向架上,轴箱与构架之间、构架与车体之间均安装有弹簧装置。

(3) 多级悬挂转向架。很少用,结构复杂,如果两级悬挂设计合理,减振效果已可以达到较高的要求。

"一系悬挂"与"二系悬挂",两个词汇的使用场合不同,会有不同的含义。例如,"某转向架采用一系悬挂",意味着该转向架从轮对到车体,只有一处弹簧装置起到减振作用,弹簧装置可能出现在两个位置。"某转向架采用二系悬挂",意味着该转向架从轮对到车体有两级弹簧装置起到减振作用。"某转向架的一系悬挂",意味着该转向架从轮对到车体,通常有两级弹簧装置起到减振作用,而一系悬挂特指轴箱与构架之间的弹簧减振装置。那么,"某转向架的二系悬挂",其中二系悬挂就特指构架与车体之间的弹簧减振装置。

3. 轴箱定位方式

约束转向架构架与轴箱之间相对运动的机构称为轴箱定位装置。轴箱定位装置有多种结构形式,性能差异也较大。

轴箱定位方式对转向架的横向动力性能、抑制蛇行运动起主要作用,通常要求轴箱定位装置在纵向和横向具有适当的弹性定位刚度值,满足纵向牵引力和制动力的传递及车辆横动要求,在曲线运行时具有良好的导向性能,抑制蛇行运动并减轻轮缘与钢轨的磨耗和噪声。要求轴箱定位装置在垂向具有适当的柔度,不影响垂向减振性能,平稳性好。

1) 拉板式定位

用特种弹簧钢材制成的薄片形定位拉板,其一端与轴箱连接,另一端通过橡胶节点与构架相连,利用拉板在纵向、横向的不同刚度来约束构架与轴箱的相对运动,以实现弹性定位。由于拉板的上下弯曲刚度小,拉板式定位对轴箱与构架上下方向的相对位移约束很小。拉板式轴箱定位原理如图 4.7 所示,拉板式轴箱定位结构如图 4.8 所示,拉板式轴箱定位实物如图 4.9 所示。

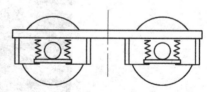

图 4.7 拉板式轴箱定位原理

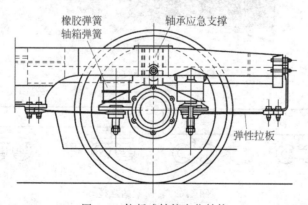

图 4.8 拉板式轴箱定位结构

图 4.9 拉板式轴箱定位实物

2) 拉杆式定位

拉杆的两端分别与构架和轴箱销接,拉杆两端的橡胶垫、套分别限制轴箱与构架之间的横向与纵向的相对位移,实现弹性定位。拉杆允许轴箱与构架在上下方向有较大的相对位移。拉杆式轴箱定位原理如图 4.10 所示,拉杆式轴箱定位结构如图 4.11 所示,拉杆式轴箱定位实物如图 4.12 所示。

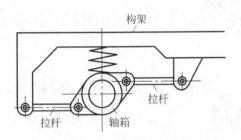

图 4.10 拉杆式轴箱定位原理

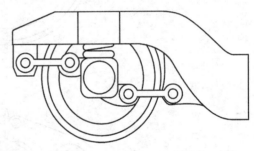

图 4.11 拉杆式轴箱定位结构

图 4.12 拉杆式轴箱定位实物

3) 转臂式定位

转臂式定位又称弹性铰定位,定位转臂的一端与圆筒形轴箱体固接,另一端以橡胶弹性节点与构架上的安装座相连接。弹性节点允许轴箱与构架在上下方向有较大的位移,弹性节点内的橡胶件设计成使轴箱在纵向和横向具有适宜的定位刚度的要求,在垂向允许轴箱与构架有较大的相对位移。转臂式轴箱定位原理如图 4.13 所示,转臂式轴箱定位结构如图 4.14 所示,转臂式轴箱定位实物如图 4.15 所示。

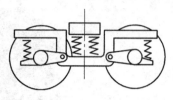

图 4.13 转臂式轴箱定位原理

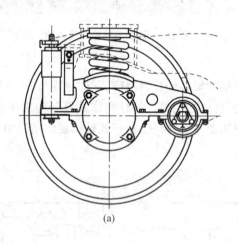

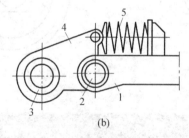

图 4.14 转臂式轴箱定位结构

1—构架;2—橡胶金属套;3—轴箱;4—转臂;5—弹簧

4) 层叠式橡胶弹簧定位

在构架与轴箱之间装有层叠式橡胶弹簧,其垂向刚度较小,使轴箱相对构架可以产生较大的上下方向相对位移,而它的纵向、横向有适宜的刚度,以实现良好的弹性定位。层叠式橡胶弹簧常见有两种结构形式,层叠式 V 形橡胶弹簧和层叠式圆锥橡胶弹簧,两种橡胶弹簧的结构形式不同,但工作原理相同,橡胶弹簧同时承受并传递垂向、纵向、横向三个方向的作用力。

层叠式 V 形橡胶弹簧轴箱定位原理如图 4.16 所示,层叠式 V 形橡胶弹簧轴箱定位结构如图 4.17 所示,层叠式 V 形橡胶弹簧轴箱定位实物如图 4.18 所示。

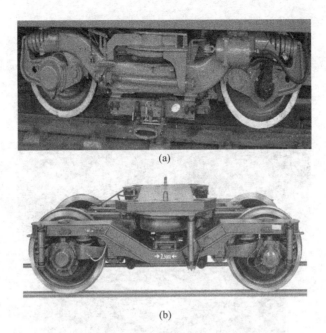

图 4.15 转臂式轴箱定位实物

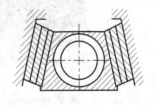

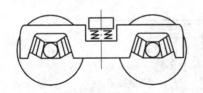 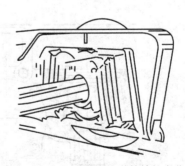

图 4.16 层叠式 V 形橡胶弹簧轴箱定位原理　　图 4.17 层叠式 V 形橡胶弹簧轴箱定位结构

层叠式圆锥橡胶弹簧轴箱定位结构如图 4.19 所示,层叠式圆锥橡胶弹簧轴箱定位实物如图 4.20 所示。

5) 干摩擦式导柱定位

安装在构架上的导柱及座落在轴箱弹簧托盘上的支持环均装有磨耗套,导柱插入支持环中,当构架与轴箱之间发生上下运动时,两磨耗套产生干摩擦,通过导柱与支持环传递纵向力和横向力,通过轴箱橡胶垫产生不同方向的剪切变形,实现弹性定位,同时在垂向允许轴箱与构架产生较大的相对位移。干摩擦式导柱轴箱定位原理如图 4.21 所示,干摩擦式导

(a)

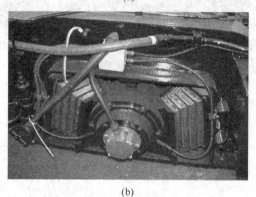

(b)

图 4.18 层叠式 V 形橡胶弹簧轴箱定位实物

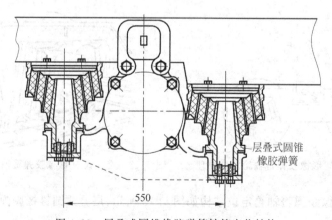

图 4.19 层叠式圆锥橡胶弹簧轴箱定位结构

柱轴箱定位结构如图 4.22 所示,干摩擦式导柱轴箱定位实物如图 4.23 所示。

6) 导框定位

轴箱直接安装在构架上的一个方框内,互相之间可产生上下运动。这种定位方式在垂向、纵向、横向三个方向的刚度很大,纵向与垂向依靠橡胶垫缓冲减振,横向依靠挡铁与橡胶

(a)

(b)

图 4.20 层叠式圆锥橡胶弹簧轴箱定位实物

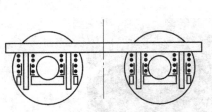

图 4.21 干摩擦式导柱轴箱定位原理

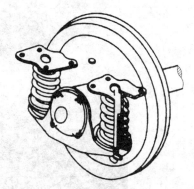

图 4.22 干摩擦式导柱轴箱定位结构

垫实现缓冲。导框式轴箱定位方式适用于重载货运转向架,其吨位大但对减振性能要求不高。导框式轴箱定位实物如图 4.24 所示。

4. 车体与转向架之间的载荷传递方式

通常,单节轨道车辆配备两个转向架,每个转向架在与车体连接部位的几何中心处有一个下心盘,在对应的车体下部位置有个上心盘,分别与两个转向架连接。车体与转向架之间

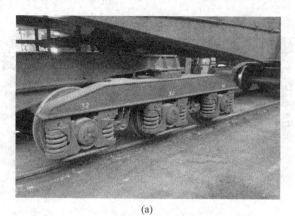

(a)

(b)

图 4.23　两种转向架的干摩擦式导柱轴箱定位实物

(a)

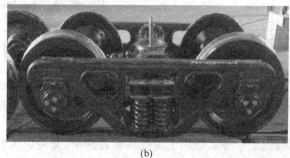

(b)

图 4.24　导框式轴箱定位实物

的载荷包括垂向、纵向和横向三个部分。垂向，由车体重力产生对转向架的向下压力，转向架的运动产生对车体的向上冲击力；纵向，由于牵引、制动，转向架与车体之间传递牵引力、制动力;横向,车辆进入曲线时,转向架产生对车体的横向力。车体与转向架之间的载荷(垂向力)传递方式有以下三种。

1) 心盘集中承载

车体上的全部重量(垂向力)通过前后两个上心盘分别传递给前后转向架的两个下心盘,如图 4.25 所示。

2) 非心盘承载

车体上的全部重量(垂向力)通过中央弹簧悬挂装置(例如两个橡胶空气弹簧)直接传递给转向架构架,或者通过中央弹簧悬挂装置与旁承装置共同传递车体重量。这种转向架虽还设有类似心盘的回转装置(例如中央牵引销装置),但它仅作为牵引及转动中心之用,如图 4.26 所示。

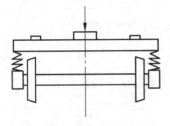

图 4.25 心盘集中承载原理

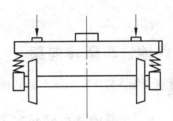

图 4.26 非心盘承载原理

3) 心盘部分承载

车体上的重量(垂向力)按一定比例分配,分别传递给心盘和旁承,使之共同承载,如图 4.27 所示。

5. 带摇枕的转向架[*]

对于带摇枕的转向架,摇枕弹簧横向跨距的大小对车体的倾覆稳定性影响显著。增大跨距可增加车体抗倾覆的复原力矩,提高车体在弹簧上的稳定性。根据摇枕悬挂装置中弹簧横向跨距的不同,转向架可分为外侧悬挂、内侧悬挂与中心悬挂三种。

1) 外侧悬挂

转向架摇枕弹簧横向跨距大于构架两侧梁纵向中心线距离,称为外侧悬挂转向架,如图 4.28 所示。

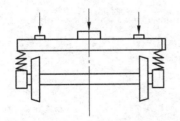

图 4.27 心盘部分承载方式原理

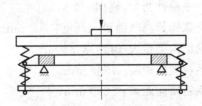

图 4.28 摇枕弹簧的外侧悬挂原理

2) 内侧悬挂

摇枕弹簧横向跨距小于构架两侧梁纵向中心线距离,称为内侧悬挂转向架,如图 4.29 所示。

3) 中心悬挂

摇枕弹簧横向跨距与构架两侧梁纵向中心线距离相等,则称为中心悬挂转向架,如图 4.30 所示。

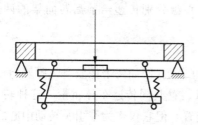

图 4.29 摇枕弹簧的内侧悬挂原理

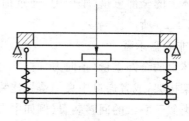

图 4.30 摇枕弹簧的中心悬挂原理

4.3 两种地铁车辆转向架

下面分别介绍 SMC 型地铁车辆转向架、SDB-80 型地铁车辆转向架。

4.3.1 SMC 型地铁车辆转向架

1. 主要技术参数

SMC 型地铁车辆动力转向架如图 4.31 所示,上海地铁 1 号线车辆使用,由 SIEMENS 公司制造提供。其主要技术参数如下:

轨距:1435 mm;
轮缘内侧距:1360 mm;
转向架轴距:2500 mm;
车轮直径,新:840 mm;
车轮直径,磨损后:770 mm;
转向架质量:约 8000 kg;
最大速度:80 km/h;
最大轴重:16 000 kg;
运行平稳性指标,垂向:2.5;
运行平稳性指标,横向:2.5;
转向架构架离轨面最大高度:900 mm;
转向架构架最大长度:3532 mm;
一系簧横向距离:1940 mm;
二系簧横向距离:1880 mm;
空气弹簧(气囊)离轨面最大高度:870 mm;
中心销(无中心螺栓)离轨面最大高度:874 mm。

2. 结构特点

1) 轴箱定位装置

该转向架采用八字形橡胶弹簧(即层叠式 V 形橡胶弹簧)进行轴箱定位,可传导三个方

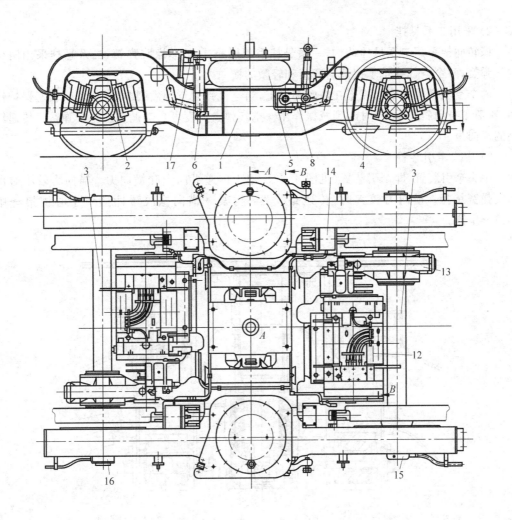

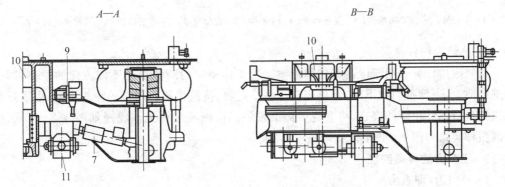

图 4.31 SMC 型地铁车辆动力转向架

1—构架；2—轴箱；3—轮对；4—橡胶弹簧；5—空气弹簧；6—垂直油压减振器；7—横向油压减振器；8—抗侧滚扭杆装置；9—横向橡胶缓冲挡；10—中央牵引连接装置；11—牵引拉杆；12—牵引电机；13—齿轮减速箱；14—单元踏面制动装置；15—速度传感器；16—接地装置；17—高度控制阀

向的力并起到减振作用，垂向刚度较小，轴箱与构架在垂向可具有较大的相对位移，纵向与横向刚度较大。

2) 采用二系悬挂

该转向架采用二系悬挂结构,一系悬挂采用层叠式 V 形橡胶弹簧,二系悬挂采用两个空气弹簧,两个空气弹簧承担垂向载荷和轻微的横向力。

两个空气弹簧的下面板坐在橡胶弹簧上,当空气弹簧意外破裂时,由橡胶弹簧起保护作用,避免车身倾斜严重,同时起到减振作用。空气弹簧高度可自动调整。空气弹簧只传递较小的横向力。

3) 中央牵引装置

中央牵引装置,即牵引装置(见图4.32),用于传递纵向力和横向力。横向力较小时由空气弹簧承担;横向力较大时,传递路径为:构架→横向橡胶缓冲挡→中心销架→中心销→车体。

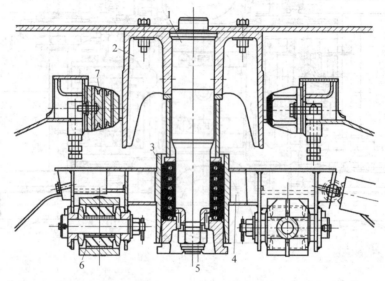

图 4.32 中央牵引装置

1—中心销;2—中心销导架;3—复合弹簧;4—中心架;5—定位螺母;6—牵引拉杆;7—横向橡胶缓冲挡

4) 抗侧滚扭杆弹簧

抗侧滚扭杆弹簧用于限制车体的侧滚。当车体横向的两侧出现不同方向的位移,即一侧垂向向上,一侧垂向向下时,车体出现了侧滚趋势,抗测滚扭杆两端的扭矩不同,由于抗测滚扭杆自身弹性扭矩的存在,将会克服侧滚现象。抗侧滚扭杆工作原理如图4.33所示,抗侧滚扭杆实物如图4.34所示。

3. 三个力的传递路径

1) 垂向力(即重力)

垂向力传递路径如下:

车体→橡胶空气弹簧→转向架构架侧梁→八字形橡胶弹簧(层叠式 V 形橡胶弹簧)→轴箱→车轴→车轮→钢轨。

2) 横向力(离心力等)

横向力较小时传递路径如下:

车轮→车轴→轴箱→八字形橡胶弹簧(层叠式 V 形橡胶弹簧)→构架侧梁→橡胶空气

弹簧→车体。

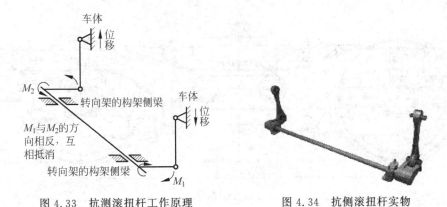

图 4.33 抗测滚扭杆工作原理　　图 4.34 抗侧滚扭杆实物

横向力较大时传递路径如下：
车轮→车轴→轴箱→八字形橡胶弹簧(层叠式 V 形橡胶弹簧)→构架侧梁→构架横梁→横向橡胶缓冲挡→中心销导架和中心销→车体。

3) 纵向力(牵引力或制动力)

轮轨间黏着产生牵引力或制动力，其传递路径如下：
车轮→车轴→轴箱→八字形橡胶弹簧(层叠式 V 形橡胶弹簧)→构架侧梁→构架横梁→牵引拉杆(Z 字形布置)→中心架→牵引中心销→车体→车钩。

4.3.2　SDB-80 型地铁车辆转向架

1. 主要技术参数

SDB-80 型转向架用于成都地铁 1 号线车辆，由南车青岛四方机车车辆股份有限公司（简称南车青岛四方）制造。SDB-80 型动车转向架三维结构如图 4.35 所示，SDB-80 型动车转向架如图 4.36 所示。其主要技术参数如下：

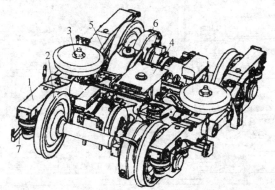

图 4.35　SDB-80 型动车转向架三维结构
1—构架组成；2—轮对轴箱定位装置；3—中央悬挂装置；4—牵引装置；
5—基础制动装置；6—驱动装置；7—轮缘润滑装置

轨距：1435 mm；

最高运行速度：80 km/h；

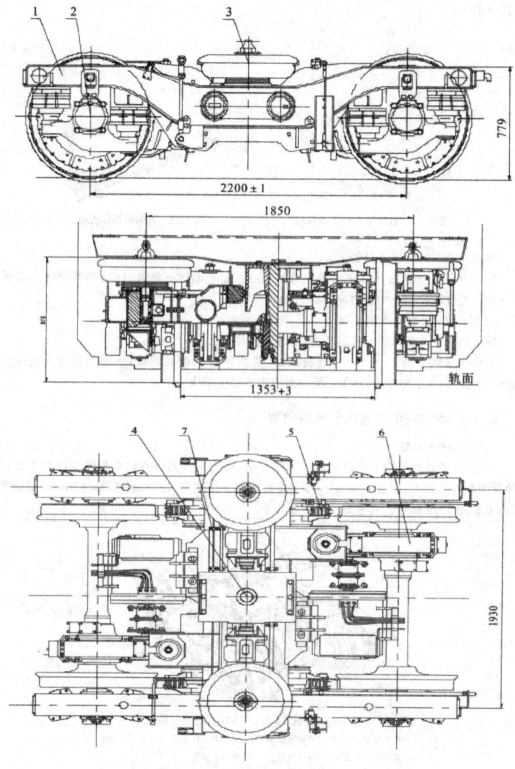

图 4.36 SDB-80 型动车转向架

1—构架组成;2——系悬挂及轮对轴箱装置;3—二系悬挂装置;4—牵引装置;
5—基础制动装置;6—齿轮减速箱及联轴节;7—转向架制动管路

固定轴距：2200 mm；

轴重：≤14 t；

自重：动车≤7 t，拖车≤4.6 t；

轮对内侧距：1353 mm；

轴颈中心距：1930 mm；

空气弹簧横向间距：1850 mm；

车轮直径(半磨耗)：805 mm；

车轮磨耗到限：770 mm；

空气弹簧有效直径：ϕ540 mm；

平稳性指标：<2.5；

轮重减载率：≤0.6；

脱轨系数：<0.8；

正线通过最小曲线半径：R350m；

辅助线通过最小曲线半径：R150m。

尺寸公差要求：转向架构架的两对角线长度差不大于±1.5 mm；转向架左右两侧的车轮中心距差不大于±2 mm；转向架同一轴的两轮(新轮)直径之差不得大于 1 mm，同一辆车的两轮(新轮)直径之差不得大于 2 mm。

2．结构特点

1）轴箱定位装置

SDB-80 型转向架采用圆锥橡胶弹簧(即层叠式圆锥橡胶弹簧)进行轴箱定位，寿命 8 年。该转向架可传导三个方向的力并起到减振作用，垂向刚度较小，轴箱与构架在垂向可具有较大的相对位移，纵向与横向刚度较大。

2）采用二系悬挂

采用二系悬挂结构，一系悬挂由层叠式圆锥橡胶弹簧完成，二系悬挂采用两个空气弹簧，使用寿命超过 8 年。两个空气弹簧承担垂向载荷和轻微的横向力，寿命 8 年。

3）中央牵引装置

中央牵引装置，即牵引装置，采用 Z 字形全弹性无间隙牵引机构，传递纵向力和横向力。横向力较小时由空气弹簧承担；横向力较大时，传递路径为：构架→横向橡胶缓冲挡→中心销架→中心销→车体。

4）转向架构架

转向架构架使用无缝钢管焊接，采用防腐蚀处理，兼作空气弹簧附加空气室。

5）轮对轴承

轮对轴承为双列圆柱滚子轴承，周期 6 年，寿命超过 80 万 km。

6）其他

增加 ATO/ATP 排障碍器，增加车轮降噪阻尼器。

3．三个力的传递路径

1）垂向力(即重力)

垂向力传递路径如下：

车体→橡胶空气弹簧→转向架构架侧梁→橡胶弹簧(层叠式圆锥橡胶弹簧)→轴箱→车

轴→车轮→钢轨。

2) 横向力（离心力等）

横向力较小时传递路径如下：

车轮→车轴→轴箱→橡胶弹簧（层叠式圆锥橡胶弹簧）→构架侧梁→橡胶空气弹簧→车体。

横向力较大时传递路径如下：

车轮→车轴→轴箱→橡胶弹簧（层叠式圆锥橡胶弹簧）→构架侧梁→构架横梁→横向橡胶缓冲挡→中心销导架和中心销→车体。

3) 纵向力（牵引力或制动力）

轮轨间黏着产生牵引力或制动力，其传递路径如下：

车轮→车轴→轴箱→橡胶弹簧（层叠式圆锥橡胶弹簧）→构架侧梁→构架横梁→牵引拉杆（Z字形布置）→中心架→牵引中心销→车体→车钩。

4.4 转向架构架

构架是转向架的基础，转向架的各个零部件以构架为骨干组成一个整体。构架不仅承受、传递各种载荷及作用力，而且它的结构、形状和尺寸都应满足各零部件组装的要求。202型转向架构架如图4.37所示。

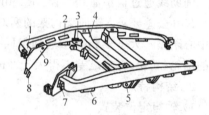

图4.37 202型转向架构架

1—悬臂小端梁；2—侧梁；3—制动拉杆吊座；4—横梁；5—摇枕吊座；6—轴箱弹簧支柱座；7—闸瓦托吊座；8—缓解弹簧座；9—固定杠杆支点座

1. 组成及作用

1) 作用

构架是转向架的骨架，用以安装转向架各组成部分和传递各方向的力，并用来保持车轴在转向架内的位置。

2) 组成

构架一般由左右两侧梁和横梁组成。构架的整体形状，根据承受载荷大小和安装零部件的数量、复杂程度不同，有工字形构架、H形构架。构架材料早期以整体铸造为主，目前以型钢、无缝钢管焊接为主。

2. 构架的设计原则

(1) 必须全面考虑构架与各有关零部件的相互位置关系，合理布置结构；

(2) 构架各梁应尽可能设计成等强度梁，以保证能获得最大强度和最小自重；

(3) 构架各梁的布置应尽可能对称，以简化设计和制造；

(4) 各梁本身以及各梁组成构架时，应注意减小应力集中；

(5) 除了保证强度外，应合理设计构架的刚度，使其具有一定的柔性；

(6) 焊缝的结构尺寸和布置应合理，并注意消除焊接应力；

(7) 在构架上需要考虑设置车辆出轨后使其复位的支承部位。

3. 典型地铁车辆转向架构架

1) 北京地铁车辆DK3型转向架构架

DK3型转向架构架为H形结构，由低合金钢20SiMn铸造而成，一般壁厚为12 mm如图4.38所示。

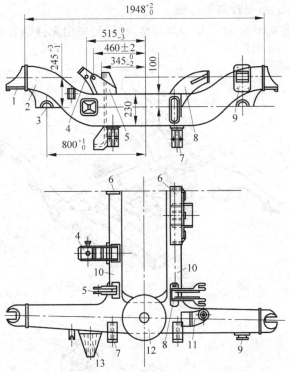

图 4.38 北京地铁车辆 DK3 型转向架构架

1—水平弹簧座(轴箱弹簧座);2—构架侧梁;3—轴箱定位销孔;4—齿轮箱吊座;5—固定杠杆座;6—牵引电机安装座;7—受流器安装座;8—闸瓦托吊座;9—制动缸安装座;10—构架横梁;11—水平杠杆支座;12—空气弹簧座;13—牵引拉杆座

2) 上海地铁车辆 SMC 型转向架构架

SMC 型转向架构架为 H 形箱型焊接结构,如图 4.39 所示。

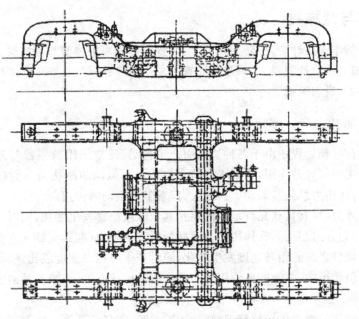

图 4.39 上海地铁车辆 SMC 型转向架构架

3）成都地铁 SDB-80 型转向架构架

SDB-80 型转向架构架为 H 形箱型焊接结构，横梁采用无缝钢管焊接而成，如图 4.40、图 4.41 所示。

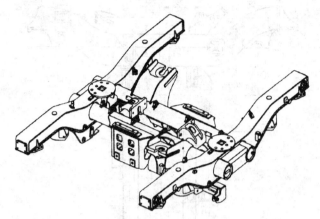

图 4.40　SDB-80 型转向架构架三维结构

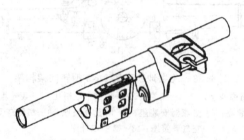

图 4.41　SDB-80 型转向架构架横梁、电机座和齿轮箱吊座的三维结构

4.5　弹簧与减振器

轨道车辆的车钩缓冲装置、转向架、受流装置等普遍采用弹簧与减振器。转向架上使用的弹簧较多，如一系悬挂装置、二系悬挂装置中采用的各种弹簧；另外车体与转向架之间还有抗蛇行减振器、横向减振器等。

4.5.1　概述

轨道车辆在行驶过程中由于各种原因而产生振动，通常采用减振器与弹簧一起构成减振装置。弹簧主要起缓冲作用，缓和来自轨道的冲击和振动的激扰力。而减振器的作用是减小振动，它的作用力总是与运动方向相反，起着阻止振动的作用。

弹簧受到外力（在其负载允许范围内）后，其长度或位移发生变化，同时产生与长度或位移成比例、与外力方向相反的反作用力。而减振器受到外力（在其负载允许范围内）后，其内部固定件与运动件之间的相对速度发生变化，同时产生与相对速度成比例、与外力方向相反的反作用力。由此可知，弹簧的反作用力与其位置或位移有关，而减振器的反作用力与相对速度有关。

轨道车辆使用的弹簧包括螺旋钢弹簧、橡胶弹簧、空气弹簧等。减振器主要有液压减振器与摩擦减振器。

4.5.2 悬挂装置中弹簧的作用

轨道车辆转向架的一系悬挂、二系悬挂的作用通过弹簧实现。一系悬挂使得构架侧梁与轴箱之间的三个方向力都得到缓冲，同时不影响横向力和纵向力的传递。二系悬挂主要传递垂向载荷，有时会有轻微的横向力，不传递纵向力。轨道车辆通过二系悬挂分配给各轴一定的载荷，并使所分配的重量在车轮行经不平顺线路时不致发生显著的冲击，使车辆运行平稳、乘坐舒适。轨道车辆采用二系悬挂后显著改善了车辆横向运动性能和曲线通过性能。

1. 无弹簧悬挂装置的情况

如图 4.42 所示，无弹簧悬挂装置时，轮轨间的动作用力为

$$\Delta Q = \frac{P}{g} \cdot \frac{\mathrm{d}^2 y}{\mathrm{d}t^2} \approx (5 \sim 10) P \tag{4.1}$$

式中，ΔQ 为轮轨间的动作用力；P 为车辆受到的重力；g 为重力加速度；y 为轨道不平顺处在垂向的位移变量；t 为车辆通过不平顺轨道的时间。

2. 有弹簧悬挂装置的情况

如图 4.43 所示，有弹簧悬挂装置时，轮轨间的动作用力为

$$\Delta Q = \frac{q}{g} \cdot \frac{\mathrm{d}^2 y}{\mathrm{d}t^2} + kh \tag{4.2}$$

式中，q 为轮对受到的重力；k 为弹簧的刚度；h 为轨道不平顺处在垂向的位移；其他同上。

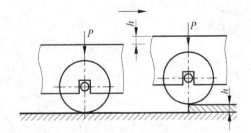

图 4.42　无弹簧悬挂装置时车轮行经不平顺处　　图 4.43　有弹簧悬挂装置时车轮行经不平顺处

3. 计算举例

已知，车辆的重力 $P = 100\,000$ N，轮对的重力 $q = 19\,000$ N，弹簧的刚度 $k = 1000$ N/mm，轨道不平顺处在垂向的位移 $h = 2$ mm，$\mathrm{d}^2 y/\mathrm{d}t^2 = 2g$。试求无、有弹簧悬挂装置时轮轨间的动作用力。

无弹簧悬挂装置时，轮轨间的动作用力为

$$\Delta Q_1 = \frac{P}{g} \cdot \frac{\mathrm{d}^2 y}{\mathrm{d}t^2} = \frac{P}{g} \times 2g = 2P = 200\,000 \text{(N)} \tag{4.3}$$

有弹簧时，轮轨间的动作用力为

$$\Delta Q_2 = \frac{q}{g} \cdot \frac{\mathrm{d}^2 y}{\mathrm{d}t^2} + kh = \frac{19\,000}{g} \times 2g + 1000 \times 2 = 40\,000 \text{(N)} \tag{4.4}$$

比较如下：

$$\frac{\Delta Q_2}{\Delta Q_1} = \frac{40\,000}{200\,000} = 20\% \tag{4.5}$$

4. 悬挂装置的作用

由以上计算可知,簧下(轴箱与构架之间的弹簧,一系悬挂)重量 q 越轻,轮轨间的动作用力越小。为了减轻簧下重量,驱动装置由最初的驱动电机轴悬发展为架悬、体悬。同时,弹簧刚度 k 必须选择合理。用于客运的轨道车辆,为了进一步减轻轮轨冲击,常采用二系悬挂。在此应该注意到,除弹簧装置以外,为减小轨道车辆振动应加装阻尼减振装置,即液压减振器或摩擦减振器。

4.5.3 螺旋弹簧

螺旋弹簧,一般为螺旋钢弹簧,或称为钢圆簧,如图 4.44 所示,它的特点是质量轻、运动灵活、无阻尼,一般用于承受轴向载荷。

弹簧的主要参数有挠度、刚度和柔度。挠度,指弹簧在外力作用下产生的弹性变形的大小或弹性位移量。刚度,指弹簧产生单位挠度所需的力的大小,一般用 k 表示,又称弹性系数。柔度,单位载荷作用下产生的挠度称为该弹簧的柔度,一般用 i 表示。

1. 单圈螺旋弹簧的参数计算

弹簧受力与挠度的关系如图 4.45 所示,计算公式为

$$P = kf \tag{4.6}$$

刚度的计算公式为

$$k = \frac{Gd}{8nm^3} = \frac{Gd^4}{8nD^3} \tag{4.7}$$

挠度的计算公式为

$$f = \frac{P}{k} = \frac{8nPD^3}{Gd^4} \tag{4.8}$$

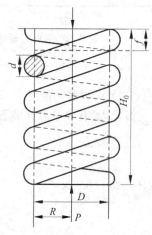

图 4.44 钢圆簧的结构及参数

d—簧条直径;D—簧圈直径,即弹簧平均直径;R—簧圈半径;f—在载荷 P 作用下的静挠度;H_0—弹簧自由高度,即无载荷下的高度;P—工作载荷

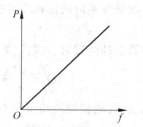

图 4.45 单圈螺旋弹簧特性曲线

强度校核公式为

$$\tau_{max} = \frac{8P_{max}D}{\pi d^3}\alpha \leqslant [\tau] = 750 \text{ (MPa)} \tag{4.9}$$

稳定性校核公式为

$$H_0 \leqslant 3.5D \tag{4.10}$$

式(4.6)~式(4.10)中,G 为弹簧的剪切弹性模量,一般弹簧钢 $G = 80$ GPa;P_{max} 为作用于弹簧上的最大垂向载荷;m 为弹簧指数,又称为旋绕比,其值为 $m = D/d$;n 为有效圈数(或称工作圈数);N 为弹簧总圈数,一般 $N = n + 1.5$;α 为应力修正系数,是考虑簧条的弯曲和剪应力的非均匀分布等因素而对应力进行修正,其值为 $\alpha = \frac{4m-1}{4m-1} + \frac{0.615}{m}$。

2. 双圈螺旋弹簧的参数计算

在实际应用中,由于提高单个弹簧的刚度受到限制,再加上空间限制,因而常常采用双圈弹簧。为了避免内外圈弹簧产生干涉重叠,一般内外圈弹簧的旋向相反。设计时,应保证内外圈弹簧的弹簧指数(旋绕比)、挠度、应力相等,总载荷相等。双圈螺旋弹簧的结构及参数如图 4.46 所示。

弹簧指数或旋绕比相等,$m = m_1 = m_2$,即

$$\frac{D}{d} = \frac{D_1}{d_1} = \frac{D_2}{d_2} \tag{4.11}$$

应力相等,$\tau = \tau_1 = \tau_2$,即

$$\frac{P}{d^2} = \frac{P_1}{d_1^2} = \frac{P_2}{d_2^2} \tag{4.12}$$

总载荷相等,$P = P_1 + P_2$,即

$$d^2 = d_1^2 + d_2^2 \tag{4.13}$$

挠度相等,$f = f_1 = f_2$,即

$$nD = n_1 D_1 = n_2 D_2 \tag{4.14}$$

根据双圈弹簧位置几何关系(见图 4.47),其中 $\delta = 3 \sim 5$ mm,则有

$$\frac{d_1}{2} + \delta + \frac{d_2}{2} = \frac{D_1}{2} - \frac{D_2}{2} \tag{4.15}$$

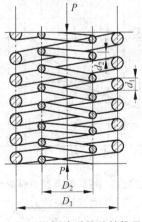

图 4.46 双圈螺旋弹簧的结构及参数

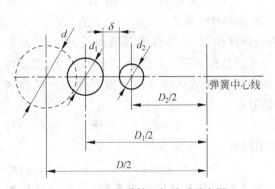

图 4.47 双圈弹簧几何关系示意图

4.5.4 橡胶弹簧

轨道车辆上大量使用橡胶,其材料源于天然橡胶,加入不同的化学成分后,其物理化学性能、力学性能发生较大的变化,一般将其与钢制构件结合制成各种形式的橡胶弹簧。

1. 橡胶弹簧的优缺点

1) 橡胶弹簧的优点

(1) 采用模具辅助制造,橡胶弹簧的整体结构简单;

(2) 由于比重轻,总质量较轻,运输与安装方便;

(3) 使用期间只需定期检查,维修保养简单;

(4) 减振性好,橡胶振动变形时,内部摩擦力较大,频率越高消耗能量越大,特别适于吸收高频振动,并且频率越高阻尼越大。

2) 橡胶弹簧的缺点

(1) 橡胶耐高温、耐低温、耐油性差,高温会加速老化,低温会导致脆化,和油类介质长期接触导致溶胀,这些都会使橡胶物理化学性质和力学性能发生变化;

(2) 由于材料本身的特性,橡胶弹簧制造过程难以保证每个产品的性能参数完全一致,同一批次产品性能离散度大,个别会出现不合格现象;

(3) 制造工艺复杂,制造过程易造成环境污染;

(4) 由于橡胶材料本身的特性,出现局部缺陷和表面拉伤将很快扩散并影响整体性能,因此橡胶弹簧只作压簧和扭(剪切)簧,不作拉簧。

2. 性能参数

硬度一般用肖氏硬度 HS 表示,它是橡胶的基本性能参数。剪切模量包括静态剪切模量 G、动态剪切模量 G_d、表观剪切模量 G_a,弹性模量包括静态弹性模量 E 和动态弹性模量 E_d,这些参数值主要取决于硬度。

1) 静态剪切模量 G

静态剪切模量 G 与肖氏硬度 HS 的关系如图 4.48 所示。

静态剪切模量 G 与肖氏硬度 HS 的关系也可用下式表示:

$$G = 0.119 e^{0.034 HS} \text{(MPa)} \tag{4.16}$$

2) 静态弹性模量 E

静态弹性模量 E 是橡胶弹簧设计中的重要参数,它与橡胶品种、硬度、工作温度、形状尺寸、变形特点、金属支承面固结状态等多个因素相关。试验表明,拉伸时有

$$E \approx 3G \tag{4.17}$$

压缩时有

$$E = i \tag{4.18}$$

式中,i 为几何形状和硬度影响系数,其近似计算取值如下:

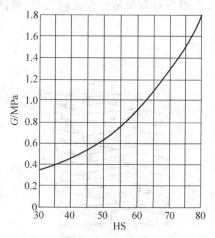

图 4.48 橡胶静态剪切模量与肖氏硬度的关系

垫圈：
$$i = 3 + kS^2 \tag{4.19}$$

衬套：
$$i = 4 + 0.56kS^2 \tag{4.20}$$

矩形块：
$$i = \frac{1}{1+\dfrac{b_1}{b_2}}\left[4 + 2\dfrac{b_1}{b_2} + 0.56\left(1+\dfrac{b_1}{b_2}\right)^2 kS^2\right] \tag{4.21}$$

式中，k 为系数，$k = 10.7 \sim 0.098\,\mathrm{HS}$；$b_1$、$b_2$ 为矩形块的宽度和长度；S 为形状系数。

形状系数 $S = A_\mathrm{L}/A_\mathrm{F}$，即 S 为橡胶元件的承载面积 A_L 与自由面积 A_F 之比。例如，对直径为 D、高度为 H 的圆柱体，$S = D/(4H)$；对长度为 A、宽度为 B 的矩形块，
$$S = AB/[2(4H)H]。$$

3）表观剪切模量 G_a

实际发生剪切变形时，常常采用表观剪切模量 G_a，其计算公式如下：
$$G_\mathrm{a} = jG \tag{4.22}$$
$$j = 1\bigg/\left(\frac{1+H^2}{12i\rho^2}\right) \tag{4.23}$$

式中，j 为弯曲变形影响系数；ρ 为截面回转半径；H 为橡胶元件高度；i 为几何形状和硬度影响系数。

当橡胶弹簧圆柱体的 H/D 或矩形块的 H/A（或 H/B）的值小于 0.5 时，可略去弯曲变形的影响，对于较薄的橡胶衬套也可同样处理，近似取值如下：
$$G_\mathrm{a} = G \tag{4.24}$$

4）动静比 d

动静比 $d = E_\mathrm{d}/E$，其与硬度 HS 的关系如图 4.49 所示。

5）硬度修正系数 t_E

温度升高，硬度修正系数会减小；温度降低，硬度修正系数会增大；温度达到 240℃ 时，橡胶将完全失去弹性。硬度修正系数与温度的关系，如图 4.50 所示。

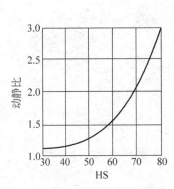

图 4.49　橡胶元件动静比和硬度的关系

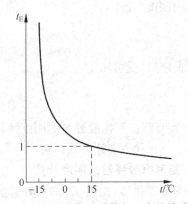

图 4.50　硬度修正系数与温度的关系

3. 计算公式

橡胶弹簧的弹性刚度及其变形与初始形状有关。

一般的橡胶弹簧,载荷 P、刚度 k、挠度 Δh 之间满足胡克定律,即

$$P = k\Delta h \qquad (4.25)$$

橡胶弹簧的载荷、应力、承载面积之间的关系为 $P = \sigma \times A_L$。一般橡胶元件在简单拉伸和压缩变形时,其应力 σ 与应变 ε 的关系为

$$\sigma = \frac{E}{3}[(1+\varepsilon) - (1+\varepsilon)^{-2}] \qquad (4.26)$$

式中,应变 $\varepsilon = \Delta h/h$, Δh 为橡胶弹簧变形量即挠度, h 为橡胶弹簧厚度。此公式在拉伸应变小于 20% 和压缩形变小于 50% 的范围内较为准确。如果考虑橡胶弹簧承受疲劳强度,应变量均控制在 $\varepsilon < 15\%$,此时可近似取 $\sigma \approx E\varepsilon$,可得

$$P = E\varepsilon A_L = EA_L(\Delta h/h) \qquad (4.27)$$

4. 圆柱橡胶弹簧的刚度计算

1) 中孔圆柱橡胶弹簧的刚度计算

中孔圆柱橡胶弹簧(见图 4.51)的计算参数如下。

承载面积:

$$A_L = \pi(r_2^2 - r_1^2) \qquad (4.28)$$

自由扩胀面积:

$$A_F = 2\pi h(r_1 + r_2) \qquad (4.29)$$

面积比:

$$S = \frac{A_L}{A_F} = \frac{r_2 - r_1}{2h} \qquad (4.30)$$

垂向形状修正系数:

$$\mu = 1.2(1 + 1.65S^2) \qquad (4.31)$$

横向形状修正系数:

$$j_x = j_y = \frac{1}{1 + \left(\dfrac{h}{r_2}\right)^{\frac{2}{9}}} \qquad (4.32)$$

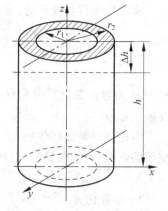

图 4.51 中孔圆柱形橡胶弹簧

垂向刚度(受压):

$$k_z = \frac{\mu E A_L}{h} \qquad (4.33)$$

横向刚度(受剪):

$$k_x = k_y = \frac{j_x G A_L}{h} \qquad (4.34)$$

2) 实心圆柱形橡胶弹簧的刚度计算

令 $r_1 = 0$ 代入上述各式即可。

5. 矩形橡胶弹簧的刚度计算

矩形橡胶弹簧(见图 4.52)的计算参数如下。

承载面积：
$$A_L = ab \tag{4.35}$$

自由扩张面积：
$$A_F = 2h(a+b) \tag{4.36}$$

面积比：
$$S = \frac{A_L}{A_F} = \frac{ab}{2h(a+b)} \tag{4.37}$$

垂向形状修正系数：
$$\mu = 1 + 2.2S^2 \tag{4.38}$$

纵向形状修正系数：
$$j_x = \frac{1}{1 + 0.29\left(\dfrac{h}{a}\right)^2} \tag{4.39}$$

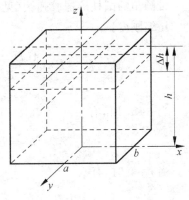

图 4.52 矩形橡胶弹簧

横向形状修正系数：
$$j_y = \frac{1}{1 + 0.29\left(\dfrac{h}{b}\right)^2} \tag{4.40}$$

垂向刚度（受压）：
$$k_z = \frac{\mu E A_L}{h} \tag{4.41}$$

纵向刚度（受剪）：
$$k_x = \frac{j_x G A_L}{h} \tag{4.42}$$

横向刚度（受剪）：
$$k_y = \frac{j_y G A_L}{h} \tag{4.43}$$

6. 橡胶弹簧应力校验

橡胶弹簧发生弹性形变后，压应力：
$$\sigma = \frac{P}{A_L} \leqslant [\sigma] \tag{4.44}$$

橡胶弹簧发生弹性形变后，剪应力：
$$\tau = \frac{Q}{A_L} \leqslant [\tau] \tag{4.45}$$

7. 端部与金属板硫化在一起并带有圆角的橡胶弹簧刚度计算

为了加快热传递速度、增大刚度、便于安装，常常将橡胶端部与金属板硫化在一起，为了避免应力集中，橡胶端部与金属板的硫化部分做成圆角形过渡，该圆角半径 r 的大小对橡胶弹簧刚度产生影响。下面分别列出圆柱形橡胶弹簧和矩形橡胶弹簧的计算公式。

1) 带圆角的圆柱形橡胶弹簧

带圆角的圆柱形橡胶弹簧(见图 4.53)的计算参数如下。

压缩刚度：

$$k' = E\pi\left[\frac{4(H-2r)}{d^2} + 2\int_0^r \frac{\mathrm{d}z}{\left(\frac{d}{2}+r-\sqrt{r^2-z^2}\right)}\right]^{-1} \quad (4.46)$$

当 $r \ll d$ 时，有

$$k' = E\frac{\pi d^2}{4}\left[H - (8-2\pi)\frac{r^2}{d}\right]^{-1} \quad (4.47)$$

当 $r = 0$ 时，有

$$k = E\frac{\pi d^2}{4H} \quad (4.48)$$

2) 矩形橡胶弹簧

假设矩形截面的长边为 a，短边为 b，压缩刚度：

$$k' = E\left[\frac{H-2r}{ab} + 2\int_0^r \frac{\mathrm{d}z}{(a+r-\sqrt{r^2-z^2})(b+r-\sqrt{r^2-z^2})}\right]^{-1} \quad (4.49)$$

当 $r \ll a, b$ 时，有

$$k' = Eab\left[H - \left(2 - \frac{\pi}{2}\right)\frac{a+b}{ab}r^2\right]^{-1} \quad (4.50)$$

当 $r = 0$ 时，有

$$k = E\frac{ab}{H} \quad (4.51)$$

4.5.5 空气弹簧

空气弹簧就是将压缩空气密封在橡胶模(或囊)中形成具有一定刚度的弹性体，如图 4.54、图 4.55 所示。

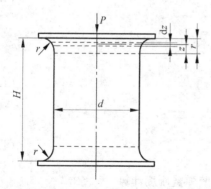

图 4.53 带圆角的圆柱形橡胶弹簧

图 4.54 空气弹簧实物

1. 空气弹簧的优缺点

1) 空气弹簧的优点

(1) 刚度小，当量静挠度大。空气弹簧可以设计成为具有较大的当量静挠度，弹簧悬挂

图 4.55 空气弹簧组成实物

装置柔软变形大,可以降低车辆的自振频率。

(2) 具有非线性特性。空气弹簧具有非线性特性,可根据车辆的振动情况进行设计。在正常运行振动幅度较小时,刚度较小,如果位移过大,刚度显著增加。弹簧载荷-变形特性曲线如图 4.56 所示,该特性可以限制车体的振幅。

(3) 刚度随载荷变化不影响平稳性。空气弹簧的刚度随载荷变化而变化,可保持空车、重车时的车体自振频率几乎相等,使空车、重车的运行平稳性相同。

(4) 高度可调节。空气弹簧和高度控制阀共同使用,可使车体在不同静载荷下,保持地板面距轨面的高度基本不变。

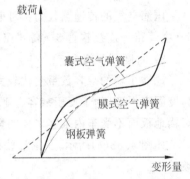

图 4.56 弹簧载荷-变形特性曲线

(5) 可充分利用其横向弹性。空气弹簧可以同时承受三维方向的载荷,其横向弹性特性可以替代传统转向架的摇动台装置,从而简化结构、减轻自重。

(6) 能产生适宜阻尼。在空气弹簧与其附加的空气室之间设有适宜的节流孔,可以产生适宜的阻尼,以代替垂向液压减振器。

(7) 吸振和隔音性能好。空气弹簧具有良好的吸收高频振动和隔音性能。

2) 空气弹簧的缺点

(1) 结构复杂,附件多。将压缩空气密封在橡胶模(或囊)内制造成弹簧,工艺复杂,还需要考虑充气、调整等问题,往往是一整套系统,并且需要气源系统配套,导致整体结构复杂,附件多。

(2) 制造成本高。由于结构复杂,附件多,导致制造成本高。

(3) 维护检修困难。空气弹簧作为一整套系统,和气源系统共同工作,因而日常检查涉及面广,出现问题检查困难。

2. 空气弹簧装置系统

1) 系统组成

如图 4.57 所示,空气弹簧装置系统主要包括空气弹簧、附加空气室、高度控制阀、差动阀、风缸、连接管路、截止阀等。系统由列车的气源系统通过主风管提供压缩空气(了解气源系统可参考相关书籍)。

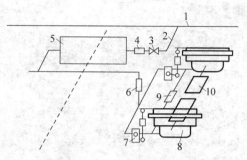

图 4.57 空气弹簧装置系统

1—列车主风管；2—支管；3—截止阀；4—止回阀；5—储风缸；6—连接软管；
7—高度控制阀；8—空气弹簧；9—差动阀；10—附加空气室

2) 压缩空气的传递过程

压缩空气的传递路径为：列车主风管 1→T 形支管 2→截止阀 3→止回阀 4→储风缸 5→主管路→连接软管 6→高度控制阀 7→附加空气室 10→空气弹簧 8。

3) 高度调节阀

地铁车辆的乘客数量变化较大，空载和超载时的质量相差最大达到 18 t 左右，但站台的高度固定不变，为了便于乘客上下车，需要调节空气弹簧内的压缩空气，进行充气、放气，使车辆地板面不受车内乘客多少的影响，基本保持车内地板面距离轨面高度不变。

如图 4.58(a)所示，在正常载荷位置，即 $h=H$ 时，充气通路 V→L 和放气通路 L→E 均被关闭。

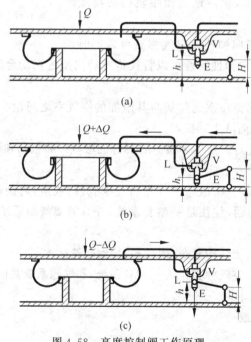

图 4.58 高度控制阀工作原理

(a) 保压($h=H$)；(b) 充气($h<H$)；(c) 排气($h>H$)

h—地板实际高度；H—地板标定高度

如图 4.58(b)所示,在较大载荷位置,即 $h<H$ 时,阀动作,充气通路 V→L 被开启,放气通路 L→E 被关闭。压缩空气向空气弹簧充气,直到地板面上升到标定高度,即达到 $h=H$ 时停止。

如图 4.58(c)所示,在较小载荷位置,即 $h>H$ 时,阀动作,充气通路 V→L 被关闭,放气通路 L→E 被开启。空气弹簧向大气排放压缩空气,直到地板面下降到标定高度,即达到 $h=H$ 时停止。

在不同的轨道车辆上使用的高度调整装置不同,下面介绍 CRH2 动车组的高度调整装置(见图 4.59)。

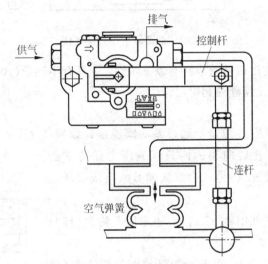

图 4.59 高度调整装置的结构

该装置中的高度调整阀使用的工作油如下:

种类:硅油(信越化学 KF96);

黏度:1000 Pa·s(25℃);

温度系数:0.6;

流动点:-50℃以下。

高度调整阀可工作在两种状态:进气状态(见图 4.60)和排气状态(见图 4.61)。

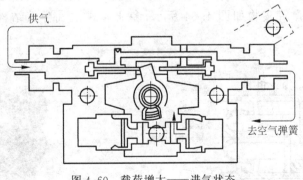

图 4.60 载荷增大——进气状态

车体高度的调节只在静态时进行,不受车体与转向架之间的正常振动影响,即高度调整阀仅在静态需要调整时才起作用,车体与转向架之间的正常振动不会引起高度调整阀调节

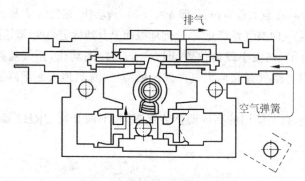

图 4.61 载荷减小——排气状态

空气弹簧。这就要求高度调整阀应具有以下特性：①具有不惑带(10±1) mm；②具有时间延迟(3±1) s；③内腔充满硅油起阻尼作用。

4) 差动阀

每台转向架的两只空气弹簧都通过差动阀连接。如果气囊破裂，差动阀将运行使转向架的两只气囊压力保持平衡。避免由于一个空气弹簧充气，另一个空气弹簧破裂或损坏，而造成车体严重倾斜。

差动阀的工作原理如图 4.62 所示，额定压差约为(150±20) kPa。

当一个空气弹簧破裂时，该差动阀可使两只气囊空气流通，压差不至于过大；同时在曲线上时，左右两只气囊也可保持一定的压差，保证车体必要的倾斜；车体左右摇摆振动时，也必须保证一定的压差，有利于抑制摇摆。

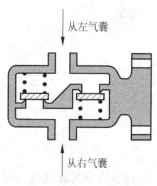

图 4.62 差动阀的工作原理

3. 空气弹簧的结构和分类

空气弹簧可分为囊式和膜式两种。

1) 囊式空气弹簧

囊式空气弹簧可分为单曲、双曲和多曲等形式。双曲囊式空气弹簧结构如图 4.63 所示，双曲囊式空气弹簧实物如图 4.64 所示，多曲囊式空气弹簧结构与实物如图 4.65 所示。

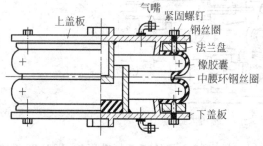

图 4.63 双曲囊式空气弹簧结构

图 4.64 双曲囊式空气弹簧实物

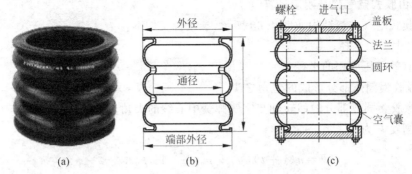

图 4.65　多曲囊式空气弹簧结构与实物
(a) 产品实物；(b) 参数；(c) 装配结构

囊式空气弹簧制造工艺简单、使用寿命长，但刚度大、振动频率高，故现代车辆上基本不再使用。

2) 膜式空气弹簧

膜式空气弹簧分为约束膜式和自由膜式两种。

约束膜式空气弹簧如图 4.66 所示，由内、外筒将橡胶膜约束在内。约束膜式空气弹簧的刚度小，振动频率低，可方便地通过调整约束裙的形状来控制弹簧特性。但橡胶膜工作状况复杂，耐久性差。

自由膜式空气弹簧无内、外约束筒，如图 4.67 所示。

自由膜式空气弹簧无约束橡胶膜变形的内外筒，可减轻橡胶膜的磨耗，安装高度低，具有良好的负载特性，质量轻。现代城轨车辆上，自由膜式空气弹簧应用最广泛。

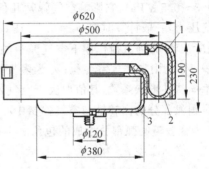

图 4.66　约束膜式空气弹簧
1—外筒；2—橡胶膜；3—内筒

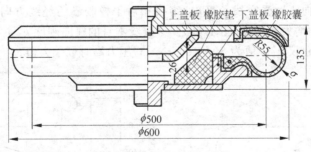

图 4.67　自由膜式空气弹簧

空气弹簧的囊或膜由内外橡胶层、帘线层和成型钢丝圈组成。空气弹簧的载荷主要由帘线承受，帘线的材质对空气弹簧的耐压性和耐久性起着决定性的作用，一般采用高强度人造丝、维尼龙等。

4. 自由膜式空气弹簧刚度计算

自由膜式空气弹簧结构如图 4.68 所示，参数含义如下：

r 为自由膜的半径；

R 为有效承压面积的半径；

θ 为橡胶囊圆弧部分形成的包角之半；

φ 为橡胶囊圆弧部分的回转轴与空气弹簧中心线的夹角。

垂向刚度 k 为

$$k = n(1+t)(p_a + p_0)\frac{A_0}{V_0} + \alpha p_0 A_0 \tag{4.52}$$

$$\alpha = \frac{1}{R} \cdot \frac{\sin\theta\cos\theta + \theta(\sin^2\theta - \cos^2\varphi)}{\sin\theta(\sin\theta - \theta\cos\theta)} \tag{4.53}$$

$$t = \frac{r^2}{R^2}\left[2 + \frac{\cos^2\varphi(\theta^2 - \sin^2\theta) - \theta^2\sin^2\theta}{\sin\theta(\sin\theta - \theta\cos\theta)}\right] \tag{4.54}$$

式中，p_0 为空气弹簧的内压力（通常铁路车辆上采用的空气压力 $p_0 < 0.6$ MPa，一般为 $0.3\sim0.5$ MPa），它影响空气弹簧几何参数 R 的选取，静载荷 $P = p_0 A_0 = \pi R^2 p_0$；$p_a$ 为大气压力，一般计算时取 $p_a = 0.1$ MPa；A_0 为静平衡位置时空气弹簧的有效承压面积，$A_0 = \pi R^2$；V_0 为静载荷作用下空气弹簧的容积，即 $V_0 = V_1 + V_2$，其中 V_1 为空气弹簧本身的容积，V_2 为附加空气室容积；n 为多变指数，计算时通常取 $n = 1.3\sim1.38$；t,α 为空气弹簧的垂向特性形状系数，其值取决于空气弹簧的几何形状，与其几何参数 θ,φ,R 有关；φ 为橡胶囊圆弧部分的回转轴与空气弹簧中心线的夹角，该回转轴是指圆弧中点与该弧圆心的连线；θ 为橡胶囊圆弧部分形成的包角之半；R 为有效承压面积 A_0 的半径。

横向刚度 k_1 为

$$k_1 = b p_0 A_0 + k_1' \tag{4.55}$$

$$b = \frac{1}{2R} \cdot \frac{\sin\theta\cos\theta + \theta(\sin^2\theta - \sin^2\varphi)}{\sin\theta(\sin\theta - \theta\cos\theta)} \tag{4.56}$$

式中，k_1' 为橡胶囊本身的横向刚度，其值通过试验确定；b 为空气弹簧的横向特性形状系数，取决于空气弹簧的几何形状，与几何参数 θ,φ,R 有关。

空气弹簧的横向刚度受帘线角度（即帘线相对于橡胶囊的经线方向的夹角）的影响较大，通常随帘线角的增大而增加（图 4.69）。橡胶囊本身的横向刚度 k_1' 主要取决于帘线角的大小，设计计算时，建议 k_1' 取值为 $50\sim100$ kN/m，压力高时取偏大值。

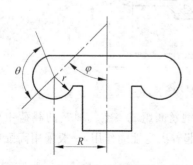

图 4.68 自由膜式空气弹簧结构尺寸

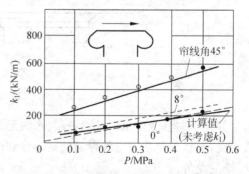

图 4.69 帘线角对横向刚度的影响

4.5.6 液压减振器

1. 工作原理

液压减振器,利用液压流体力学中的局部损失吸收振动能量,即具有一定黏度的液体在流动过程中通过节流孔时,都会消耗掉能量。

液压减振器具有类似液压缸的结构,包括缸筒、活塞杆、活塞、无杆腔和有杆腔,在活塞上有一个节流孔,当轨道车辆的两个部件之间发生相对运动(例如车体与转向架),活塞杆与活塞在缸筒内上下运动,此时,无杆腔和有杆腔内的液压油将互相流动,由于液体的黏度较大,将会消耗大量的能量,从而吸收振动能量。液压减振器的工作原理如图 4.70 所示。

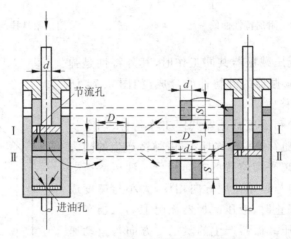

图 4.70 液压减振器的工作原理

根据液压减振器的工作原理,当减振器的活塞停在任何一个位置时,液体不发生流动现象,因此液压减振器的阻尼力只与速度有关而与位移、位置无关,只有减振器连接的两部分产生相对运动、具有相对速度时才有阻尼力存在,当减振器停留在某个位置时无阻尼力。另外,由于无杆腔和有杆腔的容积不同,当活塞与活塞杆上下运动时,会产生额外的液压油,在减振器油缸的外圈设置了起容积补偿作用的补偿油腔。液压减振器模型如图 4.71 所示。

2. 工作特性

阻尼力 F 与活塞杆和减振器油缸之间的相对速度 V 成正比,即 $F=qV$,其中 q 为阻尼系数。

阻尼力 F 的大小由阻尼系数 q 与相对速度 V 共同决定。减振器活塞上的节流孔直径越小,阻尼系数 q 越大,阻尼力 F 也越大。活塞杆运动速度越快,则液体流经阻尼孔的速度也越快,阻尼力 F 也越大。阻尼特性曲线如图 4.72 所示。

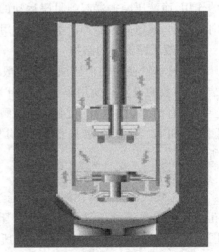

图 4.71 液压减振器模型

3. 螺旋钢弹簧与液压减振器共同工作

在轨道车辆结构中,螺旋钢弹簧与液压减振器通常并联在一起工作。为了研究方便,针对采用一系悬挂的轨道车辆(见图4.73),悬挂方式为螺旋钢弹簧与液压减振器并联。

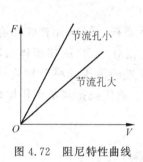

图 4.72 阻尼特性曲线

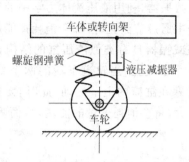

图 4.73 采用一系悬挂的轨道车辆模型

螺旋钢弹簧与液压减振器共同工作时,其外特性是弹簧的外特性与液压减振器的外特性的合成,如图4.74所示,图中 f 为相对位移。

分析螺旋钢弹簧和液压减振器共同工作特性,当车体朝一个方向倾斜时,随着倾斜位移加大,由弹簧产生的阻力逐渐增大,阻力与偏离平衡位置的方向相反。液压减振器产生的阻尼力的方向与运动速度方向相反,大小与速度成正比。当车体倾斜停止时,液压减振器无阻尼力。当车体返回平衡位置时,液压减振器产生的阻尼力方向与运动速度方向相反。由此可知,弹簧起到推动车体回到平衡位置的作用,而液压减振器起到阻碍运动的作用,无论是什么方向的运动,液压减振器都产生阻碍作用。

4. 液压减振器的结构

轨道车辆使用的液压减振器一般由专业厂家生产,其结构、参数的设置与使用车型直接相关。液压减振器的主要零件有活塞、活塞杆、缸筒、进油阀、储油筒、各种密封圈等。SFK_1 型液压减振器的结构如图4.75、图4.76所示。

5. 液压减振器的调节

液压减振器阻尼特性的调节可通过改变心阀上的节流孔的大小及弹簧预压缩量来实现。阻尼特性调整曲线如图4.77所示,活塞阀结构如图4.78所示。

(1)阀座端面,A处加垫片,节流孔变小,阻尼系数增大,同时减小工作范围。

(2)心阀顶面,B处加垫片,节流孔变大,阻尼系数减小,同时增大工作范围。

(3)弹簧上部,C处加垫片,节流孔不变,阻尼系数不变,但增大工作范围。

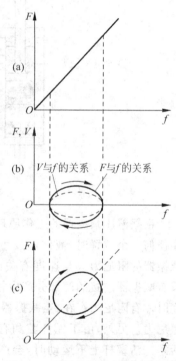

图 4.74 螺旋钢弹簧和液压减振器
共同工作特性
(a)圆弹簧的特性曲线;
(b)减振器的特性曲线;
(c)圆弹簧和减振器的联合
工作特性曲线

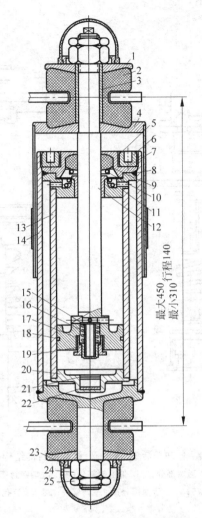

图 4.75 SFK$_1$ 型液压减振器

1—压盖；2—橡胶垫；3—套；4—防尘罩；5—油封圈；6—螺盖；7—密封盖；8—密封圈；
9—托垫；10—弹簧；11—缸盖；12—活塞；13—缸筒；14—储油筒；15—心阀；16—弹簧；
17—阀座；18—涨圈；19—套阀；20—进油阀；21—锁环；22—阀瓣；23—防锈帽；24,25—螺母

6. 液压减振器试验

1) 试验目的

检查液压减振器的工作状态,并按使用条件要求调整阻尼系数 q（N·s/mm）的大小。

2) 试验原理

液压减振器试验原理如图 4.79 所示。电动机减速后驱动偏心轮 1 转动→滑块 3（A 点）作上下往复运动→减振器产生阻尼力→B 点运动→带动曲臂连杆 8 转动→记录笔 10 作左右运动→在记录板 9 上绘制出椭圆形示功图。

A 点的位移与偏心轮的运动有关,而 B 点的位移与减振器的阻尼力有关。且 A 点和 B 点的位移之差就是减振器上下两端的相对位移。示功曲线包围的面积是液压减振器振动一周内所吸收的功（见图 4.80）,由该图可计算出阻尼系数 q。

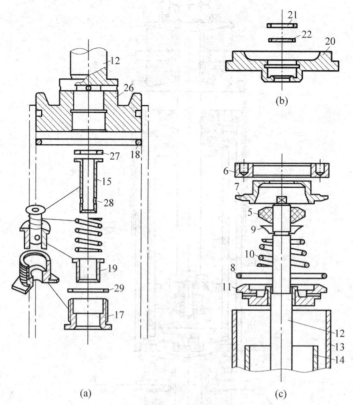

图 4.76 活塞、进油阀、缸端密封的结构
(a)活塞部分;(b)进由阀部分;(c)缸端密封部分
1~25 同图 4.75;26—活塞部分;27—调整垫;28—节流孔;29—调整垫

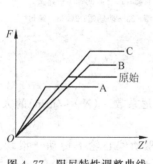

图 4.77 阻尼特性调整曲线

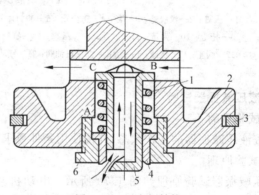

图 4.78 活塞阀结构
1—心阀弹簧;2—活塞;3—涨圈;4—套阀;
5—心阀;6—阀座;A,B,C—加调整垫片处

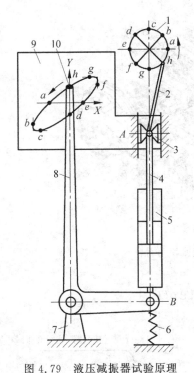
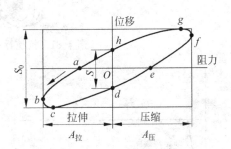

图 4.79 液压减振器试验原理
1—偏心轮(由电机带动);2—连杆;3—滑块;
4—活塞杆;5—液压减振器;6—测力弹簧;
7—底座;8—曲臂连杆;9—记录板;10—记录笔

图 4.80 示功曲线
S_0—试验台滑块行程;S—活塞相对于缸体的行程

4.5.7 抗蛇行减振器

抗蛇行减振器是为了抑制高速车辆的蛇形运动而在车体与转向架之间设置的回转阻尼装置。抗蛇行减振器一般采用液压减振器。

针对轨道车辆的蛇行运动的问题,国内外对其进行了广泛研究,迄今仍有研究成果出现。在实际应用上,抗蛇行运动的装置类别有旁承支重方式、抗蛇行运动液压减振器、大心盘方式。大心盘方式由于偏载、偏磨及占用空间位置较大等问题,客车转向架已应用较少。旁承支重方式,属于车体与转向架之间的载荷传递方式中的非心盘承载或心盘部分承载方式。抗蛇行运动液压减振器安装于车体和转向架之间,并且是纵向方向,也称为纵向液压减振器。抗蛇行运动液压减振器布置如图 4.81 所示。

与一般液压减振器相比,抗蛇行运动液压减振器只是节流孔的结构有所不同,这就造成其节流特性不同,抗蛇行液压减振器的阻尼力远远大于一般液压减振器,如图 4.82、图 4.83 所示,从而满足抑制蛇行失稳和利于通过曲线的要求。

4.5.8 摩擦减振器

1. 工作原理与优缺点

摩擦减振器的工作原理是借助金属摩擦副的相对运动产生的摩擦力,将车辆振动的动能转变成热能散逸于大气中,从而减小振动。

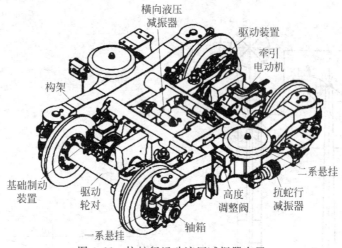

图 4.81 抗蛇行运动液压减振器布置

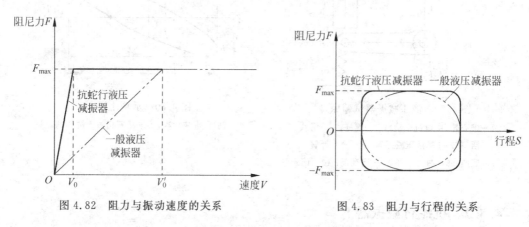

图 4.82 阻力与振动速度的关系　　　　图 4.83 阻力与行程的关系

摩擦减振器的优点是结构简单,成本低,制造维修比较方便。

摩擦减振器的缺点是摩擦力随摩擦面状态变化,受其影响较大,振幅小时有可能由于摩擦阻力过大出现硬性冲击,而振幅大时又可能由于摩擦阻力小而不能迅速衰减振动。摩擦减振器广泛应用在货车转向架上。

2. 变摩擦楔块式减振器

转 8A 转向架的变摩擦楔块式摩擦减振器如图 4.84 所示。

3. 常摩擦楔块式减振器

Ride Control(控制型)减振器是由美国 ASF 公司生产的常摩擦楔块式减振器,其外形及装配示意图如图 4.85 所示。

4. 利诺尔减振器

利诺尔减振器是一种新型变摩擦减振器(见图 4.86),主要部件有导框 2、弹簧帽 3、弹簧 4、吊环 5、吊环销 6、顶子 8、磨耗板 9 等。

5. 横向油压减振器

横向油压减振器(见图 4.87)的内部结构与垂向油压减振器基本相同,结构上的特点是增加了一个空气包。空气包的作用是为了使进油阀完全浸在油中,不露出油液面,以防止空气进入缸筒内部。横向减振器一般是水平地安装于摇枕与构架之间。

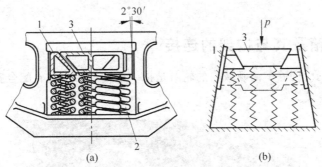

图 4.84 转 8A 转向架的变摩擦楔块式摩擦减振器
(a)结构；(b)原理
1—楔块；2—螺旋弹簧；3—摇枕

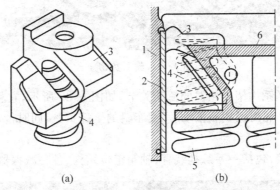

图 4.85 Ride Control(控制型)减振器
(a)外形；(b)装配示意图
1—侧架立柱；2—磨耗板；3—楔块；4—减振器弹簧；5—摇枕弹簧；6—摇枕

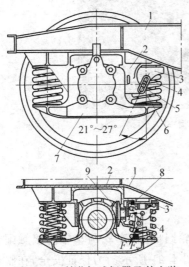

图 4.86 利诺尔减振器及其安装
1—转向架构架；2—导框；3—弹簧帽；4—弹簧；5—吊环；
6—吊环销；7—轴承箱；8—顶子；9—磨耗板

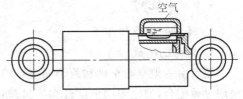

图 4.87 横向油压减振器

4.6 轮对轴箱及其与构架的连接

如图4.88所示,轨道车辆领域内的轮对是指一根轴与两个钢轮配合安装在一起形成的类似一个杠铃的装置。

图 4.88　轮对实物

轴承及其轴箱是联系构架和轮对的活动关节,如图4.89所示,它将轮对的滚动转化为车体沿着轨道的平动。轮对沿钢轨滚动,承受车辆的全部重量,同时传递轮轨之间的各种作用力。

轴箱与构架的连接,包括一系悬挂装置、轴箱定位结构、各种减振器等。

图 4.89　轴箱实物

4.6.1　轮对

1. 轮对的组成和作用

1) 轮对的组成

轮对由一根空心车轴和两个同型号同材质的车轮组成,在车轮与车轴的接触配合部位采用过盈配合,使之牢固地结合在一起,如图4.90、图4.91所示。为保证安全,在整个寿命期内轮对与车轴之间绝不允许有任何松动现象发生。

2) 轮对的作用

(1) 承受全部载荷及冲击;

图 4.90 轮对与车轮实物

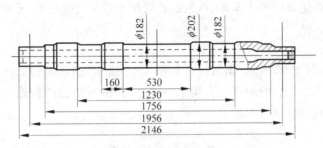

图 4.91 采用滚动轴承的空心车轴结构

(2) 与钢轨黏着产生牵引力或制动力；

(3) 受钢轨导向；

(4) 轮对滚动,通过轴箱转化为直线运动,车辆前进。

2. 轮对的组装工艺

1) 热套

将整体车轮加热后套装在车轴上,实现过盈配合。但由于车轮体积较大,加热与安装不便,较少采用。

2) 液压套装

采用专用设备,使得车轮与车轴的接触部位在润滑状态下,用高压力将车轮压装到车轴上,实现过盈配合。

3. 车轮的轮缘与踏面

1) 几个关键部位

轮缘。轮缘即车轮直径最大的一部分,轮对在钢轨上工作时,两个车轮的轮缘都位于两根钢轨的内侧,如图 4.92 所示,轮缘包括 $R23$、$R16$、$R48$ 等圆弧部分。运行时,轮缘和钢轨的内侧面经常摩擦而产生噪声,所以轨道车辆安装有轮缘润滑装置,对轮缘和钢轨内侧面进行润滑。车轮通过曲线时,由钢轨内侧面挤压轮缘,形成车辆的横向向心力。

踏面。踏面即车轮的主要工作部分,这一部分和钢轨顶面直接接触,产生接触压力。为了使车辆行驶中车轮能够自动调整方向,自动对准纵向中心线,同时减轻轮缘和钢轨侧面的摩擦,因此将踏面做成锥形。

滚动圆。由于车轮的踏面是锥形,车轮和钢轨顶面的实际接触是点接触,或很短的线接

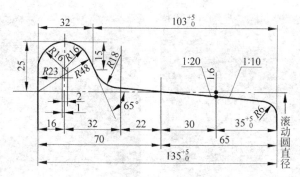

图 4.92 车轮标准锥形踏面外形

触,车轮滚动时,接触点形成一个滚动圆。在理想情况下,轨道车辆的几何中心线位于线路纵向中心线上,一个轮对的两个车轮、两条钢轨的尺寸完全对应相等,此时,两个车轮的滚动圆相同。

2) 标准轨距

钢轨的外形如图 4.93 所示,钢轨尺寸如图 4.94 所示,钢轨实物如图 4.95 所示。工字型钢轨的顶部只有很小一段平面,锥形踏面的钢轮在其上滚动,轮对具有自动对中能力。

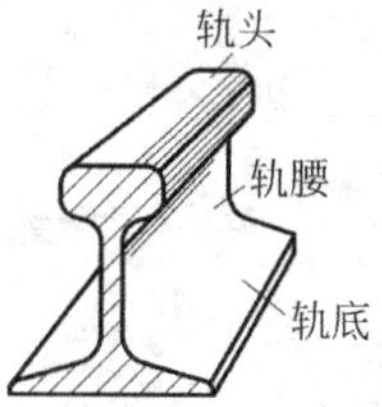

图 4.93 钢轨外形

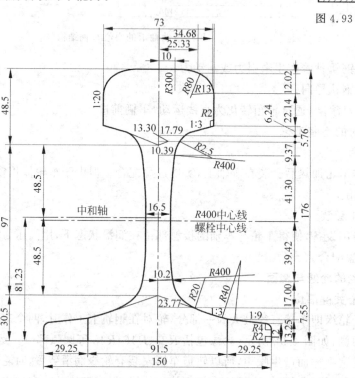

图 4.94 规格 60 kg/m 的钢轨尺寸

轮对结构尺寸如图 4.96 所示。轮对每侧轮缘与钢轨之间的平均最小游隙为 5~10 mm,为限制轮对蛇形运动的振幅,轮缘与钢轨之间的游隙不宜过大。钢轮钢轨的配合示意图如图 4.97 所示。由于钢轨轨顶大部分呈圆弧状,轮缘也有一定的曲线,轮缘与钢轨的接触点

图 4.95 钢轨实物

一般都在轨顶下 10~16 mm 处,所以中国《铁路技术管理规程》规定,直线轨距是在钢轨头部踏面下 16 mm 范围内两股钢轨工作边(内侧面)之间的最小距离,1435 mm。

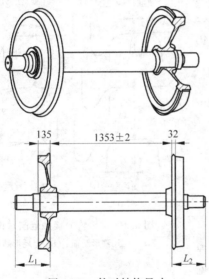

图 4.96 轮对结构尺寸

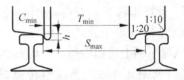

图 4.97 钢轮钢轨配合示意图

3) 标准踏面存在的问题

钢轮钢轨长期的应用实践证明,标准锥形踏面车轮与钢轨接触面小,踏面与轮缘磨损严重。按标准锥形踏面新制的车轮,开始使用后短期内车轮磨耗严重,但车轮外形达到一定形状后,磨耗减轻,磨耗速度迅速下降,开始进入一个稳定的磨耗阶段(见图 4.98),此时的车轮踏面称为磨耗形踏面(见图 4.99)。

4. 磨耗轮

将新制的车轮踏面外形直接做成与标准锥形踏面磨耗后的形状相类似的一种踏面,这种车轮称为磨耗轮。对于 1∶20 锥形踏面与磨耗形踏面,两者轮轨的接触范围对比如

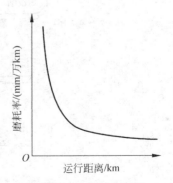

图 4.98 磨耗率与运行里程的关系

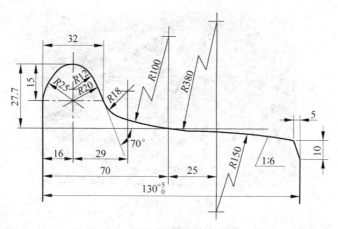

图 4.99 磨耗形踏面外形

图 4.100 所示,两者踏面和轮缘的磨耗形状对比如图 4.101 所示,两者轮轨的接触点对比如图 4.102 所示。磨耗轮的研究经历了很长一段时期,迄今仍在进行。

1) 磨耗轮的优点

（1）延长镟轮公里,并减少镟轮时的车削量；

（2）在相同的接触应力下,允许更大轴重；

（3）减少了曲线上的轮缘磨耗。

2) 磨耗轮的缺点

磨耗轮的等效斜度大,导致蛇行稳定性差。

5. 弹性车轮

1) 结构形式

轨道车辆上使用的弹性车轮有承剪型橡胶弹性车轮（见图 4.103）、承压型橡胶弹性车轮（见图 4.104）、剪压复合型橡胶弹性车轮（见图 4.105）等。

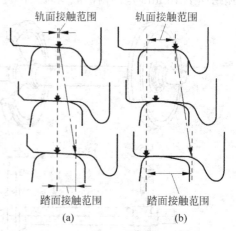

图 4.100 轮轨的接触范围对比

(a) 1∶20 锥形踏面；(b) 磨耗形踏面

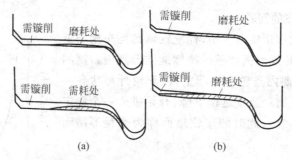

图 4.101 踏面和轮缘的磨耗形状对比

(a) 1∶20 锥形踏面；(b) 磨耗形踏面

剪压复合型橡胶弹性车轮是一种既能承剪又能承压的结构,其轴向刚度与径向刚度能通过橡胶元件的 V 形角进行调整。

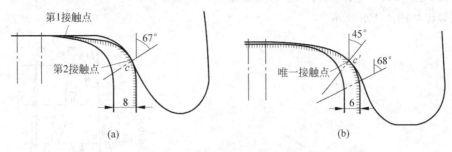

图 4.102 轮轨的接触点对比

(a) 1∶20 锥形踏面；(b) 磨耗形踏面

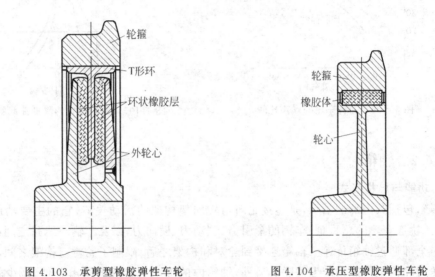

图 4.103 承剪型橡胶弹性车轮　　　　图 4.104 承压型橡胶弹性车轮

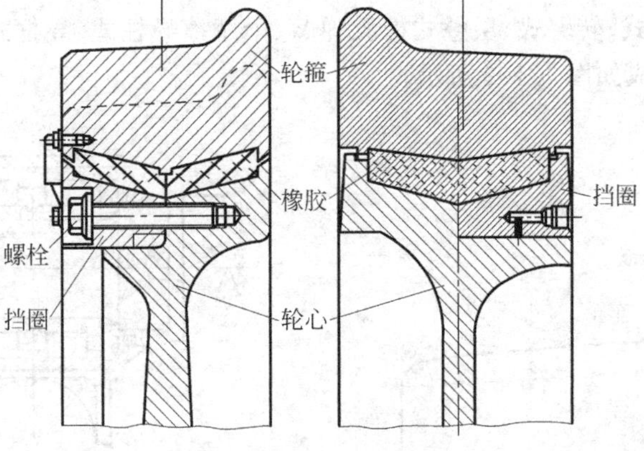

图 4.105 剪压复合型橡胶弹性车轮

2) 降低噪声

橡胶能吸收高频振动,降低冲击,并使轮轨间的摩擦得到改善。另外,由于噪声能被橡胶层隔绝,因而橡胶弹性车轮能显著降低噪声。对于刚性车轮与橡胶弹性车轮,两种车轮的噪声比较如图 4.106 所示,两种车轮的降低曲线噪声效果如图 4.107 所示。两种车轮的轮缘磨耗对比如图 4.108 所示。

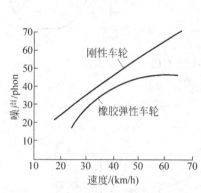

图 4.106 两种车轮的噪声比较

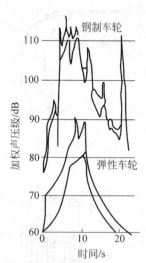

图 4.107 两种车轮的降低曲线噪声效果

4.6.2 轴箱

1. 功能与结构形式

轴箱,包括其内部的轴承,是连接轮对与转向架构架的活动关节,它的主要功能是传力与运动。轨道车辆的总重量,车辆的牵引力、制动力、横向力,以及车辆与线路之间的各种冲击振动,全部通过轴箱传递。轴箱连接到轮对和构架之后,限制了轮对与构架之间的相对位移,使轮对和构架的运动产生关联。另外,轴箱内的轴承有良好的润滑条件,减少轮对轴的旋转摩擦,降低运行阻力,防止雨水、灰尘等异物侵入。

按轴承不同,轴箱可分为滑动轴承轴箱和滚动轴承轴箱。按轴箱定位形式不同,轴箱又可分为拉板式、拉杆式、转臂式、层叠式橡胶弹簧、干摩擦导柱式、导框式。RD3 型双列圆柱滚动轴承-轴箱体组成如图 4.109 所示。

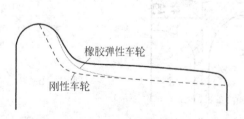

图 4.108 两种车轮的轮缘磨耗对比

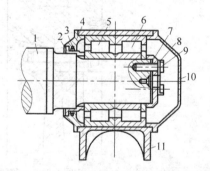

图 4.109 RD3 型双列圆柱滚动轴承-轴箱体组成
1—车轴;2—防尘挡圈;3—毛毡;4—轴箱后盖;
5—轴承 42726T;6—轴承 152726T;7—压板;
8—防松片;9—螺栓;10—轴箱盖;11—轴箱体

2. 轴承

1) 滚动轴承的类型

滚动轴承的类型较多,如图 4.110 所示。

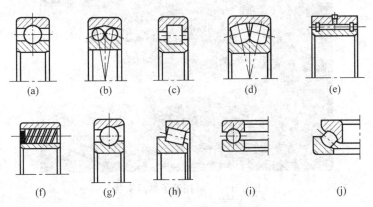

图 4.110 轴承的基本类型

(a)向心球轴承;(b)向心球面轴承;(c)向心短圆柱滚子轴承;(d)向心球面滚子轴承;(e)滚针轴承;(f)螺旋滚子轴承;(g)向心推力轴承;(h)圆锥滚子轴承;(i)推力向心球轴承;(j)推力向心滚子轴承

2) 轨道车辆滚动轴承的种类和特点

轨道车辆轴箱用滚动轴承配置在簧下,除承受车辆载荷外,还直接承受着轮轨间发生的振动、冲击,其可靠性直接关系行车安全。因此,要求轴承耐振、耐冲击、寿命长、维护检修方便而且要有较小的尺寸和质量。所以轨道车辆轴承均设计为非标准系列的形式,并多采用滚动体为向心滚子的轴承。我国轨道车辆主要采用圆柱滚子轴承和圆锥滚子轴承。密封式双列圆锥滚子轴承如图 4.111 所示,圆柱滚子轴承实物如图 4.112 所示。

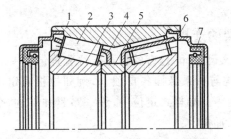

图 4.111 密封式双列圆锥滚子轴承

1—外圈;2—滚子;3—内圈;4—保持架;5—中隔圈;6—密封罩;7—密封圈

3) 轴承安装的注意事项

轴承的安装需要考虑以下几个问题:轴承的轴向固定问题,即轴承的定位,一般轴承内圈必须有准确的位置定位,并且和轴为过盈配合;轴的轴向定位问题,为了便于安装以及横向受力的需要,轴的轴向必须有裕量,该裕量由轴承来实现;轴承的组合问题,两个轴承并列配合使用时,必须进行选配调整;滚动轴承的润滑、密封问题。另外,还应该注意轴承本身的轴向游隙、径向游隙。

4) 轴箱体

轴箱体为铸造件,其结构比较复杂,除了考虑轴承的安装、润滑、密封以外,还需要考虑

图 4.112　圆柱滚子轴承实物

一系悬挂的安装以及轴箱定位方式的结构等。轴箱体外形，如图 4.113 所示，轴箱体实物如图 4.114 所示。

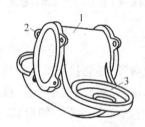

图 4.113　轴箱体外形

1—轴箱筒；2—轴箱耳；3—弹簧托盘

图 4.114　轴箱体实物

4.6.3　轴箱与构架的连接

各种轴箱定位方式前文已经介绍，有的轴箱定位装置包含一系悬挂，例如层叠式橡胶弹簧定位，有的轴箱定位结构与一系悬挂各自独立，例如拉板式定位、拉杆式定位、转臂式定位、干摩擦式导柱轴箱定位等。导框式定位中，无一系悬挂结构，个别转向架构架的导框中可安装橡胶垫以缓冲振动、冲击。

1. 拉板式轴箱定位

如图 4.115 所示，拉板式轴箱定位中，每个轴箱上的一系悬挂包括两个垂向螺旋钢弹簧，一个垂向液压减振器。

2. 拉杆式轴箱定位

如图 4.116 所示，拉杆式轴箱定位中，每个轴箱上的一系悬挂包括两个垂向螺旋钢弹簧，一个垂向液压减振器。

3. 转臂式轴箱定位

如图 4.117 所示，转臂式轴箱定位中，图 4.117(a)中每个轴箱上的一系悬挂为一个纵向具有倾斜角度的螺旋钢弹簧，图 4.117(b)中每个轴箱上的一系悬挂为两个垂向螺旋钢弹簧，一个垂向液压减振器。

图 4.115　拉板式轴箱定位实物(同图 4.9)

图 4.116　拉杆式轴箱定位实物(同图 4.12)

(a)

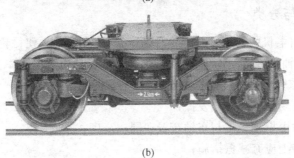

(b)

图 4.117　两种转向架的转臂式轴箱定位实物(同图 4.15)

4. 干摩擦式导柱轴箱定位

如图 4.118 所示,干摩擦式导柱轴箱定位中,图 4.118(a)中每个轴箱上的一系悬挂为两个垂向螺旋钢弹簧,图 4.118(b)中每个轴箱上的一系悬挂为两个垂向螺旋钢弹簧,一个垂向液压减振器。

图 4.118　两种转向架的干摩擦式导柱轴箱定位实物(同图 4.23)

4.7　驱动装置

轨道车辆的动力转向架中,由电机拖动轮对旋转,产生牵引力。转向架的驱动装置是指在动力转向架上安装的电机、减速器、联轴节或万向轴等一整套传动装置。

4.7.1　功能与分类

驱动装置使牵引电机的转矩转化为轮对轴或车轮上的转矩,使得轮对旋转,利用轮轨之间的黏着作用,通过轴箱将转动转化为直线运动,最终驱动轨道车辆作直线运动。

城市轨道交通车辆对驱动装置的要求如下:
(1) 使牵引电机功率得到有效发挥;
(2) 驱动电机的电枢轴尽量与车轴布置在同一高度;
(3) 电机在安装上应有减振措施;
(4) 驱动装置应不妨碍小直径动轮的使用;

(5) 驱动装置应简单可靠,具有最少量的磨耗件;

(6) 应易于拆卸,便于检查与维修。

驱动装置按照安装方式有轴悬式(一般用于车速≤120 km/h 的转向架)、架悬式(一般用于车速≤250 km/h 的转向架)、体悬式(一般用于低地板车辆的转向架)。轴悬式是指牵引电机悬挂安装在轮对轴上。架悬式是指牵引电机悬挂安装在转向架的构架上,即牵引电机的全部质量由转向架的构架承担。体悬式是指牵引电机安装在车体上。按照牵引电机轴的位置,牵引电机轴与轮对轴平行时,称为牵引电机横向布置。牵引电机轴与轮对轴垂直时,称为牵引电机纵向布置。具体分类如下。

1. 牵引电机横向布置

(1) 刚性轴悬式驱动装置;

(2) 弹性轴悬式驱动装置;

(3) 挠性浮动齿式联轴节式架悬式驱动装置;

(4) 轮对空心轴架悬式驱动装置;

(5) 电机空心轴架悬式驱动装置。

2. 牵引电机纵向布置

(1) 单电机轴悬式驱动装置;

(2) 单电机架悬式驱动装置;

(3) 电机对角配置架悬式驱动装置。

3. 牵引电动机体悬式

(1) 半体悬驱动装置;

(2) 全体悬驱动装置。

4.7.2 牵引电机横向布置的驱动装置

1. 刚性轴悬式驱动装置

1) 结构与布置

如图 4.119、图 4.120 所示,牵引电机的一侧通过两个爪形轴承(滑动轴承、抱轴瓦轴承)悬挂安装在轮对轴上,另一侧弹性悬挂在转向架的构架上。牵引电机的输出轴通过驱动小齿轮、车轴大齿轮,驱动轮对轴旋转。一个两轴转向架上安装两台牵引电机,沿纵向中心线斜对称布置。

2) 优缺点

刚性轴悬式驱动装置的优点:结构简单,安装与拆卸相对简单,维护与检查检修方便。缺点:簧下质量大,即轴箱悬挂以下的质量较大,牵引电机、齿轮箱的至少一半重量通过爪形轴承落到轮对轴上,轮轨冲击大;牵引电机、齿轮箱的工作条件较差;驱动小齿轮与电机轴刚性连接、车轴大齿轮与轮对轴刚性连接,两个齿轮的啮合工作条件恶劣,驱动扭转弹性差。

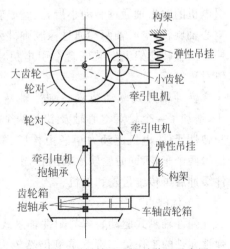

图 4.119 刚性轴悬式驱动装置示意图

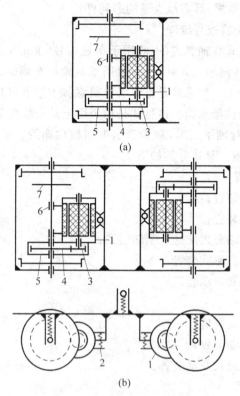

图 4.120 刚性轴悬式驱动装置布置

1—牵引电机；2—电机弹性悬挂；3—驱动小齿轮；4—车轴大齿轮；5—减速齿轮箱；6—爪形轴承；7—制动盘

2. 弹性轴悬式驱动装置

1) 结构与布置

如图 4.121、图 4.122 所示，牵引电机的一侧通过两个爪形轴承（滑动轴承、抱轴瓦轴承）悬挂安装在一个空心轴上，另一侧弹性悬挂在转向架的构架上。牵引电机的输出轴通过驱动小齿轮、空心轴大齿轮，驱动空心轴旋转，空心轴两端通过橡胶弹性元件驱动车轮。一个两轴转向架上安装两台牵引电机，沿纵向中心线斜对称布置。

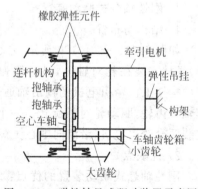

图 4.121 弹性轴悬式驱动装置示意图

弹性轴悬式驱动装置与刚性轴悬式驱动装置相比，增加了一个轮对空心轴及其与两个车轮连接的橡胶弹性元件，电机驱动力矩经由橡胶弹性元件缓冲后传给两个车轮，同时轮轨之间的作用力、冲击经弹性元件缓冲后再传给齿轮和电机。

2) 优缺点

弹性轴悬式驱动装置与刚性轴悬式驱动装置相比，维护与检查检修时增加了针对橡胶弹性元件的工作量。簧下质量仍然较大，即轴箱悬挂以下的质量大，轮对空心轴的全部重量，牵引电机、齿轮箱的至少一半重量通过橡胶弹性元件落到两个车轮上，轮轨冲击大。驱

图 4.122 弹性轴悬式驱动装置布置

动小齿轮与电机轴刚性连接、空心轴大齿轮与空心轴刚性连接,空心轴与轮对轴弹性连接,电机的工作条件、两个齿轮的啮合工作条件得到部分改善,驱动扭转弹性有所改善。

3. 挠性浮动齿式联轴节式架悬式驱动装置

1) 结构与布置

挠性浮动齿式联轴节式架悬式驱动装置如图 4.123 所示。与刚性轴悬式驱动装置相比,电机弹性悬挂在转向架构架上,电机轴通过一个挠性浮动齿式联轴节带动驱动小齿轮,驱动小齿轮与车轴大齿轮啮合,车轴大齿轮刚性连接在轮对轴上。

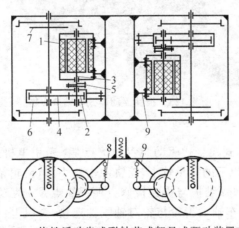

图 4.123 挠性浮动齿式联轴节式架悬式驱动装置布置

1—牵引电机;2—驱动小齿轮;3—电机轴;4—车轴大齿轮;5—挠性浮动齿式联轴节;
6—减速齿轮箱;7—制动盘;8—齿轮箱吊挂装置;9—电机吊挂装置

2) 挠性浮动齿式联轴节

挠性浮动齿式联轴节的工作原理如图 4.124 所示,挠性浮动齿式联轴节实物如图 4.125 所示。挠性浮动齿式联轴节的输入端、输出端是外齿轮结构,并通过弹簧进行自动对心,连接套的两端为内齿轮。

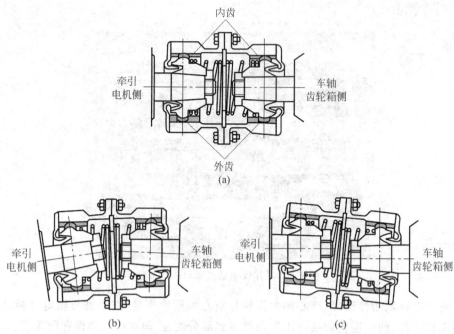

图 4.124 挠性浮动齿式联轴节的工作原理
(a) 同轴状态；(b) 相对偏转；(c) 径向位移

图 4.125 挠性浮动齿式联轴节实物

3) 优缺点

挠性浮动齿式联轴节式架悬式驱动装置的优点是：牵引电机悬挂在转向架的构架上，簧下质量小，即轴箱悬挂以下的质量较小，轮轨冲击较小，但齿轮箱的部分质量仍属于簧下质量；安装与拆卸相对简单，维护与检查检修方便。缺点是：驱动小齿轮与电机轴通过挠性浮动齿式联轴节连接、车轴大齿轮与轮对轴刚性连接，牵引电机的工作条件得到适当改善，但两个齿轮的啮合仍有较大的冲击，驱动扭转弹性差。

4. 轮对空心轴架悬式驱动装置

1) 结构与布置

轮对空心轴架悬式驱动装置如图 4.126、图 4.127 所示。电机弹性悬挂在转向架构架上，电机轴刚性连接驱动小齿轮，驱动小齿轮与大齿轮啮合，大齿轮依次通过弹性橡胶关节（六连杆弹性驱动机构）、内空心轴、弹性橡胶关节（六连杆弹性驱动机构），驱动一侧车轮，再通过轮对轴驱动另一侧车轮。此结构中，外空心轴不转动并吊挂在转向架上，支承大齿轮全部重量与齿轮箱的部分重量，而内空心轴传递扭矩，并与轮对共同旋转。

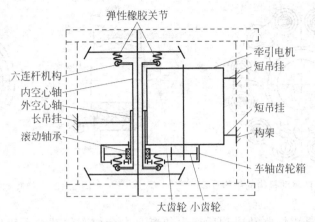

图 4.126 轮对空心轴架悬式驱动装置示意图

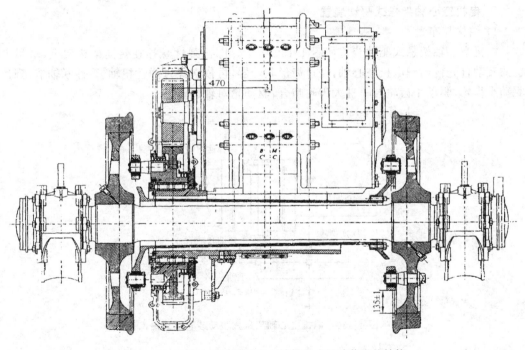

图 4.127 DF11 机车轮对空心轴架悬式驱动装置的结构

2) 六连杆弹性驱动机构

电机驱动传递过程中,经历两个六连杆弹性驱动机构。六连杆弹性驱动机构是一个以橡胶件为主的弹性功率传递机构(见图 4.128、图 4.129)。

3) 优缺点

轮对空心轴架悬式驱动装置的优点是:牵引电机悬挂在转向架的构架上,齿轮箱与外空心轴也悬挂在转向架的构架上,簧下质量小,即轴箱悬挂以下的质量很小,轮轨冲击很小;牵引电机的驱动经历两个六连杆弹性驱动机构传递到车轮,改善了牵引电机和牵引齿轮的工作条件,具有足够的径向扭转刚度,可避免驱动装置牵引时的黏滑振动;机车起动时,电机能先于轮对转过一微小角度,改善了牵引电机启动换向条件。

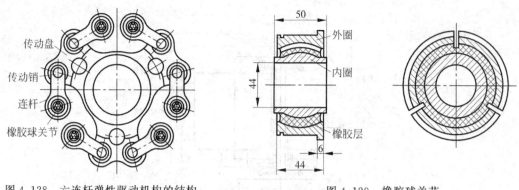

图 4.128 六连杆弹性驱动机构的结构　　图 4.129 橡胶球关节

缺点是:六连杆弹性驱动机构所产生的离心力会使车轮载荷不稳定;整体零部件较多,安装与拆卸复杂,维护与检查检修不方便。

5. 电机空心轴架悬式驱动装置

1) 结构与布置

电机空心轴架悬式驱动装置如图 4.130 所示。电机弹性悬挂在转向架构架上,牵引电机的转动首先输出到电机空心轴,经过齿形联轴器,再依次经过弹性扭轴、弹性联轴节,到达驱动小齿轮,驱动小齿轮与车轴大齿轮啮合,驱动轮对轴旋转。

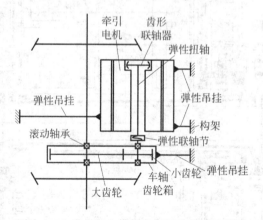

图 4.130 电机空心轴架悬式驱动装置示意图

2) 优缺点

电机空心轴架悬式驱动装置的优点是:牵引电机悬挂在转向架的构架上,簧下质量小,即轴箱悬挂以下的质量较小,轮轨冲击较小,但齿轮箱的部分质量仍属于簧下质量;电机驱动的输出经历了齿形联轴器、弹性扭轴、弹性联轴节共三级缓冲,牵引电机的工作条件较好,驱动小齿轮与车轴大齿轮啮合传动的工作条件较好。缺点是:轴的柔性很大,容易使轮对在驱动过程中产生黏滑振动;电机的结构复杂,维护与检查检修不方便。

4.7.3 牵引电机纵向布置的驱动装置

1. 单电机轴悬式驱动装置

1) 结构与布置

单电机轴悬式驱动装置如图 4.131 所示。一个两轴转向架采用单电机,电机的质量全部悬挂在轮对轴上,电机轴双端输出,依次通过联轴器、驱动伞齿轮、空心轴伞齿轮、空心轴、橡胶联轴器,驱动轮对轴。

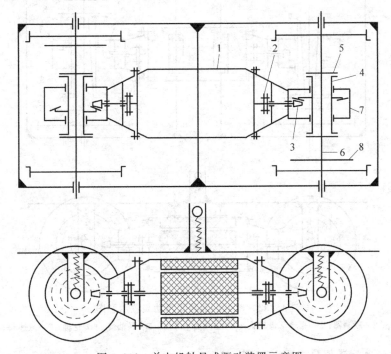

图 4.131 单电机轴悬式驱动装置示意图

1—牵引电机;2—联轴器;3—驱动伞齿轮;4—空心轴;5—橡胶联轴器;6—轮轴;7—减速箱;8—制动盘

2) 优缺点

优点:单电机驱动,可较大地缩短轴距。缺点:电机与齿轮箱都悬挂在轮对轴上,簧下质量较大,轮轨冲击很大;两轮对由同一电机驱动,两轮对的直径差对运行阻力和轮轨磨耗影响较大。

某些特殊的转向架轴距短,如果采用的直流牵引电机体积较大,转向架下的空间紧张,适合采用本方案。

2. 单电机架悬式驱动装置

1) 结构与布置

单电机架悬式驱动装置如图 4.132 所示。一个两轴转向架采用单电机,电机的质量全部悬挂在转向架构架上,电机轴双端输出,依次通过驱动伞齿轮、万向接头空心轴伞齿轮、万向接头空心轴、联轴器,驱动轮对轴。

2) 优缺点

优点:单电机驱动,可较大地缩短轴距;电机与齿轮箱都悬挂在转向架构架上,可最大限度地减轻簧下质量,轮轨冲击较小。缺点:两轮对由同一电机驱动,两轮对的直径差对运行阻力和轮轨磨耗影响较大。

某些特殊的转向架轴距短,如果采用的直流牵引电机体积较大,转向架下的空间紧张,适合采用本方案。

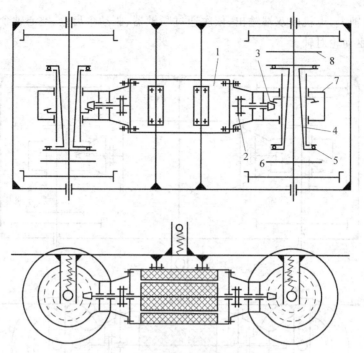

图 4.132　单电机架悬式驱动装置示意图

1—牵引电机；2—联轴器；3—驱动伞齿轮；4—万向接头空心轴；5—联轴器；6—轮轴；7—减速箱；8—制动盘

3. 电机对角配置架悬式驱动装置

1）结构与布置

电机对角配置架悬式驱动装置如图 4.133 所示。一个两轴转向架,采用电机对角配置,电机悬挂在转向架构架上,但齿轮箱的部分重量由轮对轴承担。电机输出端采用万向联轴器,再依次经过驱动伞齿轮、轮对轴伞齿轮,驱动轮对轴旋转。该方案与挠性浮动齿式联轴

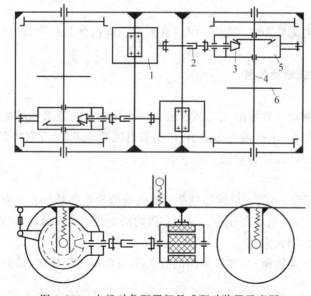

图 4.133　电机对角配置架悬式驱动装置示意图

1—牵引电机；2—万向联轴器；3—驱动伞齿轮；4—轮对；5—减速箱；6—制动盘

节式架悬式驱动装置类似。

2) 优缺点

电机对角配置架悬式驱动装置的优点是：牵引电机悬挂在转向架的构架上，簧下质量小，即轴箱悬挂以下的质量较小，轮轨冲击较小，但齿轮箱的部分质量仍属于簧下质量；改善了牵引电机的工作条件。缺点是：万向轴和圆锥齿轮传动系统的传动效率有所降低；传动系统结构较复杂，维护与检查检修不方便。

4.7.4 牵引电机体悬式驱动装置

牵引电机体悬式驱动装置可能采用全体悬或半体悬方式。全体悬是指牵引电机的全部重量由车体承担，如图 4.134 所示。半体悬是指牵引电机的一侧悬挂在构架上，另一侧安装在车体上。

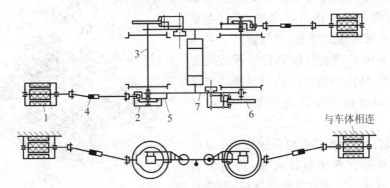

图 4.134　牵引电机体悬式驱动装置（全体悬）

1—牵引电机；2—齿轮传动装置；3—轮轴；4—万向轴；5—传动支撑；6—制动盘；7—制动装置

体悬式驱动装置簧下质量小，车辆的振动显著降低，车轴周围空间得到释放。牵引齿轮的工作条件未得到改善，大量采用了万向轴和圆锥齿轮传动，系统的传动效率有所降低；结构较复杂，维护与检查检修不方便。万向轴实物如图 4.135 所示。

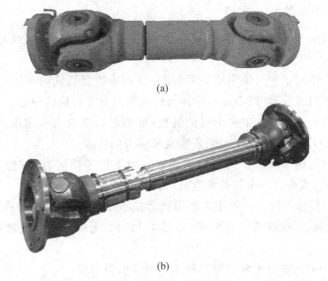

图 4.135　万向轴实物

4.8 车体与转向架的连接

车体与转向架(或构架)连接部分的结构应能安全可靠地支承车体,并传递各种载荷和作用力,且能使车辆顺利通过曲线。

4.8.1 概述

车体与转向架的连接(见图4.136)包括二系悬挂装置、旁承、牵引装置、抗侧滚扭杆、各种减振器等。二系悬挂又叫作中央悬挂或车体悬挂,通常设置在车体与转向架之间,主要采用螺旋钢弹簧或橡胶弹簧、空气弹簧。旁承通常采用螺旋钢弹簧或橡胶弹簧。下面主要介绍牵引装置、转向架的特殊减振缓冲结构以及铰接式转向架的车体与转向架间的连接装置。

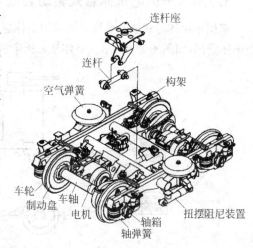

图4.136 车体与转向架的连接

车体与转向架的连接有以下作用:在纵向以较大的刚度连接车体与转向架,传递牵引力、制动力;在垂向以适宜的刚度连接,车体及其以上的重量能够由此均匀地落到各个轮对上,使得轴重均匀分配;在横向以较大的刚度连接,传递横向力,有横动裕量;车体与转向架之间可以相互回转,存在一个几何回转中心,车体可顺利通过曲线;减缓各方向的振动、冲击,使得车体、转向架在运动中保持稳定。

4.8.2 牵引装置

牵引装置可分为中央牵引销装置(或心盘)和无中央牵引销装置(或心盘)两大类,它们的主要区别是:

(1) 旋转中心不同。中央牵引销装置(或心盘),该装置就成为车体与转向架的实际旋转中心;无中央牵引销装置(或心盘),车体与转向架只有几何旋转中心。

(2) 纵向力的传递不同。中央牵引销装置(或心盘),纵向力一定由其传递;无中央牵引销装置(或心盘),需要由其他牵引装置实现牵引力的传递。

(3) 横向力的传递不同。中央牵引销装置一般不传递横向力,心盘装置传递横向力;无中央牵引销装置(或心盘),由其他装置或结构传递横向力。

(4) 垂向力的传递不同。一般中央牵引销装置不传递垂向力,由旁承承载,心盘装置有集中承载、部分承载、不承载共三种形式(见图4.137)。无中央牵引销装置(或心盘),垂向力由旁承承载。

下面介绍两种中央牵引销装置与几种无中央牵引销装置。

1. 中央牵引销装置(SMC型地铁车辆动力转向架)

如前所述,SMC型地铁车辆动力转向架采用空气弹簧传递车体与转向架之间的垂

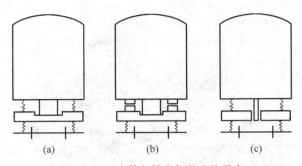

图 4.137　车体与转向架的连接示意

(a) 心盘部分承载；(b) 心盘集中承载与旁承限位；(c) 中央牵引销不承载

力,采用中央牵引销装置传递纵向力,横向力较大时由弹性侧挡传递,横向力较小时由空气弹簧传递。

如图 4.138、图 4.139 所示,两个牵引拉杆沿纵向成 Z 字形布置,每个牵引拉杆的一端与转向架构架连接,一端与中心架(或者称为浮动梁、牵引梁)连接,形成推挽结构,纵向力的传递再依次经过牵引中心销、中心销导架,到达车体。中央牵引销装置示意图如图 4.140 所示,中央牵引销装置结构如图 4.141 所示。

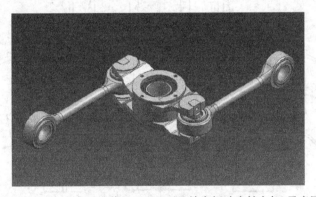

图 4.138　中央牵引销装置(SMC 型地铁车辆动力转向架)示意图

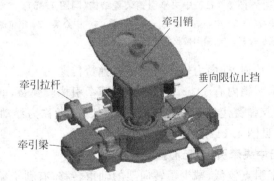

图 4.139　中央牵引销装置(SMC 型地铁车辆动力转向架)结构

2. 另一种中央牵引销装置

与 SMC 型地铁车辆动力转向架类似,这种中央牵引销装置采用安装在转向架构架侧梁上的两个空气弹簧传递车体与转向架之间的垂向力,采用中央牵引销装置传递纵向力,横

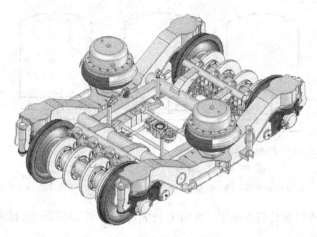

图 4.140 中央牵引销装置(SMC 型地铁车辆动力转向架)示意图

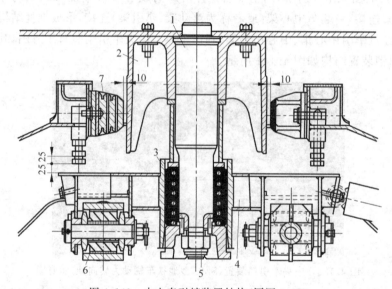

图 4.141 中央牵引销装置结构(同图 4.35)
1—中心销;2—中心销导架;3—复合弹簧;4—中心架;5—定位螺母;
6—牵引拉杆;7—横向橡胶缓冲挡

向力较大时由弹性侧挡传递,横向力较小时由空气弹簧传递。

该转向架的中央牵引销内有 4 组牵引橡胶堆,即牵引橡胶弹簧,前后各两组,左右对称,传递纵向力,由牵引橡胶弹簧代替 Z 形拉杆,将中心架(或者称为浮动梁、牵引梁)与转向架构架牵引梁连接起来(见图 4.142)。

3. 平行牵引杆(无中央牵引销、无心盘)

这种牵引装置的牵引点较低,减少了转向架的轴重转移,有利于黏着力的充分发挥。

SS4 型电力机车(1~158 号)牵引装置的结构形式为平行牵引杆,其牵引点距轨面高度为 445 mm。SS3B 型、SS7E 型、SS9 型等机车的牵引装置都相似,采用这种平行牵引杆,牵引点高度均为 460 mm。

如图 4.143、图 4.144 所示,平行牵引杆可传递纵向力。通过弹性侧挡,可传递横向力。

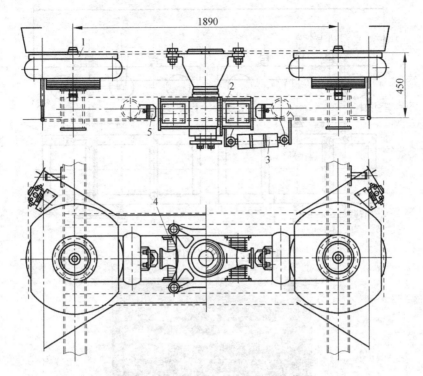

图 4.142 另一种中央牵引销连接装置

1—空气弹簧；2—牵引梁；3—横向减振器；4—牵引橡胶弹簧；5—横向弹性侧挡

作为一个四连杆机构，可实现车体相对于转向架回转。可容许车体相对于转向架横动，横动量由自由间隙＋侧挡压缩量限制。平行牵引杆布置如图 4.145 所示。平行牵引杆实物如图 4.146 所示。

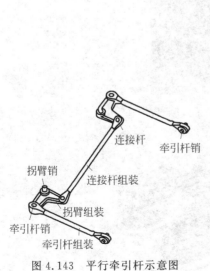

图 4.143 平行牵引杆示意图

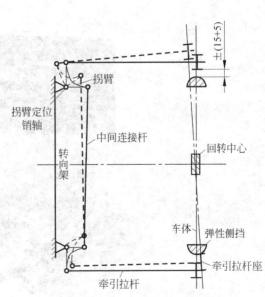

图 4.144 平行牵引杆原理

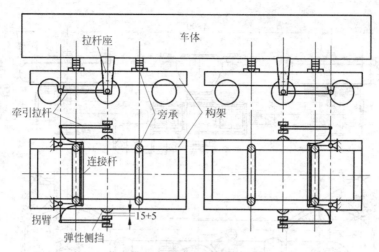

图 4.145 平行牵引杆布置

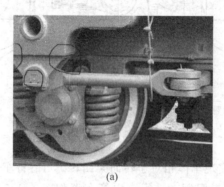

(a)

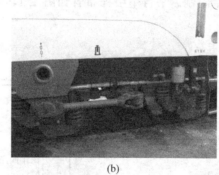

(b)

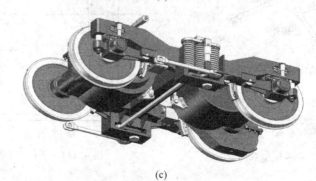

(c)

图 4.146 平行牵引杆实物

4. 中央斜单杆推挽式牵引杆（无中央牵引销、无心盘）

SS4改型电力机车采用中央斜单杆推挽式牵引杆。其牵引点距轨面的高度为12 mm。其牵引杆一端通过牵引座与车体底架牵引梁相连，另一端通过销与三角撑杆相连，三角撑杆通过销与三角架相连，三角架通过销与构架牵引梁相连，如图4.147所示。

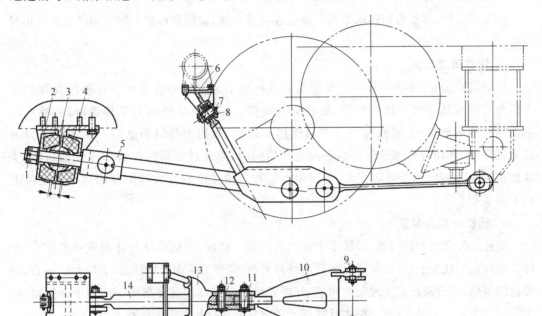

图4.147 中央斜单杆推挽式牵引杆示意图

1—六角开槽螺母；2—压盖；3—牵引座；4—牵引橡胶垫；5—牵引叉头；6—三角撑杆座；7—关节轴承；8—销Ⅰ；9—销Ⅱ；10—三角架；11—销Ⅲ；12—关节轴承；13—三角撑杆；14—牵引杆

5. 中间推挽式牵引杆（无中央牵引销、无心盘）

SS8型与"和谐"型机车采用中间推挽式牵引杆（见图4.148）。SS8型机车牵引点距轨面高度为220 mm，"和谐"型机车牵引点距轨面高度为230 mm。其牵引杆Ⅰ一端通过牵引座与车体底架牵引梁相连，另一端在牵引杆托板处通过销轴与牵引杆Ⅱ一端相连，牵引杆Ⅱ的另一端通过销轴与转向架构架牵引梁相连。

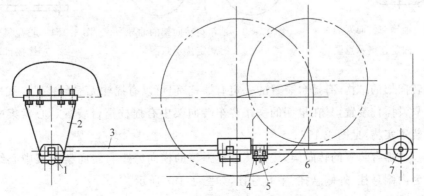

图4.148 中间推挽式牵引杆示意图

1—托板；2—牵引座；3—牵引杆Ⅰ；4—牵引杆托板；5—磨耗板；6—牵引杆Ⅱ；7—关节轴承

4.8.3 转向架的特殊减振缓冲结构

某些型号转向架有一些特殊结构,例如固定式定位、油导筒式定位、摇枕与摇台装置。

1. 固定式定位

固定式定位,即轴箱和转向架侧架刚性连接成一体,轴箱和构架之间不能产生任何相对运动,如图4.149所示。

2. 油导筒式定位

油导筒式定位(见图4.150),即把安装在构架上的轴箱导柱及坐落在轴箱弹簧托盘上的导筒做成活塞和油缸的形式,导柱插入导筒。导柱在导筒内上下移动时,油液可以进出导柱的内腔,产生减振作用。它的作用原理是,当构架与轴箱之间产生水平方向的相对运动时,利用导柱和导筒传递纵向力和横向力,再通过轴箱橡胶垫传递给轴箱体,使橡胶垫产生不同方向的剪切变形,实现弹性定位。该种定位方式与干摩擦式导柱定位工作原理类似。

3. 摇枕与摇台装置

前述已经介绍的转向架,都属于无摇枕转向架。摇枕,可以形象地比喻成一个枕头,车体就枕在这个枕头上,摇枕能够上下浮动减轻振动,能够沿横向轻微摆动,有限位。摇台,是摇枕的基础,摇台悬挂在转向架的构架上,能够沿横向摆动。通常车体采用两个转向架,每个转向架上有一个摇枕,整个车体及其以上的重量就全部落在两个摇枕上。

如图4.151所示,车体全部重量通过心盘(也可以与旁承共同)落在摇枕上,摇枕两端支承坐落在摇枕弹簧的上支承面,摇枕弹簧下支承面坐落在弹簧托板(或托梁)上,弹簧托板通过吊轴、吊杆与吊销悬挂在转向架构架上。这样,吊杆、吊轴、弹簧托板(或托梁)、摇枕弹簧就组成了摇台装置,摇台装置可带动摇枕连同车体作类似钟摆的摆动,具有横向弹性特性。

图4.149 轴箱与转向架的固定连接示意图

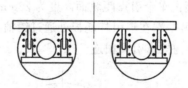

图4.150 轴箱与转向架的油导筒式定位示意图

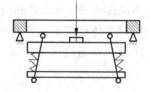

图4.151 心盘集中承载式摇枕摇台装置示意图

根据转向架的结构,有摇台装置的一定有摇枕,但可以有摇枕无摇台装置。我国铁路大多数货车只设摇枕装置,只在早期的铁路客车转向架中有摇枕摇台装置。心盘集中承载式摇枕摇台装置实物,见图4.152。

采用摇枕摇台装置的转向架,按摇枕悬挂弹簧的横向跨距与转向架侧架中心线的位置关系可分为内侧悬挂、外侧悬挂、中心悬挂,如图4.153所示。

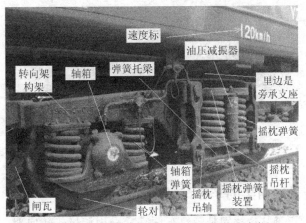

图 4.152　心盘集中承载式摇枕摇台装置实物

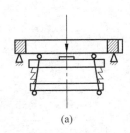
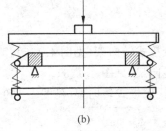

(a)　　　　　　　　　　　(b)　　　　　　　　　　　(c)

图 4.153　摇枕摇台装置的悬挂方式

(a) 内侧悬挂；(b) 外侧悬挂；(c) 中心悬挂

有摇枕无摇台装置的转向架如图 4.154 所示。车体通过心盘(或与旁承一起)支承在摇枕上，摇枕两端支承在摇枕弹簧的上支承面，摇枕弹簧下支承面坐落在弹簧托板(或托梁)上，弹簧托板与转向架构架的两个侧梁(或侧架)刚性连接。我国铁路的三大件式货车转向架大部分都采用这种承载方式，其结构如图 4.155 所示。有摇枕无摇台装置的转向架实物如图 4.156 所示。

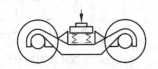

图 4.154　有摇枕无摇台装置的转向架示意图

图 4.155　有摇枕无摇台装置结构

图 4.156 有摇枕无摇台装置实物

4.8.4 铰接式转向架的车体与转向架间的连接

在城市轨道交通车辆中,特别是轻轨车辆常常采用铰接式转向架。铰接式转向架与车体的连接,既要保证两车体端部与转向架传递垂直、纵向和横向载荷,又能保证车体两端在通过曲线时能彼此相对转动。

1. 铰接式转向架的分类

(1) 具有双排球形转盘的铰接式转向架(见图 4.157)。

(2) 具有球心盘的铰接式转向架(见图 4.158)。

(3) TGV 高速列车的雅可比铰接式转向架(见图 4.159)。

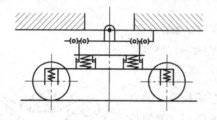

图 4.157 双排球形转盘的铰接式转向架示意图

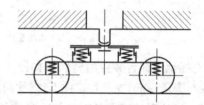

图 4.158 球心盘的铰接式转向架示意图

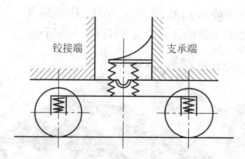

图 4.159 雅可比铰接式转向架示意图

2. TGV 高速列车的铰接式转向架

铰接式转向架可实现两节轨道车辆三个转向架,或者三节轨道车辆四个转向架的最简化配置,如图 4.160 所示。

TGV 高速列车结构的优点:

(1) 具有优良的整体性,加强了对列车蛇行运动的约束,有利于安全运行;

(2) 车辆间连接处无车钩,纵向间隙小,平滑过渡,转向架数量少,空气扰流阻力小,列

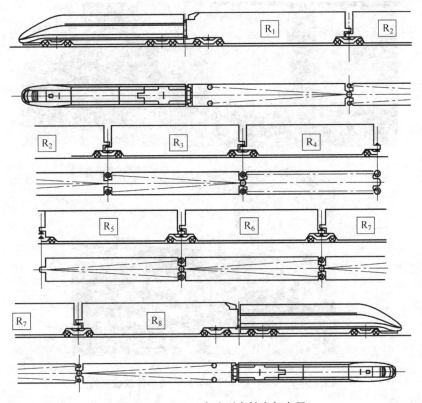

图 4.160 TGV 高速列车转向架布置

车整体空气动力学性能良好；

(3) 由于铰接式转向架二系悬挂支点高,车辆重心低,改善了车体侧滚振动；

(4) 便于加大转向架的轴距；

(5) 为双层客车提高载重量提供了最佳结构。

铰接式转向架的铰接结构较复杂(见图 4.161),该种转向架维护检修难度大。TGV 高速列车转向架的车体铰接实物如图 4.162 所示。

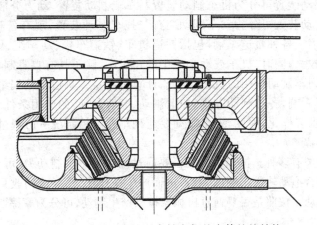

图 4.161 TGV 高速列车转向架的车体铰接结构

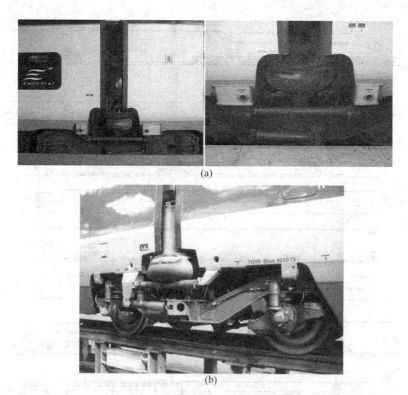

图 4.162 TGV 高速列车转向架的车体铰接实物

4.9 制动装置

阻止列车的运动,包括使其停止不动、减速、失去加速度,称为制动。对已经施加制动的列车,解除或减弱制动作用,称为缓解。实现制动的一整套系统称为制动装置。

4.9.1 概述

轨道车辆的制动装置可分为机车制动装置与车辆制动装置,动力分散型的动车组、城市轨道交通列车的制动装置可分为动车制动装置与拖车制动装置,现有各种型号的制动装置类型复杂,种类繁多。各种轨道车辆,包括铁道机车、铁道车辆、动车组、城市轨道交通列车等,制动装置差别较大,同时,机车或动车组中的司机车,除了具有自身制动和缓解的设备以外,还具有操纵全列车制动作用的机械、电气、计算机设备。轨道车辆编组成列后,各节车辆的制动效果会互相影响,各种制动方式(如电制动、黏着制动)的应用条件和制动效果相差较大,列车的制动需求多样化,因此,列车制动要与列车速度控制统一协调进行,现代轨道列车的制动控制十分复杂。

制动方式的分类有多种。按照最终是否要通过黏着来产生制动力,可分为黏着制动与非黏着制动。按照是否拖动轨道车辆的轮对,进而产生逆作用,消耗或回收列车动能,可分为动力制动与非动力制动。按照是否要通过机械摩擦来产生制动,可分为摩擦制动与非摩擦制动。

4.9.2 各种制动装置

下面介绍闸瓦制动、盘形制动、磁轨制动、轨道涡流制动、旋转涡流制动、电阻制动、再生制动、液力制动、翼板制动。

1. 闸瓦制动

闸瓦制动,又称踏面制动,属于黏着制动、摩擦制动、非动力制动,是轨道交通诞生以来,应用最广泛的制动方式。

闸瓦制动采用铸铁、粉末冶金等材料制成闸瓦(瓦状,即圆弧块状),以带有压缩空气的气缸或机械杠杆(较少应用)施加压力 K,将闸瓦紧压到车轮的踏面上,闸瓦与车轮产生机械摩擦,将列车动能转化为热能,消散于大气,并产生制动力。如图4.163所示,车轮以轮对轴重的一半紧压在钢轨上,钢轨在轮轨接触点上对轮对的法线方向的反作用力为 N,闸瓦以法向压力 K 紧压在车轮踏面上,引起与车轮旋转方向相反的切

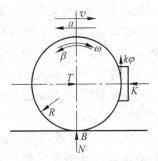

图4.163 制动力产生原理

向滑动摩擦力 $K\varphi$(φ 为闸瓦与车轮的滑动摩擦系数),以 ω 为角速度顺时针旋转的车轮开始减速,车体的速度近似为 ωR 不发生变化,轮轨接触点处的车轮有向右滑动的趋势,车轮受到钢轨反作用于车轮的切向静摩擦力 B,该力的方向与列车的运动方向相反(制动力),只要轮轨间的静摩擦不被破坏,制动力将随着闸瓦压力的增大而增大,在忽略车轮回转惯性的条件下,制动力与滑动摩擦力大小相等即 $B \approx K\varphi$,其极限值是轮轨之间的静摩擦力。实际情况更加复杂,轮轨之间的接触并不是理想的静摩擦状态,而是"静中有微动""滚中有微滑"的黏着状态,最大制动力小于轮轨之间的静摩擦力。把黏着状态下轮轨间的切向摩擦力的最大值称为黏着力。

闸瓦制动装置如图4.164所示。压缩空气进入制动缸,克服缓解弹簧力,推动制动杠杆2,通过推杆6与吊杆7,推动闸瓦3紧压到车轮踏面上,法向压紧力为 K,引起与车轮旋转方向相反的切向滑动摩擦力 $K_\varphi = K\varphi$,进一步引起钢轨对车轮的制动力 $B \approx K_\varphi$,只要轮轨之间的黏着状态不被破坏,制动就由闸瓦发热和制动力对车辆运动的减速同时实现。一旦黏着状态被破坏,车轮在强大的闸瓦压力下显著减速甚至停止转动,列车速度并未显著降低,已经停止转动的车轮在钢轨上滑行,轮轨同时严重擦伤,制动力大大降低,其大小等于滑

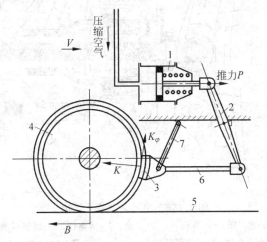

图4.164 闸瓦制动装置

1—制动缸;2—制动杠杆;3—闸瓦;4—车轮;5—钢轨;6—推杆;7—吊杆

动摩擦力,因此,应当竭力避免黏着状态被破坏。

闸瓦制动又称为基础制动,相对于其他多种制动方式(如盘形制动、再生制动等),它是轨道列车最基础、最常见的制动方式。闸瓦制动装置是制动系统的最后执行机构,它传递和放大制动缸的制动力,使闸瓦与轮对之间的转向架内摩擦力转换为轮轨之间的外摩擦力(即制动力)。现代的动车组、城市轨道交通车辆,以电传动为主,车体底部安装大量的电力牵引设备,为了节约空间,将制动缸与各个杠杆整合到一起(见图4.165),称为单元制动装置。

单元制动装置结构如图4.166所示。单元制动装置包含闸瓦间隙自动调整器,简称闸调器。由于闸瓦与轮对采用摩擦方式工作,为了降低成本保护车轮,闸瓦的材料相对于车轮材料更易于磨损,工作一段时期后,闸瓦与车轮踏面间隙逐渐增大,制动缸的行程因此加大,这将直接影响制动性能。闸调器在闸瓦缓解时,自动调整闸瓦与车轮踏面之间的间隙,使其在规定的范围内。

图 4.165　JDYZ-4 型单元制动装置

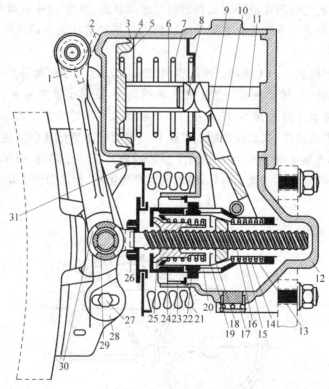

图 4.166　单元制动装置结构

1—吊杆;2—扭簧;3—活塞涨圈;4—滑动环;5—活塞;6—活塞杆;7—缓解弹簧;8—止推片;9—凸头;10—杠杆;11—导向杆;12—外体;13—闸调器外壳;14—压紧弹簧;15—滤尘器;16—离合器套;17—主轴;18—调整螺母;19,20—轴承;21—波纹管;22—引导螺母;23—止环;24—调整弹簧;25—止推螺母;26—回程螺母;27—摩擦联轴器;28—闸瓦托;29—销;30—主轴鼻子;31—波纹管安装座制动时,制动系统压缩空气管路送来压缩空气,进入制动缸,通过活塞 5 转变为活塞杆 6 的推力,经止推片 8 推动凸头 9,通过杠杆 10 将推力放大,推动闸调器外壳 13,通过离合器,传至主轴 17,最后传给闸瓦。缓解时,制动缸内压缩空气被排除,制动缸缓解弹簧 7 和扭簧 2 使主轴 17 回退到缓解状态。该闸调器是单向作用式,即由于闸瓦磨耗过大导致闸瓦间隙过大,闸调器可自动调整减小闸瓦间隙,但更换新闸瓦后间隙过小,必须人工转动回程螺母使主轴缩回,使闸瓦间隙变大。

另外还有一种带停车制动器的单元制动装置,其主要结构是一个停车制动弹簧和停车制动缓解风缸。该装置充气缓解,放气(排气)制动,用于长期停放车辆时避免溜车。车辆正常运营时,停车制动缓解风缸充气,压缩停车制动弹簧,停车制动缓解。车辆需要长期停放时,停车制动缓解风缸排气,停车制动弹簧作用,推动停车制动杠杆,最终依靠停车制动弹簧将闸瓦压紧到踏面上。长期停放的车辆启动时,需要首先向停车制动缓解风缸充气,取消停车制动后,才能进行正常的制动和缓解,配有停车制动辅助缓解装置,可以手动拉动缓解环,压缩停车制动弹簧,缓解停车制动。

2. 盘形制动

盘形制动,属于黏着制动、摩擦制动、非动力制动。有两种方式实现制动(见图 4.167):第一种,在轮对轴上安装专用制动盘,随轮对轴一起转动,配制动夹钳对制动盘进行摩擦制动;第二种,将轮对进行特殊制造,车轮本身成为一个大制动盘,配制动夹钳对车轮进行摩擦制动。制动工作时,制动盘与制动夹钳摩擦,在轮对上产生制动力,同时制动盘发热,将列车动能转化为热能消散于大气。

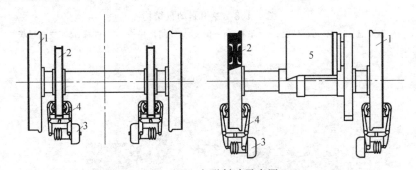

图 4.167 盘形制动示意图
1—轮对;2—制动盘;3—单元制动缸;4—制动夹钳;5—牵引电机

第一种方式,专用制动盘,无须调整现有的车轮结构,原闸瓦制动可以保留。制动盘与制动夹钳的材料可以选配,耐用且寿命长。制动盘的散热方便,结构设计得也便于通风散热。该方式增加了簧下质量,占用了转向架空间,安装复杂,维护与检查检修不方便。专用制动盘结构如图 4.168 所示,专用制动盘三维结构如图 4.169 所示,专用制动盘的设计——有限元分析发热状况如图 4.170 所示,专用制动盘装置实物如图 4.171 所示。

第二种方式,车轮改为制动盘,需要改变车轮的材料、结构,原闸瓦制动装置保留困难。只能选择制动夹钳的材料,车轮的使用条件更加复杂,除了行驶磨耗以外,制动磨耗也需要考虑。该方式基本不增加簧下质量,节省了转向架空间,安装相对简单,维护与检查检修方便,但设计复杂,通用性较差。

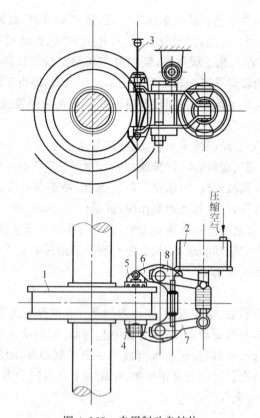

图4.168 专用制动盘结构

1—制动盘；2—单元制动缸；3—吊杆；4—闸瓦；5—闸瓦托；6,7—杠杆；8—支点拉板

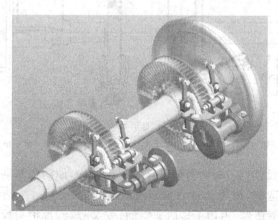

图4.169 专用制动盘三维结构

3. 磁轨制动

磁轨制动，属于非黏着制动、摩擦制动、非动力制动。如图4.172所示，在转向架的两个侧梁下面，同侧车轮之间，安装一个长条形制动电磁铁，制动时电磁铁落下，通过吸力压紧钢轨，电磁铁上的磨耗板与钢轨之间产生滑动摩擦，滑动摩擦力就是制动力。同时，磨耗板与钢轨摩擦发热，将列车动能转化为热能，消散于大气。磁轨制动实物如图4.173所示。

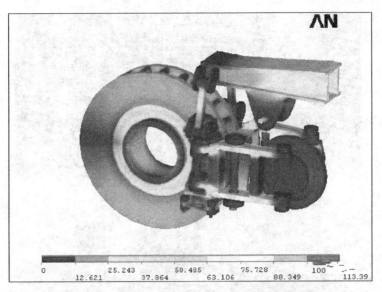

图 4.170　专用制动盘的设计——有限元分析发热状况

图 4.171　专用制动盘装置实物

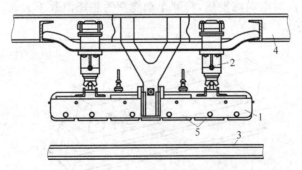

图 4.172　磁轨制动装置
1—电磁铁；2—升降风缸；3—钢轨；4—转向架构架侧梁；5—磨耗板

磁轨制动的优点是：不通过轮轨黏着起作用，不受轮轨的黏着状态限制；在其他制动方式的基础上，可以额外得到一份制动力。缺点是：钢轨和磨耗板摩擦，磨耗严重；滑动摩擦力没有黏着力大，增加的制动力有限。

(a)

(b)

图 4.173　磁轨制动装置实物

4．轨道涡流制动

轨道涡流制动，又称为线性涡流制动或者涡流式轨道电磁制动，属于非黏着制动、非摩擦制动、非动力制动。如图 4.174 所示，与磁轨制动很相似，轨道涡流制动也是把电磁铁悬挂在转向架的侧梁下，两个同侧车轮之间。不同的是，轨道涡流制动的电磁铁悬停在钢轨上部几毫米位置，不与钢轨发生接触，利用电磁铁和钢轨的相对运动，钢轨感应出涡流，产生电磁吸力作为制动力，同时电涡流发热，将列车动能变为热能消散于大气。轨道涡流制动装置结构如图 4.175 所示。

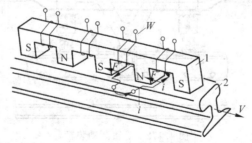

图 4.174　轨道涡流制动原理
1—电磁铁；2—钢轨；W—激磁线圈；F—制动力

轨道涡流制动不通过轮轨黏着起作用，不受黏着力的限制，也无磨耗问题。但该方式消耗电能较多，约为磁轨制动的 10 倍，电磁铁发热严重，常作为辅助制动方式。

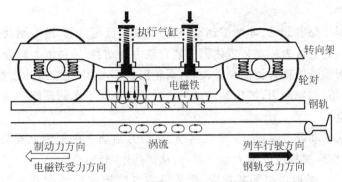

图 4.175 轨道涡流制动装置结构

5. 旋转涡流制动

旋转涡流制动，属于黏着制动、非摩擦制动、动力制动。在牵引电机轴上安装金属盘，制动时金属盘在电磁铁形成的磁场中旋转，金属盘表面感应出电涡流，产生电磁吸力，同时发热消散于大气。

与前面的盘形制动相比，金属盘没有安装在轮对上，无须摩擦，但仍要通过轮轨黏着才能起作用，也受轮轨黏着状态的限制，与轨道涡流制动相似，消耗电能较多，常作为辅助制动方式。

6. 电阻制动

电阻制动，属于黏着制动、非摩擦制动、动力制动。在电力机车、动车组、电传动内燃机车、城市轨道交通车辆上，电力传动、控制系统已经发展得比较完善，牵引时，驱动车轮的电动机为串励直流电动机或三相交流异步电动机，制动时，转换为他励直流发电机或三相交流发电机。制动时，车辆行驶，通过车轮拖动发电机发电，并将电流输送到专门设置的电阻上发热，强迫通风散热，从而产生制动作用。电阻制动的制动力受车速的影响较大，常作为辅助制动方式。

7. 再生制动

再生制动，属于黏着制动、非摩擦制动、动力制动。如图 4.176 所示，它将列车制动发电产生的电能送回电网，最好的方案是由其他附近的轨道车辆消耗，当然也可以由电网调配用于其他用途，这部分能量如果被吸收电阻发热消耗即为电阻制动。

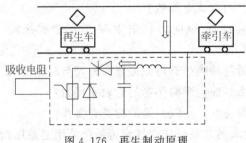

图 4.176 再生制动原理

再生制动显然比电阻制动有更大的优势，但该技术比较复杂，回馈电网的电能质量不易控制，目前列车制动发电产生的电能送回接触网后必须由附近其他轨道车辆消耗。另外，再生制动的制动力受车速的影响较大，常作为辅助制动方式。

8. 液力制动

液力制动，属于黏着制动、非摩擦制动、动力制动。截至目前，液力制动只在液力传动内燃机车上出现过，它的液力传动装置内部安装有液力制动器（一种液力耦合器）。制动时，液压油充入，车轮带动液力耦合器的泵轮旋转，涡轮固定不动，因此液压油剧烈摩擦发热，同时对车轮产生逆作用，即制动力，液压油经过强迫散热也消耗了车辆动能。

9. 翼板制动

翼板制动，属于非黏着制动、非摩擦制动、非动力制动。在车辆上安装的翼板，平时折叠，制动时可以打开，翼板可以加大空气阻力，从而产生制动作用。

该种制动方式，类似飞机的减速伞，但依靠空气摩擦产生的制动力与车速关系较大，车辆低速时翼板制动不具有优势，只适于高速轨道车辆在高速行驶时的紧急制动、紧急降速。

4.9.3 制动倍率、传动效率与车辆制动率

制动倍率 n，是理论计算闸瓦压力 $\sum K$ 与制动活塞的推力 P 之比，即制动装置中一系列杠杆的放大系数，$n = \sum K / P$。

传动效率 η，是实际闸瓦压力 $\sum K_{实}$ 与理论计算闸瓦压力 $\sum K$ 之比，即制动装置中一系列杠杆出现摩擦损失之和，$\eta = \sum K_{实} / \sum K$。

车辆制动率 δ，是实际闸瓦压力 $K_{实总}$ 与车辆重力 Q 之比，它反映了车辆的制动能力，$\delta = \sum K_{实总} / Q$。

思考题

4-1　轨道车辆的五大关键技术是什么？转向架的任务是什么？

4-2　转向架主要由哪些部分组成？试说明各部分的连接关系。

4-3　一系悬挂与二系悬挂是什么？它们有何功能作用？

4-4　有哪些常见的轴箱定位装置形式？

4-5　转向架支承车体的方式有哪些？

4-6　介绍垂向力、横向力、纵向力在采用 V 形层叠式橡胶弹簧的转向架内的传递路径。

4-7　轨道车辆采用哪些种类弹簧与减振器？弹簧与减振器的主要外特性区别是什么？

4-8　簧下质量是什么？如何影响车辆的轮轨作用力？

4-9　空气弹簧有哪些特点？空气弹簧的种类有哪些？

4-10　简单介绍轨道车辆二系悬挂空气弹簧系统采用的差压阀的作用。

4-11　一个转向架上可能安装哪些液压减振器？有何用途？

4-12　画简图示意轮对与钢轨的位置，并标出主要尺寸。

4-13　磨耗轮是什么？

4-14　驱动装置有哪些安装形式？

4-15　目前城市轨道交通车辆广泛采用 Z 字形中央牵引销连接装置,它的力传动有何特点?

4-16　简单介绍轨道车辆的制动执行装置形式。

4-17　为什么说电阻制动和再生制动仍然属于黏着制动,而磁轨制动与轨道涡流制动则不属于?

4-18　介绍轨道车辆闸瓦制动的制动倍率、传动效率、车辆制动率。

参考文献

[1]　王伯铭.城市轨道交通车辆总体及转向架[M].北京:科学出版社,2013.
[2]　刘柱军.城市轨道交通车辆构造[M].北京:人民交通出版社,2013.
[3]　曾青中,韩增盛.城市轨道交通车辆[M].成都:西南交通大学出版社,2006.
[4]　饶忠.列车制动[M].北京:中国铁道出版社,2011.

第 5 章

车体及其内装与设备

5.1 概述

普通货运、重载货运、普通客运、高铁客运、城市轨道交通等,各种轨道交通方式对车体的需求不同,各种车体的技术特点差异较大。城市轨道交通车辆的车体是容纳乘客、司机的框架,又是安装和连接其他设备、部件的基础。车体一般由底架、侧墙(壁)、端墙(壁)、车顶、车门及车窗等组成。现代城市轨道交通车辆的车体除了满足最基本的强度、刚度要求以确保乘客安全外,还应具有良好的空气动力学性能,具有隔音减噪、隔热阻燃性能,并安装座椅、扶手和通风等设施。车体内装与车体密切配合,实现车体的各种功能。大量的设备安装依托于车体完成,包括直接安装在车内,或者悬挂于车体下部。

5.2 车体的类型及特征

5.2.1 城市轨道车辆车体的特征

城市轨道交通车辆的车体,无论在外观还是内部结构以及车辆性能方面,与干线铁路机车车辆明显不同,具有以下特征。

1. 服务于市内公共交通

市内公共交通要求速度快、方便,车辆内部不需要布置较多的座位(见图 5.1),乘客以站立为主,车门多且开度大,方便乘客快速上下车。市内公共交通的乘客乘坐时间较短,车辆内部服务于乘客的设备较简单,为了节约空间多载乘客,大量设备挂在车体下。由于站间距短,行车速度快,车门开启频繁,对车门的可靠性要求极高,并且经常需要与车站屏蔽门配合开启;另外,由于车辆起停频繁,为了提高旅行速度,车辆需要加速快,制动能力强,这对车辆的性能提出了较高的要求。

2. 美化市内交通

车体外观常常具有标志性的色彩、图案等,可以起到美化市容环境的效果。例如,上海

图 5.1　地铁车辆内部设施

地铁的每条线路都有标志性的颜色,这些颜色既可以区分线路又能美化列车,一些特殊标识或图案也可用于美化列车(见图 5.2)。

3. 隔音减噪、隔热有严格要求

城市轨道交通车辆在行驶过程中产生噪声,这对车内乘客和市区环境都产生较大的影响,要求车辆能最大限度地降低噪声。车辆服务于城市公共交通乘客,要求车辆振动小,乘坐舒适。另外,季节变换温差较大,车内乘客需要新鲜空气,车内环境需要考虑加热、制冷、换气、加湿与除湿等。为节约能源对车体的隔热性能提出了较高要求。

4. 车体的防火要求严格

城市轨道交通车辆经常满载乘客运行于地下隧道、高架桥等疏散困难、不易救援的位置,一旦发生火灾后果不堪设想。在车体的结构设计与材料选择上需要具有高防火和阻燃性能,所有电缆材料、设备、装饰等都需要考虑防火和阻燃性能。

5. 车体轻量化

轨道车辆的轴重大小,直接影响了轨道线路建设投资,当载客数量一定的情况下,降低轴重就具有重要意义,城市轨道交通车辆的车体轻量化是降低轴重的关键环节,尤其是高架轻轨车、独轨车等,对车辆的轴重要求更加严格,这样可以明显降低线路设施的工程投资。

图 5.2　上海地铁迪士尼列车

5.2.2　车体的主要技术指标

轨道车辆的车体应用场合不同、环境不同,技术指标也不同,下面介绍几项重要技术指标。

1. 强度和刚度

强度和刚度指标是轨道车辆车体设计中需要首先考虑的问题,车体装载乘客或货物,内部、外部安装各种部件、设备,整体必须保持一定的刚度,外部尺寸变形不超过规定的要求,同时各个局部位置也要满足强度、刚度要求。早期的轨道车辆车体设计依赖于人工经验,采用较大的安全系数,整体和局部的校核方法相对简单,导致车体笨重、结构复杂。当前车体设计已经计算机化,设计、模拟、仿真验证可以同步进行。轨道车辆车体在垂直方向产生受迫振动,在不同的振动频率下的振型不同。垂直一阶弯曲振型(受迫振动频率 $f=6.6$ Hz)如图 5.3 所示。垂直二阶弯曲振型(受迫振动频率 $f=11.65$ Hz)如图 5.4 所示。

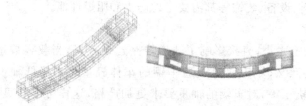

图 5.3　垂直一阶弯曲振型(受迫振动频率 $f=6.6$ Hz)

图 5.4　垂直二阶弯曲振型（受迫振动频率 $f=11.65\,\text{Hz}$）

对于设计好的车体，在两端施加纵向载荷后需进行有限元分析（见图 5.5）。

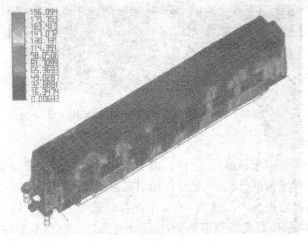

图 5.5　车体的有限元分析

为了验证车辆的安全性，利用软件进行碰撞仿真试验。一节带司机室的车辆（见图 5.6）和一辆 15 t 重的货车以 110 km/h 行驶时交叉相撞，仿真碰撞结果是司机室将变形到后墙上（见图 5.7），乘客区在撞击后保持不变，这样可以最大程度地保护乘客安全。

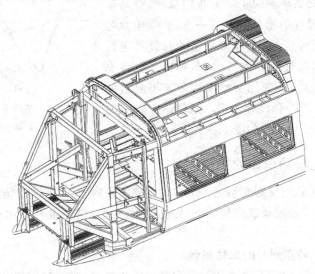

图 5.6　带司机室的轨道车辆车体

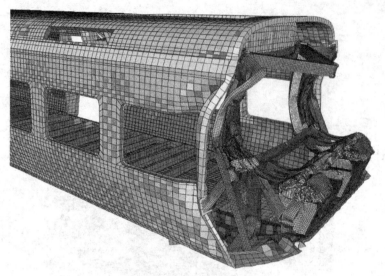

图 5.7 计算机仿真模拟碰撞后的车体变形

2. 空气动力性能

飞机、轮船、汽车、轨道车辆等在运行时,由于车体前面的空气被压缩,两侧表面与空气摩擦,尾部后面的空间成为部分真空,这些作用引起空气阻力,阻碍交通工具的行驶,逆风运行时,还要把风力附加在内。一般认为,地面车辆在时速 200 km/h 以上时,空气阻力大约占所有行车阻力的 85%。早期的轨道车辆,由于车速低以及制造水平的原因,不重视车头、车身的形状,常见为方形、矩形等。近年来,随着车速的提高,以及设计、制造、加工能力的提高,车头与车身具有流线形外形的越来越多,良好的空气动力性能可以降低行驶阻力,减少燃油、电力等能源消耗。

3. 密封性能

一方面,轨道交通车辆为了降低车内噪声、提高车体隔热性能,需要较好的密封性。另一方面,乘坐乘客的车厢内部需要新鲜空气,车体需要主动与外界进行空气交换。当车辆通过隧道入口时,车厢内部也会发生气压变化,过大的气压变化会给乘客带来不舒适的感觉。以上问题需要综合设计考虑。某轨道车辆车厢内部与外部的压力变化对比如图 5.8 所示。

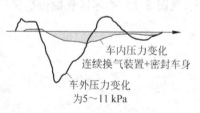

图 5.8 某轨道车辆车厢内部与外部的压力变化对比

5.2.3 轨道车辆车体的类型

截至目前,铁路轨道交通车辆已经形成较完整的系列型号,但城市轨道交通车辆没有统一的型号标准。本节按照承载结构特点、构造特点、主要材料、组装方式对轨道车辆车体进行分类。

1. 按承载结构特点划分的车体类型

按承载结构特点,轨道车辆车体可分为底架承载结构、侧壁和底架共同承载结构、整体承载结构。

1) 底架承载结构

由于全部载荷均由底架来承担,因此车体底架的中梁和侧梁都比较强大,中、侧梁常常制成中央断面比两端大的鱼腹形(见图5.9),铁路运输常见的平车和长大货车(见图5.10)属于该种类型。

图5.9 鱼腹形梁底架

图5.10 铁路平车与长大货车

2) 侧壁和底架共同承载结构

由于侧壁和底架共同形成一个整体桁架式结构(见图5.11),其承载能力提高,整体刚度较好,中梁不需要制成鱼腹形,侧梁的断面尺寸较小。铁路货运采用这一类车辆较多,如铁路敞车(见图5.12),适合运输煤、矿石等大宗货物。

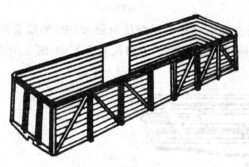

图 5.11 桁架式结构

图 5.12 铁路敞车

3) 整体承载结构

整体承载结构(见图 5.13),由侧壁、底架、车顶等共同形成一个整体结构,该种结构进一步提高了车体的承载能力,并且整个车厢内部容易密封,常见用于客运与部分货运。

图 5.13 整体承载车厢

2. 按构造特点划分的车体类型

按构造特点,轨道车辆车体可分为梁柱结构与型材结构。

1) 梁柱结构车体

梁柱结构车体(见图 5.14),由各种梁柱以焊接为主形成一个框架结构,以此为基础,在上边蒙皮,地板上焊接或安装波纹板形成车体。

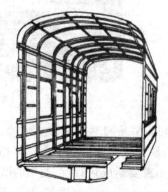

图 5.14 梁柱结构车体

梁柱结构,常常由很多纵向梁及横向梁组成一个个钢环,环之间用纵向梁连接,底架的中梁轻巧,甚至可以取消波纹地板。构件名称包括纵向梁、横向梁、立柱、底架、侧端墙、车顶弯梁等,如图5.15所示。

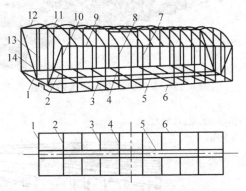

图5.15 梁柱结构车体的零件名称

1—缓冲梁;2—枕梁;3—小横梁;4—大横梁;5—中梁;6—侧梁;7—门柱;8—中间立柱;
9—上侧梁;10—角柱;11—车顶弯梁;12—顶端弯梁;13—端柱;14—端斜撑

梁柱结构(钢材料,整体承载结构)的车体早期使用普通碳素钢、型材,后来改用耐候钢。该种结构的车体焊接组装工作量巨大、复杂,只能由人工进行,施工周期长,车体质量大,如图5.16所示。

图5.16 梁柱结构车体的施工

2) 型材结构

型材结构是一种新型车体结构,车体由各种挤压型材构成,如图5.17所示,挤压型材是一种新型结构板材,由大型自动化生产线生产制造,一般先由挤压型材焊接形成底架、侧墙等部件,最后将各部件之间通过焊接、铆接、螺栓连接形成车体,如图5.18、图5.19所示。

3. 按主要材料划分的车体类型

按主要材料有普通碳素钢、高耐候结构钢(耐候钢,合金钢)、不锈钢、铝合金车体。

早期的轨道车辆车体制造以梁柱为主,主要使用普通碳素钢、型材,结构稳固但笨重易腐蚀,低合金耐候钢板抗腐蚀性能高于普通低碳钢板两三倍,20世纪80年代以后,低合金

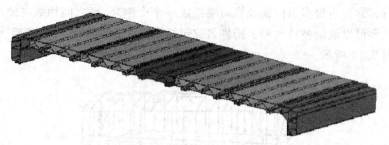

图 5.17 大型中空截面挤压铝型材

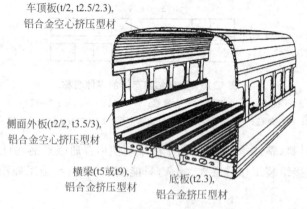

图 5.18 型材结构的车体 1

图 5.19 型材结构的车体 2

耐候钢得到了长足发展,在国内生产的铁道车辆上得到广泛应用。长春客车厂在 20 世纪 60 年代中期的北京地铁一期工程的车辆上使用低合金耐候钢 09Mn2Cu 制造车体。

20 世纪 50 年代开始采用不锈钢和铝合金制造车体。用作车体结构部件的不锈钢必须具有足够的强度和稳定性,以便能够长期、安全、可靠地使用。因此,要求它具有高耐蚀性、高强度,以及良好的切割、弯曲、冲压等加工性能和焊接性能,且价格合理能够大量采用,为此出现了多种用于轨道车辆车体制作的不锈钢材料型号(见图5.20)。

铝合金制造车体近年来发展较快,随着工业自动化生产水平的提高,已经能够生产复杂的大型中空截面挤压铝型材,弥补了铝合金材料强度不足的缺点,目前型材结构的车体大量采用大型中空截面挤压铝型材。

图5.20 天津滨海快线的不锈钢城轨车辆

4. 按组装方式划分的车体类型

按组装方式可分为一体化结构车体、模块化结构车体。

一体化结构车体主要用于早期的梁柱结构车体制造,各个工序、各项作业都集中在车体框架处进行,施工组织复杂,各工序之间互相干扰,导致施工工期较长。

模块化结构车体在设计上将整个车体分为若干个模块,它最显著的特点就是将模块化的概念引入到车体设计、制造与生产管理的各个环节中。整个车体由多个模块组成,先分离制造组装车体的车顶、侧墙、底架、端墙、司机室等模块,各个模块生产制造可以并列进行,然后进行整个车体总成焊接,车体总成后再进行内装、布管、布线等的连接、拼接。

如图5.21、图5.22所示,在每个模块的制造过程中完成整车需要的内装、布管与布线的预组装并解决相互之间的接口问题,各模块完成后即可进行整车组装。每一模块的结构部分本身采用焊接,而各模块之间的总成可以采用机械连接或焊接,如图5.23所示。

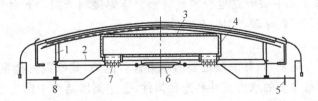

图5.21 车顶模块

1—顶板吊架;2—顶板槽梁;3—空调风道;4—隔音、隔热材料;5—内部装饰;6—灯带;7—出风;8—顶板悬挂

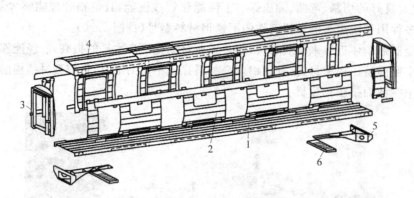

图 5.22　车体模块组成

1—底架模块；2—侧墙模块；3—端部模块；4—车顶模块；5—牵引梁模块；6—枕梁模块

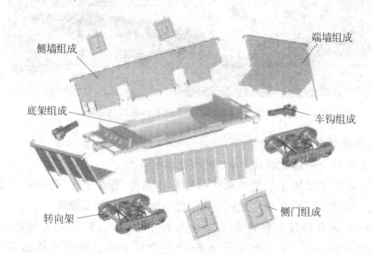

图 5.23　车体模块组装

5.3　典型轨道车辆车体

5.3.1　传统轨道车辆车体

传统轨道车辆车体主要采用梁柱结构、整体承载结构，铁路普通客运的 YZ（硬座）车体结构（见图 5.24）属于无中梁波纹地板薄壁筒形整体焊接钢结构。下面介绍传统轨道车辆车体结构中的底架、侧墙、车顶、端墙、风挡装置。

1. 底架

底架是整个车身的基础，其中最重要的承力件为侧梁，其断面为槽钢（见图 5.25）。侧梁作为底架结构中最主要的承力部件和连接构件，也是侧墙结构中的主要承力部件和安装基础。

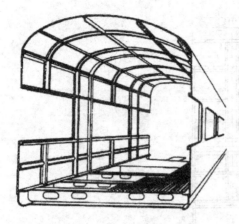

图 5.24 整体焊接钢结构

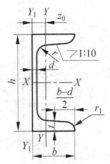

图 5.25 侧梁槽钢的断面

h—高度；b—腿宽；d—腰厚；t—平均腿厚；r—内圆弧半径；r_1—腿端圆弧半径；z_0—YY 轴与 Y_1Y_1 轴间距离

YZ_{25G} 车体钢结构如图 5.26 所示，底架结构如图 5.27 所示，YZ_{25G} 车体钢结构的 $N—N$ 断面如图 5.28 所示。

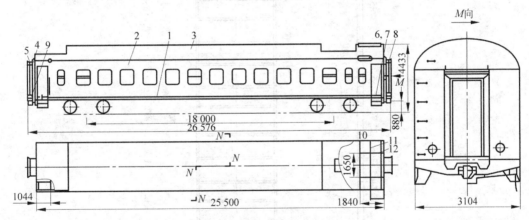

图 5.26 YZ_{25G} 车体钢结构

1—底架钢结构；2—侧墙钢结构；3—车顶钢结构；4—端墙钢结构；5—风挡；6—1 位与 4 位翻板安装；
7—2 位与 3 位翻板安装；8—脚蹬组成；9—15 号高强度车钩；10—水箱横梁；11—横梁；12—水箱吊梁

牵引梁由两根槽钢及上下盖板组焊而成（见图 5.29），用于安装车钩缓冲装置并传递纵向力。

枕梁由钢板焊接而成，其断面为闭口箱形，用于安装上心盘（或牵引销座）和上旁承座。

其他各横梁的作用是将牵引梁、枕梁、缓冲梁结构与侧梁连接起来而形成底架钢结构，从而保证底架具有足够的强度和刚度，以承受作用于底架上的各种载荷。作为平地板和纵向波纹地板的支撑，可以防止在各种载荷作用下的变形与失稳。

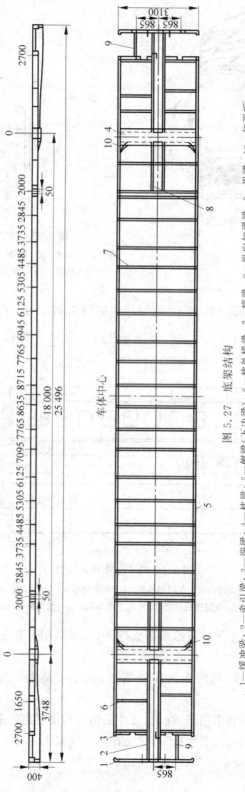

图 5.27 底架结构

1—缓冲梁；2—牵引梁；3—端梁；4—枕梁；5—侧梁(下边梁)；6—枕外横梁；7—横梁；8—纵向加强梁；9—纵梁；10—加强板

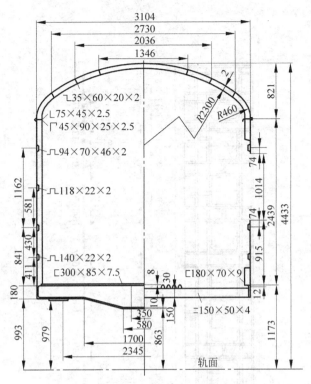

图 5.28　YZ$_{25G}$ 车体钢结构的 N-N 断面
注：图中各梁柱断面尺寸前的符号为断面形状

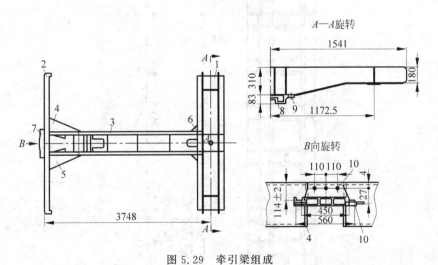

图 5.29　牵引梁组成

1—枕梁组成；2—缓冲梁组成；3—牵引梁组成；4~6—加强板；7—冲击座；8—上心盘；9,10—铆钉

2. 侧墙

侧墙是由上侧梁、下侧梁、水平纵梁、立柱、窗框纵梁等组成的框架结构。下侧梁与底架共用，具有水平纵梁，窗上一根，窗下两根，立柱将上下纵梁、侧梁连接到一起，组成整体框架，如图 5.30 所示。

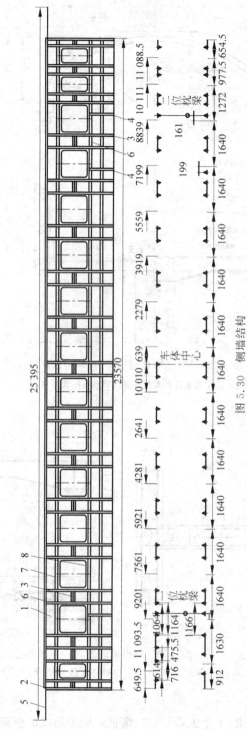

图 5.30 侧墙结构

1—侧墙板；2—门立柱；3—窗间纵梁；4—窗下纵梁；5—上侧梁；6—立柱；7—窗上纵向梁；8—窗下纵向梁

3. 车顶

车顶是由上边梁、车顶弯梁、车顶纵向梁、空调机组安装座平台和水箱盖等组成钢骨架，再在骨架外面焊有曲面金属包板，共同组成车顶钢结构，如图5.31所示。

4. 端墙

端墙的结构较复杂，包括折棚柱、角柱、立柱、门立柱、横梁、门上横梁、线槽、门上板、上墙板、踏板、右墙板、左墙板等。

5. 风挡装置

风挡装置，或者折棚装置，可分为铁风挡和橡胶风挡，也可分为整体式与分体式。风挡通过支架机构，最后受力一定要落在车钩上，并且是滑动支撑。

铁风挡，由风挡框总成、渡板及缓冲装置、叠板弹簧总成、磨耗面板和风挡胶皮五部分组成。橡胶风挡由立橡胶囊总成、横橡胶囊总成、防晒板总成、橡胶垫、渡板及缓冲装置等组成。橡胶风挡的优点是：应用广，能满足各种车辆的需要；具有特殊形状的弹性橡胶囊和密封垫，可防止雨水、尘土等进入；具有良好的纵向伸缩性和横向、垂向柔性，以适应车辆通过曲线和减小振动等；噪声小，橡胶风挡对车体的气密性好，可以降低车内噪声。橡胶风挡如图5.32、图5.33所示。

5.3.2 国产几种地铁车辆车体

1. DK8型地铁电动客车

DK8型地铁电动客车是长春客车厂1982年为北京地铁制造的，共制造52辆。DK8型地铁电动客车总平面布置如图5.34所示，DK8型地铁电动客车断面如图5.35所示。

1) 整车参数

车辆自重：33.5 t；

车辆全长：19 520 mm；

车体长：19 000 mm；

车辆定距：12 600 mm；

车体宽：2600 mm；

车顶距轨面最大高度：3509 mm；

构造速度：80 km/h；

平均速度：36 km/h；

起动加速度：$\geqslant 0.9$ m/s^2；

制动减速度：$\geqslant 1.0$ m/s^2。

2) 车体结构简介

采用无中梁波纹地板薄壁筒型整体焊接结构，车体材料为碳素结构钢，并经防腐处理。底架牵引梁为20号槽钢，侧梁为18号槽钢，端梁为18号槽钢。金属地板为2 mm波纹板，车顶板厚为2 mm，侧墙板厚为2.5 mm。

2. DK20型鼓形地铁电动客车

1) 总体说明

全车为6辆编组，编组形式为Mc+M+M+M+M+Mc，采用第三轨受电，供电电压

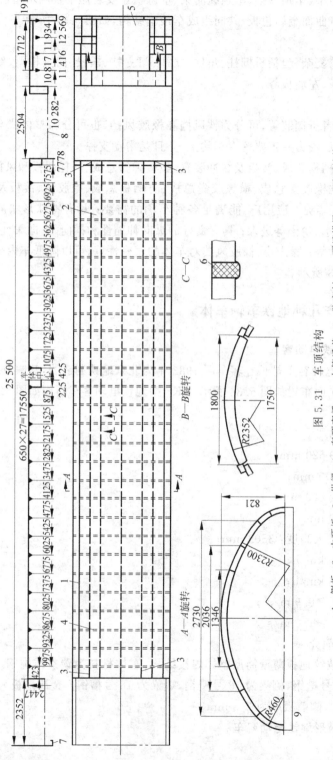

图 5.31 车顶结构

1—侧板；2—中顶板；3—纵梁；4—车顶弯梁；5—水箱活盖；6—防寒材；7—顶端横梁；8—平顶结构

图 5.32 地铁车辆的橡胶风挡外部

图 5.33 地铁车辆的橡胶风挡内部

182 轨道车辆结构与原理

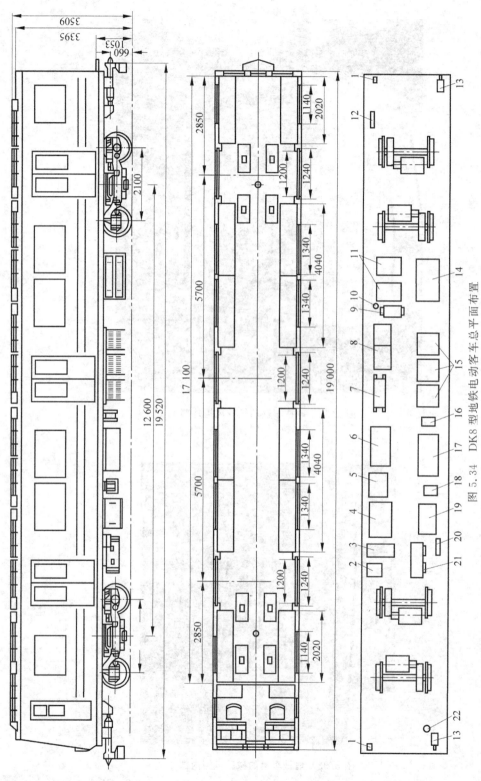

图 5.34 DK8 型地铁电动客车总平面布置

1—插销插座连接器;2—主隔离开关箱;3—直流断路器箱;4—电空接触器箱;5—电磁接触器箱;6—主控制器;7—制动机安装箱;8—电动空气压缩机组;9—散热器;10—油水分离器;11—总风器;12—接线盒;13—蓄电池箱;14—分流盒;15—电阻器箱;16—感应分流器;17—牵引制动转换开关箱;18—电源变压器;19—继电器箱;20—熔断器箱;21—电动发动机组;22—电喇叭

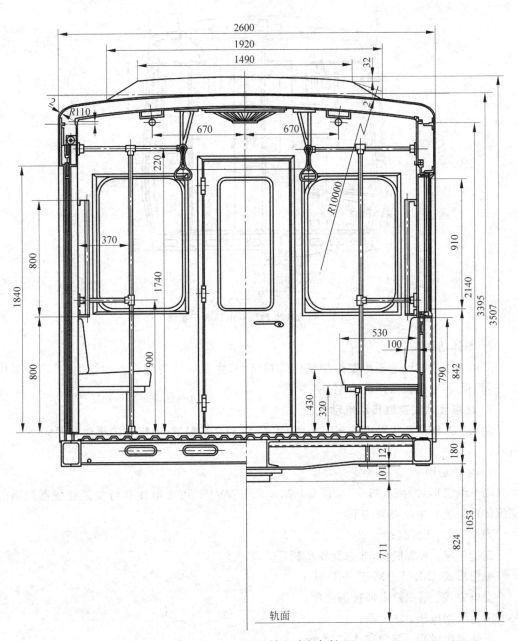

图 5.35 DK8 型地铁电动客车断面

750 V DC，采用鼓形车体。DK20 型地铁电动客车断面，如图 5.36 所示。DK20 型地铁电动客车平面布置，如图 5.37 所示。

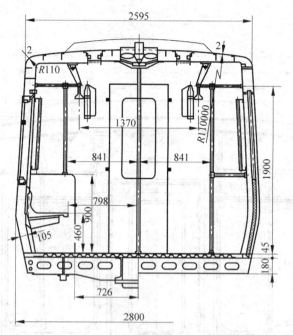

图 5.36　DK20 型地铁电动客车断面

2) 车体结构

采用无中梁波纹地板薄壁筒型整体焊接结构，主要材料为低合金耐候钢，梁柱多采用"["形断面，客室内板采用玻璃钢。

3. 北京复八线交流传动电动车组

北京复八线交流传动电动车组采用 DKZ4 电动客车编组。Mc 车的平面布置如图 5.38 所示。

1) 总体说明

动车编组形式为 Mc-T＋M-T′＋T-Mc，采用 VVVF 可变电压和可变频逆变器控制的交流传动系统。主要参数如下：

列车型号：DKZ4；

制造厂家：长客股份，北京地铁车辆厂；

编组形式：Mc-T＋M-T′＋T-Mc；

受电方式：第三轨上部接触受电；

额定线网电压：750 V；

车体宽度级别：鼓型宽体 C 型车；

外形尺寸，长×宽×高：19 600 mm(Mc)，19 000 mm(T,M)×2800 mm×3510 mm；

转向架中心距：12 600 mm；

固定轴距：2200 mm；

车轮直径：840 mm；

车钩高度：660 mm；

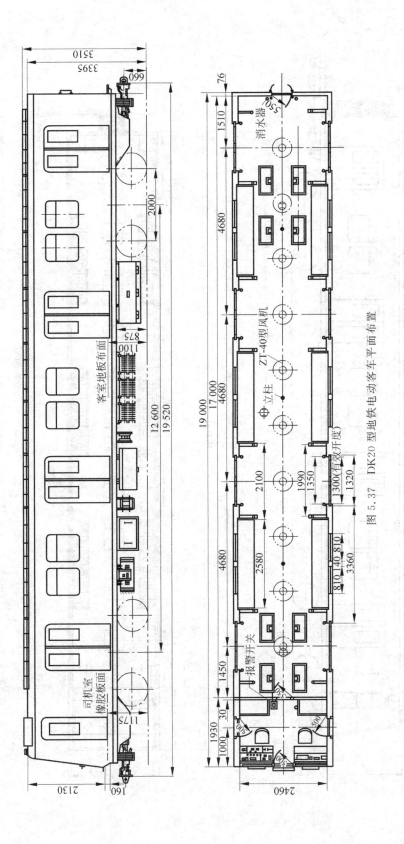

图 5.37 DK20 型地铁电动客车平面布置

轨道车辆结构与原理

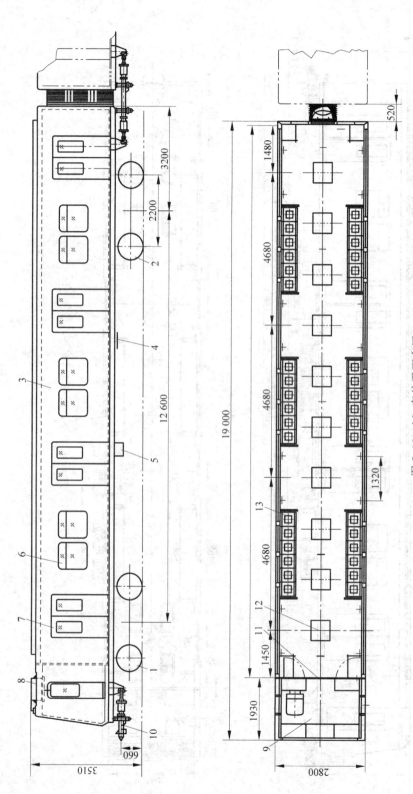

图 5.38 Mc 车的平面布置

1—动车转向架（A 型）；2—动车转向架（B 型）；3—车体组成；4—电空制动装置；5—车下电器安装；6—客室活动窗安装；7—客室侧拉门安装；8—司机室空调安装；9—司机室布置；10—车钩缓冲装置；11—间壁安装；12—通风装置；13—客室布置

车辆自重：33.5 t(Mc),32.1 t(M),26.9 t(T),24.3 t(T′)；
最高运行速度：80 km/h；
牵引电机功率：180 kW；
电动机形式：交流电动机；
调压方式：VVVF+GTO；
平均加速度：0.83 m/s²；
平均制动减速度：0.94 m/s²（常用），1.2 m/s²（紧急）；
座位数：36(Mc),47(M,T)；
额定载客数：230人(Mc),245人(M,T)；
车体：钢；
通风方式：电风扇强制通风；
车厢间通道：推拉式通道门；
每节车厢乘客门数：8；
车门宽度/高度：1300 mm/1800 mm；
车门形式：气动内藏式滑动门；
乘客信息系统：列车广播，实时新闻，乘客监视系统。

2) 车体结构

采用无中梁波纹地板薄壁筒型整体焊接结构，主要材料为耐候钢板与低碳合金钢，内饰采用玻璃钢、隔热隔音材料。Mc车客室断面如图5.39所示。

5.3.3 轻量化车体

1. 概述

与碳素钢或结构钢车体相比，采用不锈钢材料制造车体，车体质量平均可减少1~2 t；如果采用铝合金材料以及大型中空截面挤压铝型材，车体质量平均可减少3~5 t。轨道车辆车体轻量化，可直接减少车辆材料的消耗，降低成本，降低运行阻力，节省电能，减小对轨道的压力，减轻车轮和轨道的磨耗，减少线路的维护保养工作量。

2. 铝合金制车体

1) 铝合金制车体的结构形式

钢结构车体一般采用梁柱承载结构，铝合金制车体一般均采用挤压型材组合结构，如图5.40所示。

2) 钢和铝材料的力学性能比较

根据铝合金的机械性能（见表5.1），其密度和弹性模量仅为钢的三分之一，所以铝合金制车体质量可比钢车体明显减轻。为弥补铝的弹性模量较低所带来的缺点，常将车体构件制成大型中空截面挤压铝型材，以使材料得到最充分的利用。随着现代制造技术的进步，大型铝型材生产线的自动化技术迅速提高，已经能够制造出各种形状复杂的中空截面挤压铝型材，且具有足够的强度和刚度，满足用于制造轨道车辆车体的要求。

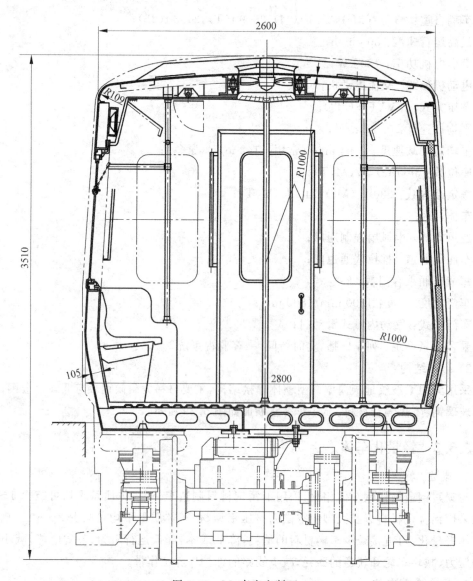

图 5.39 Mc 车客室断面

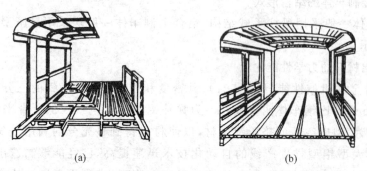

图 5.40 钢制和铝合金制车体的结构对比
(a) 钢结构车体；(b) 铝合金制车体

表 5.1 钢和铝材料的力学性能比较

力学性能/材料	铝合金				不锈钢				低碳钢	
	A5052	A5083	A5005	A7N01	SUS304	SUS301			SS41	Q235A
						HT≥	MT≥	ST≥		
抗拉强度/MPa	180～220	280～360	140～180	≥330	LT≥530	1050	880	770	410～420	380～460
屈服强度/MPa	≥70	130～220	≥110	≥250	≥400	≥770	≥520	≥420	≥240	≥235
伸长率%	≥190	≥160	≥30	≥100	≥210	≥100	≥250	≥350	≥170	210～260
密度/(t/m³)	2.8	2.8	2.8	2.8	7.85	7.85	7.85	7.85	7.85	7.85
纵向弹性模量/MPa	720	720	720	720	1800	1800	1800	1800	2100	2100

3) 铝合金制车体的型材

为了克服铝的自身材料缺点,用于轨道车辆车体的铝合金型材必须在自身结构上加以改进,大型中空截面挤压铝型材的内部有各种形状的筋板,从而改善了型材的力学性能。德国 ICE 客车中间车体铝型材断面如图 5.41 所示,英国 158 系客车车体铝型材断面如图 5.42 所示。轨道车辆车体采用大型中空截面挤压铝型材,车体的自重大为减轻,与钢制车体相比自重可降低 1/4～1/3,耐腐蚀性优良,使用寿命长,检修工作量少。与钢结构相比,组装、制造时焊缝数量大为减少,焊接工作量可减少 40%～60%。可根据结构强度要求制成不同截面形状的挤压铝合金型材,从而适应车体制造中不同结构的需求。

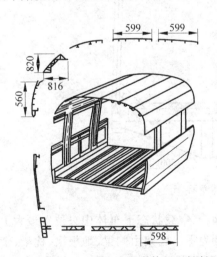

图 5.41 德国 ICE 客车中间车体铝型材断面

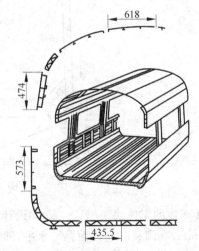

图 5.42 英国 158 系客车车体铝型材断面

3. 上海地铁某型车辆车体

1) 总体说明

编组形式为 A-B-C-C-B-A,A——带司机室的拖车,B——带受电弓的动车,C——不带受电弓的动车。车辆主要技术参数如下。

车辆全长:24 140 mm/22 800 mm;

车体长：23 540 mm/22 100 mm；

车辆定距：15 700 mm；

车体宽：3000 mm；

车顶距轨面最大高度：3800 mm；

地板面距轨面高度：1130 mm；

车辆自重：36 t；

有效载重：24.6 t；

载客能力：248 人；

受电电压：1500 V；

构造车速：80 km/h；

起动加速度：0.9 m/s²。

2）车体结构

该车体为铝合金制整体承载式车体，由底架、侧墙、车顶、端墙组成封闭筒型结构，主要材料为大型中空截面挤压铝型材。车体断面如图 5.43 所示。车辆结构如图 5.44 所示。

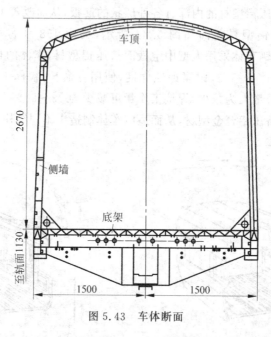

图 5.43 车体断面

A 车体的车体底架（见图 5.45）设计成上拱型，在空载状态下车体中央位置最大上挠度为 10 mm，在满载时地板面保持水平，即满载挠度为零。底架由侧梁、地板梁、枕梁、牵引梁和端梁组成，主要采用大型中空截面挤压铝型材拼焊而成。在 A 车司机室端底架的前端设有撞击能量吸收区，如图 5.46 所示。

底架为无中梁结构，在两枕梁之间设地板梁和侧梁而无横梁，垂向载荷和纵向力均由地板梁和侧梁承担。车体底架端梁与牵引梁如图 5.47 所示。

地板，在横向上，由五块地板梁焊接组合，每一块都是形状复杂的中空截面挤压铝型材，高度为 70 mm，其上下翼板之间有 6 块斜筋板和一块腹板，每块地板梁下部还设有两对安装车下设备的吊挂座，如图 5.48 所示。

第5章 车体及其内装与设备

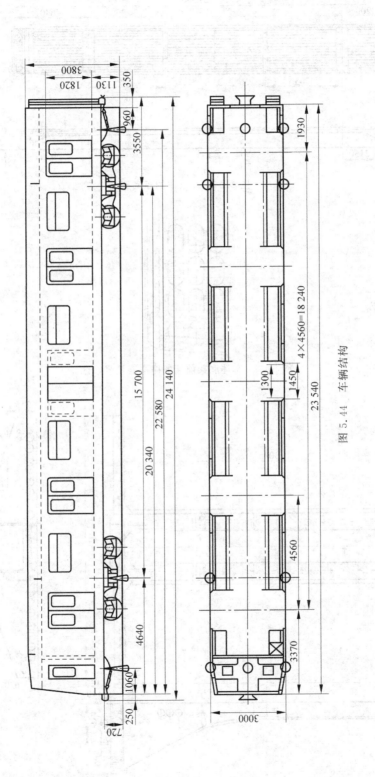

图 5.44 车辆结构

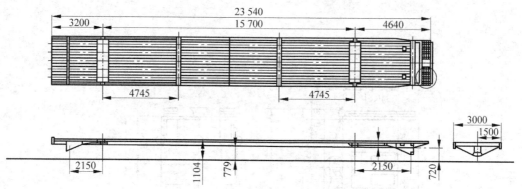

图 5.45　A 车体的车底架

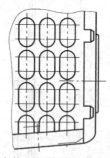

图 5.46　车体底架前端的撞击能量吸收区

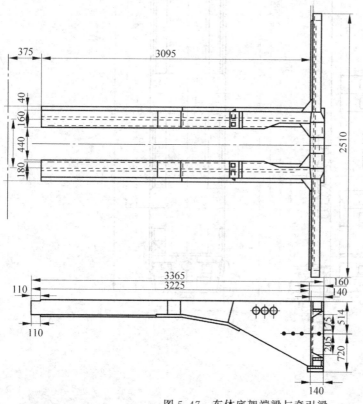
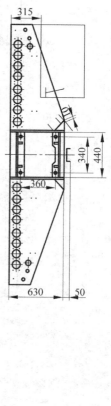

图 5.47　车体底架端梁与牵引梁

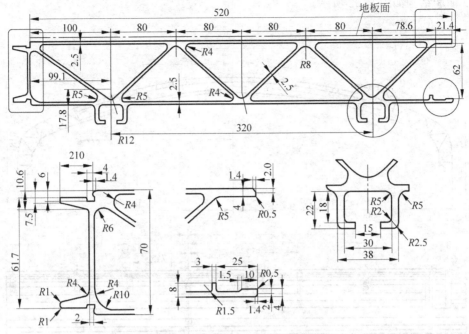

图 5.48 车体底架地板梁断面

底架侧梁为高 325 mm、宽 212 mm 的形状复杂的铝合金挤压型材,在两腹板之间有多块斜筋板和隔板,由于侧梁在车体中受力较大,其壁厚为 4 mm,个别地方达 6 mm 甚至 12 mm,如图 5.49 所示。

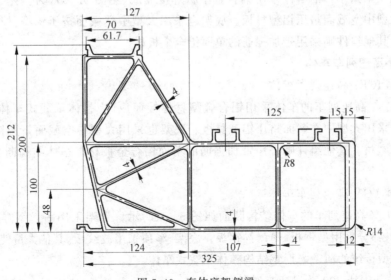

图 5.49 车体底架侧梁

车顶由复杂形状断面的两端小圆弧部分挤压型材和中部大圆弧部分铝合金挤压型材车顶板组成,组装好后只有几条与车体等长的焊缝,如图 5.50 所示。

侧墙如图 5.51 所示。根据组装工艺,侧墙不作为独立的整体部件,而是将一个车窗的窗框、窗下侧壁及其左右窗间壁或门间壁做成一个部件及两端两块侧壁,直接与底架、车顶组装。端墙结构如图5.52所示。

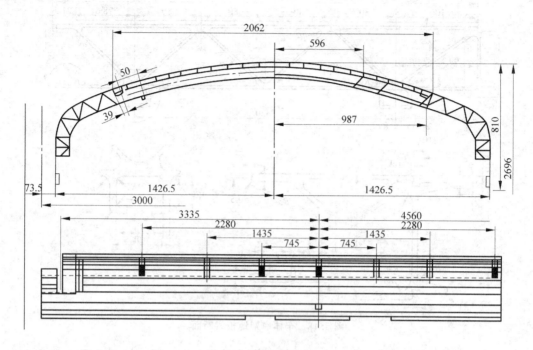

图5.50 车体车顶

4. 巴黎地铁某型车辆车体

巴黎地铁某型车辆的车体采用铝合金型材焊接而成(见图5.53),为整体承载式车体。骨架采用大型中空截面挤压铝型材板。底架也采用大型中空截面挤压铝型材板,是双面铝合金型材。其他组件则采用带加强筋的单面铝合金板材。

5. 国外高速列车车体

1) 德国 ICE1 高速列车车体

德国 ICE1 高速列车的车体采用铝合金型材焊接而成,为整体承载式车体,如图5.54所示。骨架采用大型中空截面挤压铝型材板。底架也采用大型中空截面挤压铝型材板,是双面铝合金型材。其他组件则采用带加强筋的单面铝合金板材。车体结构断面如图5.55所示。

2) 法国 TGV 高速列车车体

法国 TGV 高速列车的车体结构断面如图5.56所示。骨架采用耐候钢焊接形成整体承载式车体,部分采用型钢板、薄耐候钢板。底架、车顶采用波纹板,其他大量使用平板。该车体属于典型传统的薄壁筒形钢结构整体承载式车体。

3) 日本新干线 300 系列高速列车车体

日本新干线 300 系列高速列车的车体结构断面如图5.57所示。车体采用铝合金型材焊接而成,为整体承载式车体。骨架采用大型中空截面挤压铝型材板。底架也采用大型中空截面挤压铝型材板,是双面铝合金型材。其他组件则采用带加强筋的单面铝合金板材。

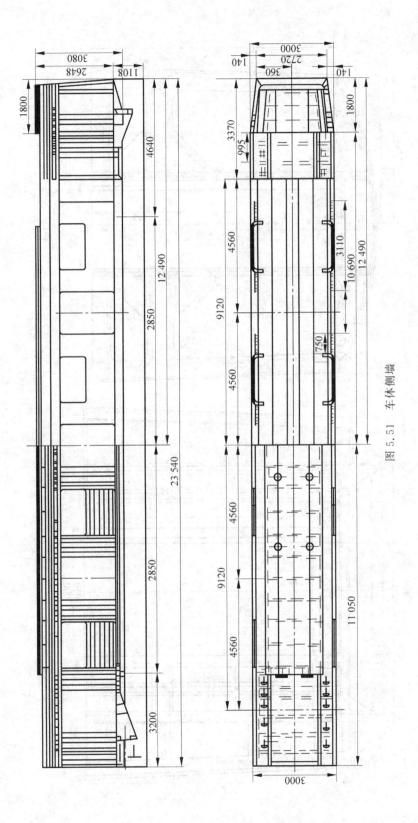

图 5.51 车体侧墙

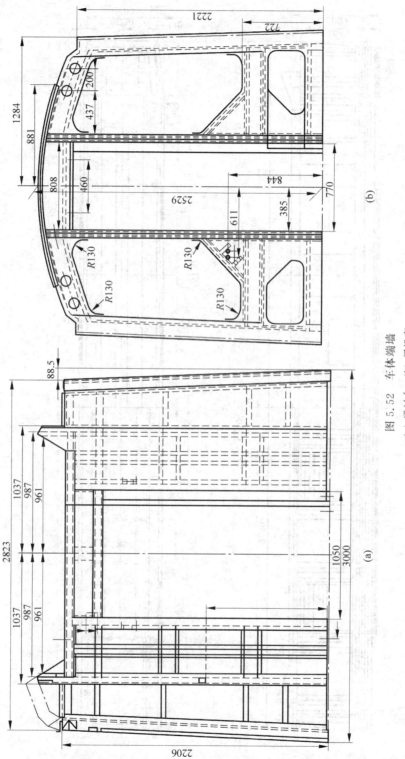

图 5.52 车体端墙
(a) 通过台；(b) 司机室

第5章 车体及其内装与设备

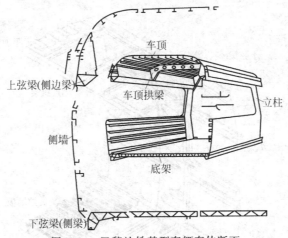

图 5.53 巴黎地铁某型车辆车体断面

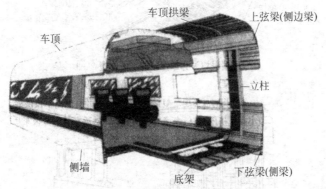

图 5.54 ICE1 高速列车车体结构示意图

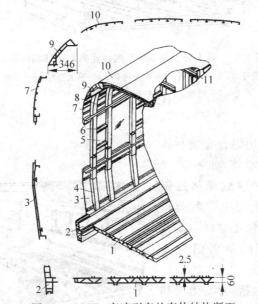

图 5.55 ICE1 高速列车的车体结构断面

1—底架地板型材；2—下侧梁型材；3—下墙板型材；4—下墙板立柱型材；5—窗间挤压型材；6—横梁挤压型材；7—上墙结构挤压型材；8—上墙弯立柱；9—车顶小圆弧挤压型材；10—车顶结构型材；11—车顶弯梁型材

图 5.56　TGV 列车车体结构断面

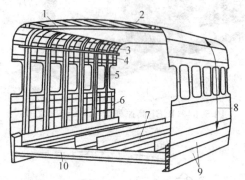

图 5.57　日本新干线 300 系列高速列车车体结构断面

1—车顶弯梁；2—车顶板；3—顶侧弯梁；4—窗上立柱；5—窗间立柱；
6—窗下立柱；7—地板；8—侧外板；9—侧梁；10—横梁

4) CRH2 动车车体

CRH2 动车车体采用铝合金型材焊接而成，为整体承载式车体，如图 5.58 所示。骨架采用大型中空截面挤压铝型材板。底架也采用大型中空截面挤压铝型材板，是双面铝合金型材。其他组件则采用带加强筋的单面铝合金板材。

底架(见图 5.59)包括端梁、侧梁和地板支撑梁，用于安装上心盘座、车钩、缓冲器、地板下设备等。

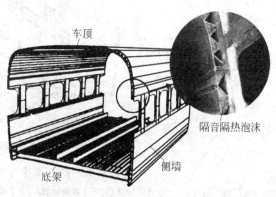

图 5.58　CRH2 动车组车体结构示意图

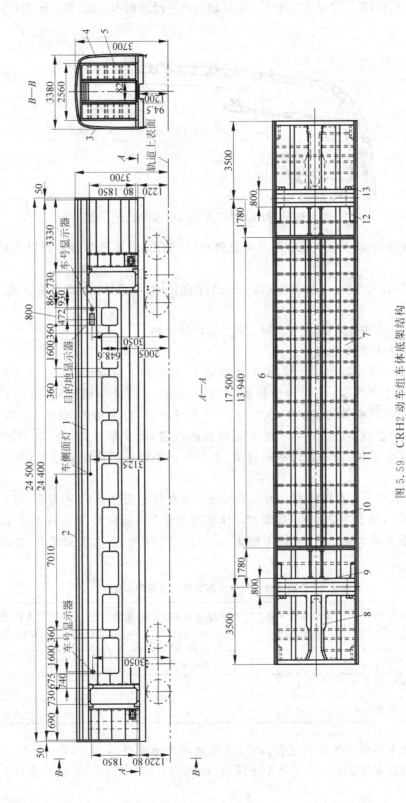

图 5.59 CRH2 动车组车体底架结构

1—侧墙结构总成；2—车顶结构总成；3—右端墙结构总成；4—左端墙结构总成；5—端墙盖板；6—底架结构总成；7—地板总成；8—中间牵引梁；9—枕梁；10—横梁；11—侧梁；12—救援支承座；13—高度调整阀安装座

车顶(见图 5.60)是沿着基本车体断面形状做成的平滑圆弧形结构,车内铺陈有隔音和绝热材料。

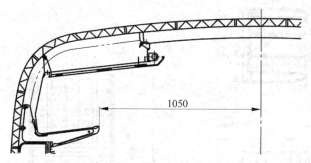

图 5.60　CRH2 动车组车顶结构示意图

侧墙结构如图 5.61 所示,其上有为安装侧拉门、侧窗、到站显示器等而设置的开口部分。

外端墙,包括司机室窗户,根据空气动力学进行了车头形状设计。地板下有空调装置用风道。

前头下部安装了排障装置,用于车辆走行中排除障碍物。

6. 各种车体的总成本分析

车体采用不锈钢和铝合金材料,使车辆轻量化,并提高了耐腐蚀性;型材结构与模块化组装加快了生产周期,使车体结构优化,进一步使车辆的维修管理、运营更加合理。以前的车辆虽然也采用耐候钢,但是无法和不锈钢、铝合金相比,经过 10 年,局部就会被腐蚀,必须进行修补,20 年后还要进行大的改造,反复修补、改造,30 年的车辆基本上就报废了。另外,除了修理所需费用,由于车体维修还会使运营停止,从而增加备用车数量。

将碳素钢车体制造总费用定为 1.0,则不锈钢车体为 1.2,铝合金车(不涂漆)为 1.6,铝合金(涂漆)为 1.7,见表 5.2。由于碳素钢车体使用中检查维修量大,其总成本明显增加。10 年厂修时其总成本大幅上升,超过不锈钢车。15～20 年时,再次大幅跃升,超出铝合金车。

表 5.2　各种材料的轨道车辆车体的总费用对比

车体材料 项目	单位重量车体价格(P)	车体结构材料价格($P×m$)	组装施工费用(C)	车体总费用(G)
AC52 含铜钢	1	1	1	1
18.8Cr 不锈钢	4.8	2.76	0.88	1.2
AGS 铝合金 6005 挤压型材	8.2	5.33	0.57	1.7

随着铝合金车体制造技术的完善,制造自动化水平迅速提高,采用大型中空截面挤压铝型材的模块化车体制造成本也逐渐下降,已经成为目前轨道客车车辆车体制造的主流技术。

第5章 车体及其内装与设备

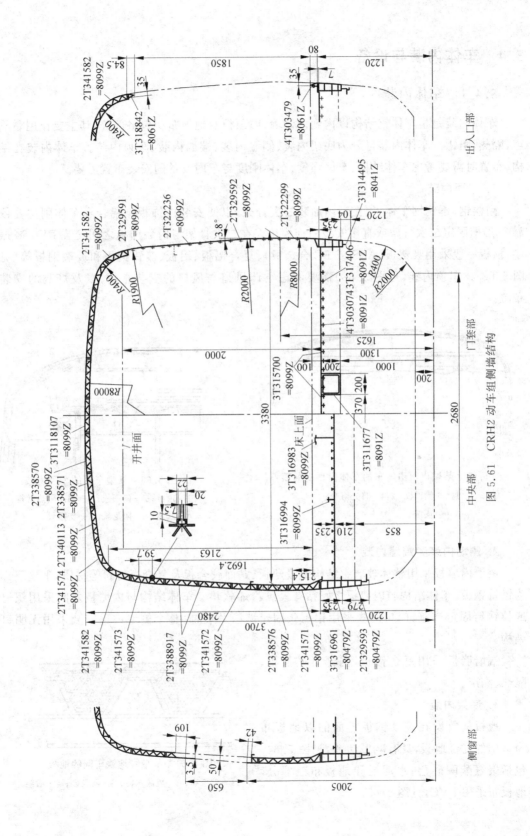

图 5.61 CRH2 动车组侧墙结构

5.4 车体内装与设备

5.4.1 车体内装

车体内装是指车体钢结构以内到内侧墙、内顶板及地板布所包络部分,其主要作用是隔声、隔热、阻燃。车体内装可分为底架内装、侧墙内装、端墙内装、车顶内装。车体内装在结构、布置时需要考虑车体结构、车体强度、车体刚度与车内设备的安装布置需要。

1. 车顶内装

耐候钢、不锈钢车体,须在车内加装二次骨架,以便安装内饰板。铝合金车体则主要依靠T形槽固定二次骨架或直接安装内饰模块。在二次骨架与内装饰板之间安装PVC减振垫,顶板一般采用吸塑板(ABS或PC合金板)、复合铝板、铝板、镀锌钢板和玻璃钢板等(见图5.62)。车顶内装(见图5.63)需要考虑空调风道与风口的安装布置,以及灯具的安装布置。

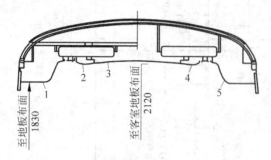

图5.62 某城市轨道客车的车体内顶横断面
1,5—侧顶板;2,4—日光灯带;
3—中顶板

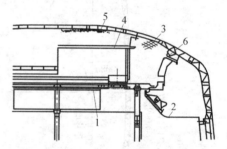

图5.63 某型车辆的车顶内装
1—顶板;2—侧顶板;3—隔声隔热材料;
4—风道;5—阻尼浆;6—支撑梁

2. 侧墙内装和端墙内装

侧墙内墙板采用整体玻璃钢结构或吸塑板、贴面胶合板及复合板材料等材质,坐垫下部为镀锌钢板,车体结构与内墙板之间粘有聚氯乙烯软垫。车体结构与内墙板之间采用螺钉或拉铆钉固定连接,门口两侧采用铝压条固定墙板及装饰,整个侧墙内部安装采用无明钉结构。

端墙墙板采用复合铝板,内部有矿渣棉,隔热、隔声。

3. 底架内装

地板是敷设在波纹钢板上面的以地板布为基础的复合地板,具有减振功能,见图5.64。包括聚氨酯陶砂层、水泥层和地板布三部分,地板布采用PVC,见图5.65。

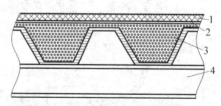

图5.64 某型号地铁车辆的地板
1—地板布;2—乳胶水泥;3—陶粒砂;4—横梁

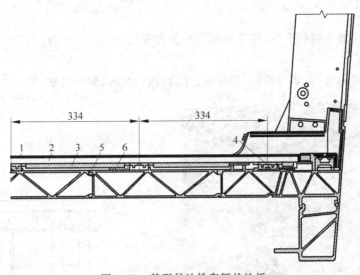

图 5.65　某型号地铁车辆的地板

1—地板布；2—地板；3—支撑梁；4—减振元件；5—金属地板；6—阻尼浆

5.4.2　车内设备

1. 司机室

司机室与客室用间壁隔开，设有间壁门使司机室和客室相通。

在司机室两侧侧墙上设有司机室侧门，司机室前端装有电热前窗玻璃。司机室前部装有主司机台、副司机台，后部两侧装有左、右侧屏，前部的上方装有终点站显示器、遮阳帘，后部装有控制屏柜、综合柜，在司机室顶部装有司机室通风机和司机室照明灯，如图 5.66 所示。另外，司机室内还设有司机座椅、电加热器、刮雨器等各种设备。

司机室逃生门用于紧急情况下乘客的疏散，一般安装在司机室操作台附近，打开后为纵向，与车身为同一方向，乘客可由此步行进入轨道区域，如图 5.67、图 5.68 所示。

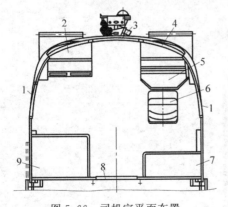

图 5.66　司机室平面布置

1—司机室侧门；2—副司机台；3—紧急疏散门；
4—挡风玻璃；5—主司机台；6—司机座椅；
7—电器柜；8—司机室门；9—设备柜

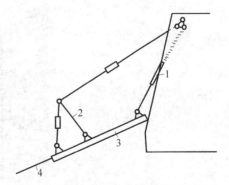

图 5.67　司机室安全疏散梯打开示意图

1—弹簧杆；2—连杆；3—安全疏散梯；4—伸缩板

2. 车门

城市轨道交通车辆的车门,按照结构可分为内藏门、外挂门、塞拉门。

1) 内藏门

车门在侧墙内部,主要有滑轮、钢丝绳、导轨、双向风缸、解锁气缸,如图 5.69 所示。

图 5.68 司机室安全疏散梯打开实物

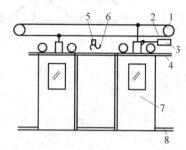

图 5.69 气动式内藏门示意图

1—定滑轮;2—钢丝绳;3—气缸;4—导轨;
5—解锁气缸;6—锁钩;7—门叶;8—导槽

风缸内有两个活塞,开始关门时大活塞作用,压力大,速度快,接近关闭时,小活塞起作用,压力小,速度慢。车门设有紧急解锁装置。

2) 外挂门

外挂门,又称为外侧移门,结构与内藏门相似,但车门位于车体外边,如图 5.70 所示。

图 5.70 外挂(外侧移)门示意图

3) 塞拉门

塞拉门(见图 5.71)动作较复杂,关门过程分为平移、塞紧,开门过程动作与之相反。塞拉门结构示意图如图 5.72 所示。

图 5.71　塞拉门

图 5.72　塞拉门结构示意图

塞拉门门板与车体表面平齐,比较美观,行车过程中空气阻力小,密封性好,可减小车内噪声,高速客运和城市轨道交通车辆现已经广泛选用。

3. 车窗

客车一般采用固定式和活动式两种车窗。车窗布置如图5.73所示。

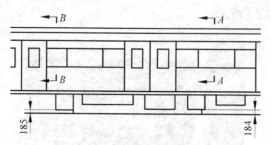

图5.73 车窗布置

固定窗(见图5.74)一般为铝窗,用于前端窗和客窗。固定窗结构简单,视线效果好,密封性能好。活动窗为组合式铝窗,活动窗的上半截可向内翻约30°。

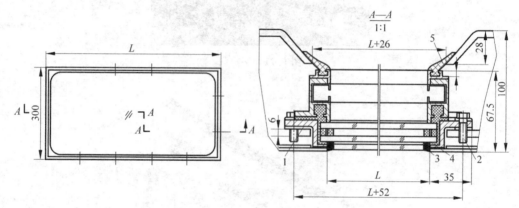

图5.74 固定窗

1—车窗组成;2—螺钉;3—幕墙胶;4—胶垫;5—密封胶条

4. 座椅与扶手杆、立柱

1)座椅

城市轨道交通车辆的座椅一般为玻璃钢制品或不锈钢制品,或在钢材制成框架后加上人造革制品,或者玻璃钢制品加上人造革、纺织制品的座垫。

座椅有纵向布置和横向布置两种方案,横向布置的客室座椅为两人座椅(2+2排列),两端为三人或四人座椅。纵向布置的座椅如图5.75所示。

2)扶手杆

扶手杆沿车体纵向布置,除门区外贯穿客室内部,如图5.76(a)所示。

扶手杆的安装方式有两种:一种是一端由管座与端墙、侧墙或间壁固定,另一端由三通与立柱连接;第二种是两端均由三通与侧立柱连接。扶手杆的材质多为复合不锈钢钢管。

3)立柱

车内立柱包括中立柱和侧立柱,其材质一般为复合不锈钢钢管。中立柱沿纵向布置于车体中心线上,上、下端分别通过管座与车顶及底架固定,如图5.76(b)所示。侧立柱固定方式与中立柱相同。

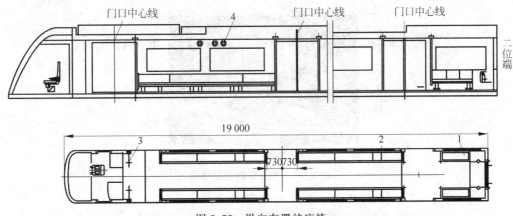

图 5.75 纵向布置的座椅

1—客室座椅；2—纵向扶手杆；3—侧立柱；4—安全吊环

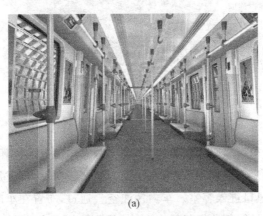

(a)

(b)

图 5.76 车内扶手与立柱

4）空调装置

空调装置将车外新鲜空气和部分车内再循环空气进行除尘、冷却或加热、加湿或除湿后送入车内，并将车内污浊空气排出。车顶空调机组结构如图 5.77 所示，车顶空调机组布置如图 5.78 所示。

图 5.77 车顶空调机组结构

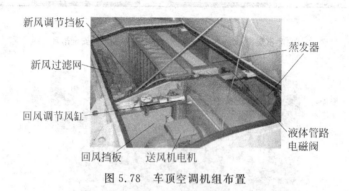

图 5.78 车顶空调机组布置

车辆外部的空气经由新风吸入口被吸入,与部分车内原有的循环空气混合,通过混合空气过滤网对空气过滤除尘。根据季节、温度需要,对空气进行冷却或加热、加湿或除湿,然后空气经过风道、车内排风口进入客室。车内污浊空气通过,布置在车厢内部侧墙下部的带孔板收集、汇总后流经回风道,部分空气排出车体,部分空气会合流入新风重新进入车内空气循环。

轨道车辆的空调装置一般采用蒸汽压缩式制冷装置,其主要工作过程包括汽化、压缩、冷凝、节流-膨胀共四个环节。汽化,低温低压的制冷剂液体在蒸发器中吸收被冷却空间的热量而汽化成低温低压的蒸汽后被压缩机吸入。压缩,压缩机消耗一定的机械功将制冷剂压缩成压力、温度较高的蒸汽并排入冷凝器。冷凝,高压、高温的制冷剂蒸汽在冷凝器内被环境空气或冷却水冷却,制冷剂蒸汽放出热量而被冷凝成液体。节流-膨胀,高温、高压的制冷剂液体经过膨胀阀(节流装置)节流降压,同时温度也降低,然后再进入蒸发器。在蒸发器中,低压、低温的制冷剂液体又吸收冷却空间的热量,蒸发成低压、低温的蒸汽,再被压缩机吸入,如此周而复始地循环。制冷剂在封闭的制冷系统中经历压缩、冷凝、节流、蒸发这四个过程就完成一次制冷循环。空调工作原理如图 5.79 所示,某地铁车辆单元式空调机组基本结构组成如图 5.80 所示。

5) 车内空气通道与气流组织

车内空调空气流动示意图如图 5.81 所示,车辆中部气流横断面如图 5.82 所示,采用诱导器时客室内的气流组织如图 5.83 所示。

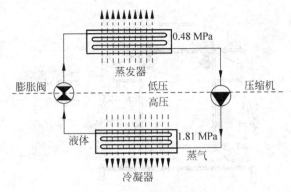

图 5.79　空调工作原理

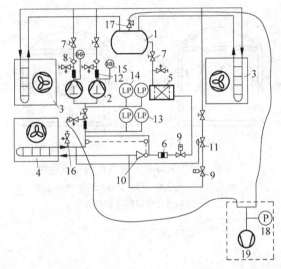

图 5.80　某地铁车辆单元式空调机组基本结构组成

1—储存罐；2—压缩机；3—冷凝器；4—蒸发器；5—过滤干燥器；6—视液镜；7—关断阀；8—背压阀；9—电磁阀；10—膨胀阀；11—热气旁通阀控制；12—制冷剂软管；13—抽空降压；14—低压保护；15—高压保护；16—阀；17—补液阀；18—真空表；19—真空泵

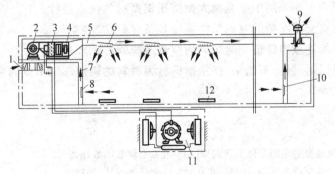

图 5.81　车内空调空气流动示意图

1—进风口；2—通风机；3—蒸发器；4—电预热器；5—主风道；6—送风口；7—回风道；8—回风口；9—排风扇；10—排风口；11—蒸汽压缩式制冷设备；12—补偿电热器

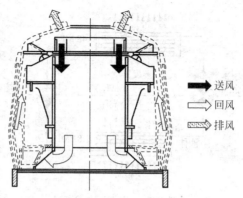

图 5.82 车辆中部气流横断面

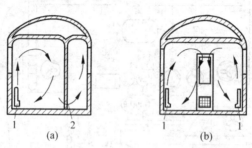

图 5.83 采用诱导器时客室内的气流组织

(a) 包间内的气流组织;(b) 大客间内的气流组织

1—诱导器;2—包间门下部的百叶窗

思考题

5-1 简述城市轨道交通车辆的车体特征,车体的主要技术指标有哪些?

5-2 轨道车辆的车体按承载结构、构造特点、主要材料、组装方式划分有哪些形式?

5-3 城市轨道交通车辆车体轻量化的意义是什么?

5-4 轨道车辆车体采用中空截面大型挤压铝型材的优点是什么?

5-5 城市轨道交通车辆的空调系统需要具备哪些功能?

5-6 画图并简述城市轨道交通车辆的空调系统制冷循环过程。

5-7 分析采用耐候钢、不锈钢、挤压铝型材为材料的轨道车辆车体的总成本。

参考文献

[1] 王伯铭. 城市轨道交通车辆总体及转向架[M]. 北京:科学出版社,2013.

[2] 刘柱军. 城市轨道交通车辆构造[M]. 北京:人民交通出版社,2013.

第6章

车钩缓冲装置

6.1 车钩缓冲装置概述

城市轨道交通车辆、动车组的编组,机车与客车车辆、货车车辆之间的连挂与解挂,以及铁路货运车辆的编组,都离不开车钩缓冲装置。车钩缓冲装置,又称牵引缓冲装置,也可简称为钩缓或者车钩,这些名称涵盖了车钩缓冲装置的两大主要功能——连接与缓冲。车钩缓冲装置技术是轨道车辆的关键技术之一,它的结构复杂、形式多样,普通货运、重载货运、普通客运、高铁客运、城市轨道交通等,各种轨道交通车辆都有其适用的车钩缓冲装置型号。目前在我国的高铁列车、城市轨道交通车辆领域,车钩缓冲装置的研发与制造技术仍在继续发展提高。

6.1.1 功能作用

车钩缓冲装置连接轨道列车中的各节车辆,使各车辆之间保持必要的间隔距离。对于动力集中式牵引的列车,机车后面依次连接车辆;而对于动力分散式牵引的列车,各种车钩缓冲装置首先将若干节车辆连接成单元,再进行编组,从而形成较长的列车完成运输工作。由车钩缓冲装置连接成的一列车中的各节车辆,工作过程中其纵向动力学特性不同,通过车钩缓冲装置的连挂,使各节车辆保持一致的运动学特性,从而一列车作为一个整体实现加速或减速、停止,车钩缓冲装置起到了传递各节车辆之间的牵引力、制动力的作用。

车钩缓冲装置的一个重要作用就是缓冲,一列车中的各节车辆,运输过程中其纵向动力学特性不同,车辆之间不可避免地会发生冲击,而冲击力一般会远远大于正常的牵引力、制动力,必须进行缓冲。一般来说,只要是机械结构的缓冲,就要通过弹性元件来实现,弹性元件不一定都是螺旋钢弹簧。

当代的车钩缓冲装置大都集成有风(路)连接和电(路)连接。例如,铁路上的普通客运列车,它的机车必须向后面挂接的客车车辆送电和压缩空气,在机车上将供电网送来的高压电降压后送给客车车辆使用。另外,无论是铁路客车还是货车,各节车辆制动时都需要使用压缩空气,因而风连接不可缺少。城市轨道交通车辆采用编组的形式,同样,并不是每一节车辆上都有电源和压缩空气泵单元,这样电连接和风连接就必不可少。另外现代车辆上的电连接还包括了弱电,即车载网络、列车控制与车载通信信号的连接。

6.1.2 结构组成

车钩缓冲装置的结构组成是为了实现其功能。车钩缓冲装置能够连接车辆成列并传递各节车辆之间的牵引力、制动力,就需具有相适应的结构,且需具有足够强度的机械车钩。车钩缓冲装置能够缓和车辆之间的冲击作用,就需具有相适应的缓冲器结构。考虑到列车在牵引与制动时都有可能发生冲击,缓冲器需要能够缓冲车辆之间的双向冲击作用。图6.1所示为一种典型的车钩缓冲装置,其前从板、缓冲器、后从板都安装在钩尾框内,车钩的钩身与钩尾框通过钩尾销连接,该结构起到了双向缓冲的作用。

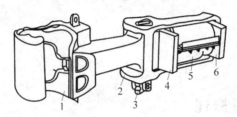

图 6.1 车钩缓冲装置
1—车钩;2—钩尾框;3—钩尾销;4—前从板;5—缓冲器;6—后从板

对应于车钩缓冲装置的电连接和风连接,就需具有相适应的电路连接装置、风路连接装置。风路连接装置相对较容易实现;电路连接装置涉及强电电路的连接和弱电电路的连接,可靠性要求高,结构较复杂。

6.1.3 分类与特点

车钩缓冲装置根据应用场合、材料与性能等级有多种分类方法,下面按照国产和进口、上作用式与下作用式、刚性车钩与非刚性车钩进行介绍。

对于国产车钩缓冲装置,铁路货车车辆先后使用了2号、13号、13C型、13A型、13B型车钩,1989年为大秦线重载货运设计了16号联锁式旋转车钩、17号联锁式固定车钩。铁路客车车辆先后使用了15号、15C型、15X型、25T型车钩。铁路机车采用101型、102型车钩。城市轨道交通领域采用了CG-5型密接式车钩、330型密接式车钩。另外还有一些其他型号的车钩,或者由于缺点较多已被淘汰,或者生产数量极少未推广使用。

进口车钩缓冲装置主要分为日本模式和欧洲模式。日本模式的代表为柴田车钩,它是一种半圆形钩舌密接式车钩。柴田式车钩由日本的柴田卫氏于1929年提出设计方案,1931年完成产品试制和现车试验,1932年,柴田车钩开始在新制造动车组上全面采用,之后日本大部分的动车组都采用了柴田密接车钩,目前产品已经系列化,生产商有住友金属工业株式会社和铸钢所。欧洲模式的代表为沙库车钩(Scharfenberg coupler),采用的是锁型(latch type)密接式车钩。沙库密接车钩由Karl Scharfenberg于1903年开始设计制造,并申请专利,几经完善,以前由德国沙库公司生产,现已被德国福伊特公司收购,目前主要的生产商有德国的福伊特公司、瑞典的丹纳公司、法国的法莱维公司。目前我国的高速铁路、城市轨道交通领域应用的进口产品较多,例如CRH2使用了柴田车钩,CRH1、CRH3、CRH5等采用了沙库车钩。国内进行密接式车钩缓冲装置研究制造的企业有戚墅堰机车车辆工艺研究所有限公司、青岛四方车辆研究所有限公司、长春轨道客车股份有限公司等。

在铁路机车车辆中，车钩缓冲装置按开启方式可分为上作用式与下作用式。通过车钩钩头上部的提升机构开启的叫作上作用式（或上提式）车钩，国内一般铁路货车采用，如图6.2所示。使用时，需先将一个车钩的提杆人工提起后，再将两节车辆的车钩进行碰撞连接。两个车辆欲分开或连接时，必须有一个车钩处于开锁位置。

通过钩头下部推顶杠杆的动作实现开启的叫作下作用式（或下提式）车钩，国内一般铁路客车采用，如图6.3所示。同样，需要先将一个车钩下锁销杆人工拉下后，再将两节车辆的车钩进行碰撞连接。两个车辆欲分开或连接时，必须有一个车钩处于开锁位置。

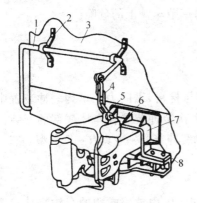

图6.2 上作用式车钩

1—车钩提杆；2—车钩提杆座；3—车体端墙；4—钩链；5—锁提销；6—钩头；7—冲击座；8—钩身托梁

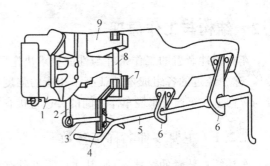

图6.3 下作用式车钩

1—钩头；2—锁推销；3—下锁销杆；4—下锁销托吊；5—车钩提杆；6—车钩提杆座；7—车钩托梁；8—吊杆；9—冲击座

从整个轨道交通领域使用的车钩来看，可以将所有车钩分为刚性车钩（密接式车钩）与非刚性车钩（见图6.4）两大类。

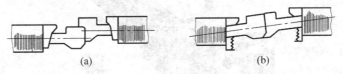

图6.4 非刚性车钩与刚性车钩

(a) 非刚性车钩；(b) 刚性车钩

刚性车钩（密接式车钩），两连挂车钩钩体之间无间隙或在三个方向上的间隙都极小。非刚性车钩，两连挂车钩钩体之间存在间隙，纵向和横向的间隙较小，垂向允许有一定的相对位移。刚性车钩主要用于城市轨道交通和高速铁路，其他轨道交通车辆一般采用非刚性车钩。刚性车钩的出现晚于非刚性车钩，其技术含量较高，制造工艺复杂，成本也较高，再加上各种使用条件的要求，刚性车钩并不能完全替代非刚性车钩。

非刚性车钩的优点：

(1) 有利于两辆车的车钩纵向中心线高度偏差较大时的连挂，例如不同类型的车辆、车轮及其他部件磨耗程度不同的车辆、空车和重车。不需要复杂的钩尾销连接结构和复杂的对心装置。

（2）车钩钩体的结构和铸造工艺较为简单。

（3）车钩的质量与体积都较大，可将车钩纵向可受力做得非常大。

（4）制造成本、维护保养费用相对较低。

刚性车钩的优点：

（1）减小了列车中的纵向冲击力，提高了列车运行的平稳性。

（2）改善了互相配合零件的工作条件，减小了互相配合零件之间的磨耗。

（3）减小了由于两连挂车钩相互冲击而产生的噪声，这对于城市轨道交通车辆和铁路客车运输效果十分明显。

（4）避免了在低速撞车事故时，发生一节车辆爬到另一节车辆上的危险。

6.2　结构与工作原理

车钩缓冲装置的工作条件与性能要求决定了其结构与材料，纵向力在车钩缓冲装置中传递，途中经过的各组成零件就有了相应的强度要求。车钩缓冲装置在车体底部的安装位置与纵向力在车钩与车辆车体之间的传递直接有关。车钩缓冲装置一般具有三个典型状态。

6.2.1　主要零件名称与参数

车钩缓冲装置的结构不同，其主要零部件名称也不同。国内铁路常用的车钩缓冲装置通常包括钩舌、钩舌销、钩头、缓冲器、钩体（钩身）、前从板、后从板等典型零件。国内铁路货车常用的下提式13号车钩如图6.5所示，国内铁路客车常用的下提式15号车钩如图6.6所示。

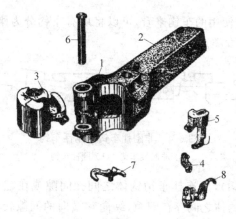

图6.5　下提式13号车钩
1—钩头；2—钩尾；3—钩舌；4—下锁销；5—钩锁铁；6—钩舌销；7—钩舌推铁；8—下锁销杆

车钩缓冲装置的参数说明了其工作性能指标、极限能力等，例如初压力、最大牵引力、最大冲击力、允许最大冲击速度、行程、容量（能量吸收率）等。

初压力：车钩缓冲装置在全开状态的预紧力，用于将弹性元件进行预压缩。

最大牵引力：车钩缓冲装置在工作过程中能够承受的最大牵引力。

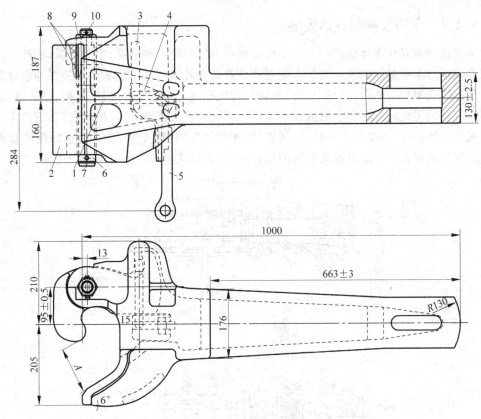

图 6.6　下提式 15 号车钩

1—钩体；2—钩舌；3—钩舌推铁；4—钩锁；5—下锁销；6—钩舌销；
7—销 10×80；8—钢衬套；9—螺母 M30；10—销 6.3×50

最大冲击力：车钩缓冲装置在工作过程中能够承受的最大冲击力。

允许最大冲击速度：钩车钩缓冲装置在工作过程中能够承受的最大冲击速度。

行程：车钩缓冲装置在受力时纵向的最大变形位移，即弹性元件的最大压缩量。

容量(能量吸收率)：车钩缓冲装置在受力过程中弹性元件的受力与位移的乘积，即能量吸收率。

车钩缓冲装置的型号不同参数就会不同，即使同一型号的车钩如果采用的材料不同参数也会发生变化，同时全自动车钩、半自动车钩又涉及风连接和电连接，因此各种车钩缓冲装置的参数差异较大。几种国内目前广泛应用的非刚性车钩的静拉破坏强度参数见表 6.1。

表 6.1　常用车钩静拉破坏强度参数

车钩型号	材料	静拉破坏强度/kN	用途
13 号	ZG25	2400~2600	货车、机车用
13 号	ZG24SiMnVTi	3000	货车、机车用
15 号	ZG25	1600~1700	客车用

6.2.2 车钩缓冲装置的安装

车钩缓冲装置在车体底部的安装结构必须有足够的强度和刚度,牢固可靠,能够传递车钩缓冲装置与车体之间的纵向力。车钩缓冲装置的安装如图 6.7 所示。车钩缓冲装置整体安装于车体底架两端的牵引梁框架内,车钩与钩尾框通过钩尾销连接,前从板、缓冲器、后从板都安装在钩尾框内,前从板、后从板卡装在牵引梁的前从板座、后从板座之间,下部靠钩尾框托板或钩体托梁(铁路货车)或复原装置(客车)托住。这种安装方式中,车钩缓冲装置与车体之间的纵向力最终通过前从板与前从板座,或者后从板与后从板座进行传递。

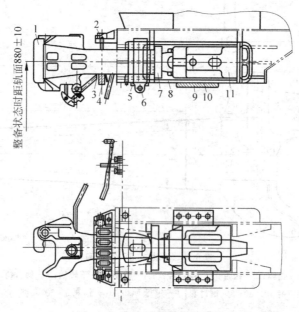

图 6.7 车钩缓冲装置的安装

1—车钩(下作用);2—吊杆;3—磨耗板;4—均衡梁;5—钩尾销;6—钩尾销栓;7—前从板;8—钩尾框;9—钩尾托板;10—尾框磨耗板;11—缓冲器

对于一般的铁路客车、铁路货车车辆使用的车钩(非刚性车钩),空车时车钩钩舌的水平中心线距钢轨面的尺寸有一定的要求,客车为 880^{+10}_{-5} mm,机车与货车为 880^{+10}_{-10} mm,并且规定两相邻车辆最大高度差不得大于 75 mm。我国的城市轨道交通地铁车辆中,广州地铁、上海地铁的车钩高 770 mm,北京地铁车钩高 660 mm,苏州地铁 2 号线车钩高 720 mm。由此可见,各种车辆的车钩中心线高度不同,规格型号各异,不同型号的轨道车辆连挂时较为复杂。

6.2.3 车钩缓冲装置的纵向力传递路径

车钩缓冲装置与车体之间的纵向力传递必须经过缓冲装置(或缓冲器),实现缓和冲击的作用。缓冲器可以安装在车钩缓冲装置内部,也可以安装在车钩缓冲装置与车体的连接部位。下面对一种典型的车钩缓冲装置在受拉力、受压力(见图 6.8)时的纵向力传递路径进行介绍。

当车钩缓冲装置受拉力时,拉力的传递路径为:车钩→后从板→缓冲器→前从板→前

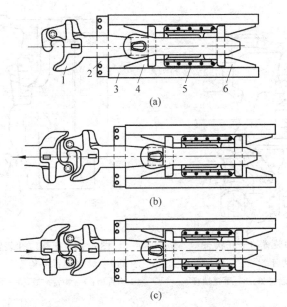

图 6.8 车钩缓冲装置的受力状态
(a) 未受力时的状态；(b) 受拉力时的状态；(c) 受压力时的状态
1—车钩；2—冲击座或复原装置；3—牵引梁；4—前从板座；5—钩尾框托板；6—后从板座

从板座→牵引梁，如图 6.8(b)所示，此时后从板与后从板座之间产生间隙。

当车钩缓冲装置受压力时，压力的传递路径为：车钩→前从板→缓冲器→后从板→后从板座→牵引梁，如图 6.8(c)所示，此时前从板与前从板座之间产生间隙。

注意，由于刚性车钩、非刚性车钩的结构差异很大，其纵向力的传递路径也不相同，但是无论牵引还是压缩，车钩缓冲装置的纵向力传递一定经过缓冲器（弹性元件），并且经过前从板与后从板的配合后，缓冲器一定受压缩，这是由于制造大刚度（弹性系数）弹簧时，受压弹簧比受拉弹簧更易于设计制造，并且在结构上，受压弹簧更容易安装布置。

6.2.4 车钩缓冲装置的三态

车钩缓冲装置的三态，是指车钩缓冲装置在正常使用过程中经常处于的三种状态，或称为三种位置。三种状态的每一种状态是车钩缓冲装置内部零部件处于不同位置可实现不同功能的外部状态，分别为全开（待挂）状态、闭锁（或连挂、连接）状态、解锁（或解挂、开锁、解钩）状态。

全开状态（见图 6.9），是一种正常的孤立状态。此时两个车辆的车钩缓冲装置没有连挂，为各自孤立维持稳定的状态。对于刚性车钩中的全自动、半自动车钩，一般要求全开状态时两个车钩的状态完全相同，都处于随时可以进行连挂的状态。对于非刚性车钩，例如 13 号、15 号车钩，它们的状态可能不同。

闭锁状态，是一种正常的工作状态。对于刚性车钩来说，连挂状态是两个车辆的车钩缓冲装置连挂在一起，为共同维持稳定的状态，能够起到车钩缓冲装置的正常工作功能。对于非刚性车钩，例如 13 号、15 号车钩，单一的一个车钩也可以处于闭锁状态（见图 6.10），但进行连挂或解挂时，两个车钩中至少有一个必须处于全开状态。

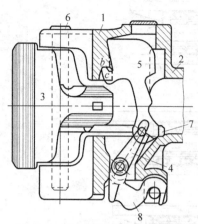
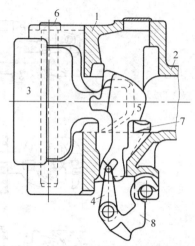

图 6.9 车钩缓冲装置的全开状态
1—钩头；2—钩尾；3—钩舌；4—下锁销；5—钩锁铁；6—钩舌销；7—钩舌推铁；8—下锁销杆

图 6.10 车钩缓冲装置的闭锁状态
1—钩头；2—钩尾；3—钩舌；4—下锁销；5—钩锁铁；6—钩舌销；7—钩舌推铁；8—下锁销杆

解锁状态(见图 6.11)，是一种暂时状态。此时两节车辆的车钩缓冲装置处于同一个位置，表面上互相连挂，但只要车辆之间产生相对运动，车钩缓冲装置就会脱开分离。对于刚性车钩中的全自动、半自动车钩，分离后的两个车钩缓冲装置分别转换为全开状态。对于非刚性车钩，例如 13 号、15 号车钩，分离后的两个车钩缓冲装置通常一个处于闭锁状态一个处于全开状态，但由于非刚性车钩的 13 号、15 号车钩全开状态不易保持，所以很快就会都转换为闭锁状态。

由以上的车钩缓冲装置的三态介绍可知，处于全开状态的车钩缓冲装置，其内部零部件或者风、电连接机构处于待命状态，当两节车辆的连挂动作完成后，各自车钩缓冲装置内部的零部件位置都发生了一定的变化，此时两节车辆的车钩缓冲装置连挂在一起，共同维持闭锁状态，可以正常工作。当司机对全自动车钩、半自动车钩执行操纵，驱动解钩风缸，或者人工操纵提起了非刚性车钩的锁提销，此时两个车辆的车钩缓冲装置都处于解锁状态，此为一个暂态，其保持时间不会太长，由于轨道车辆的相对运动，将导致两个车辆的车钩缓冲装置完全分离，在分离过程中，车钩缓冲装置中的内部零部件再次产生运动，当完全分离时，两节车辆的

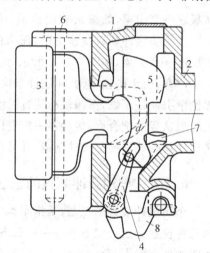

图 6.11 车钩缓冲装置的解锁状态
1—钩头；2—钩尾；3—钩舌；4—下锁销；5—钩锁铁；6—钩舌销；7—钩舌推铁；8—下锁销杆

车钩缓冲装置就分别回到了全开状态，非刚性车钩分离后通常有一个保持闭锁状态的车钩。

6.3 缓冲装置

车钩缓冲装置可实现缓冲功能，缓和可能达到正常牵引力四五倍甚至更大的冲击力，吸收冲击能量，改善列车的行驶平稳性，降低冲击时产生的噪声。这种缓冲是一种机械上的摩

擦或者阻尼,它具有刚度系数大、位移较小的特点,从车钩缓冲装置与车体之间的纵向力传递过程可以看出,轨道车辆之间的纵向力传递全部通过受压的缓冲装置(减振器或弹性元件)实现。

6.3.1 缓冲装置的类型与参数

根据缓冲装置(器)的结构形式,缓冲装置可分为弹簧式缓冲器、摩擦式缓冲器、橡胶式缓冲器、摩擦橡胶式缓冲器、黏弹性橡胶泥缓冲器、液压缓冲器、空气缓冲器,后两种实际应用较少。

缓冲器的参数包括最大牵引力、最大冲击力、行程、容量、能量吸收率等。缓冲器是一类典型的高可靠性、重载、具有大刚度系数的受压弹簧。铁路货运先后使用缓冲器的型号有 2 号(环簧式)、3 号(摩擦弹簧式)、G3 型(摩擦弹簧式)、MX-1 型(摩擦橡胶式)、G2 型(环簧式)、MX-2 型(摩擦橡胶式)、HM-1 型(摩擦组合式)、HN-1 型(弹性胶泥型)、MT-2 型(摩擦弹簧式)、MT-3 型(摩擦弹簧式)。铁路客运先后使用缓冲器的型号有 1 号(环簧式)、G1 型(环簧式)、KC15 型(弹性胶泥型)。高铁和城市轨道交通领域应用的缓冲器有橡胶环紧凑型、弹性体双作用型、环簧液气组合型等。下面介绍一些典型结构的缓冲器。

6.3.2 常用缓冲器

1. 钢弹簧缓冲器 MT-3

MT-3 型缓冲器(见图 6.12)是一种典型的钢弹簧缓冲器,具有性能稳定、阻抗低、容量大等优点,从 1990 年以后开始大量装用在我国铁路货车上。MT-3 型缓冲器由箱体、摩擦机构和弹性元件等组成,是一种采用两楔块带动板的摩擦机构和以圆柱型螺旋弹簧作为弹性元件的全钢干摩擦式弹簧缓冲器,其箱体不直接承受摩擦作用。

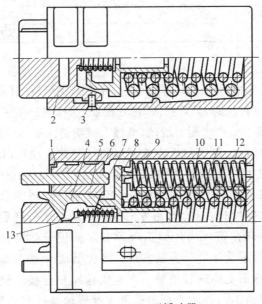

图 6.12　MT-3 型缓冲器

1—箱体;2—中心楔块;3—缩短销;4—楔块;5—固定斜板;6—外固定板;7—动板;8—中心弹簧座;9—角弹簧座;10—内圈弹簧;11—外圈弹簧;12—角弹簧;13—复原弹簧

2. 层叠式橡胶金属弹簧缓冲器

层叠式橡胶金属弹簧缓冲器如图 6.13 所示。在牵引载荷工况下，牵引杆受拉，力的传递方向为：牵引杆上的滑套压缩前从板→橡胶金属弹簧→后从板和缓冲体后盖，橡胶金属弹簧受到压缩起到缓冲作用。当车辆受到压缩载荷时，牵引杆受压，力的传递方向为：牵引杆压缩后从板→橡胶金属弹簧→前从板和缓冲器的前端，橡胶金属弹簧受压同样起到缓冲作用。从力的传递方向可以看出，纵向力的传递，全部通过受压的层叠式橡胶金属弹簧来实现。

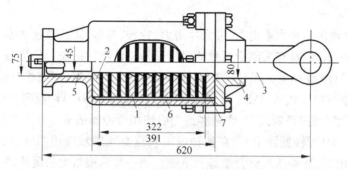

图 6.13 层叠式橡胶金属弹簧缓冲器

1—橡胶金属弹簧；2—前从板；3—牵引杆；4—缓冲器后盖；5—滑套；6—缓冲器体；7—后从板

层叠式橡胶金属弹簧缓冲器主要技术参数见表 6.2。

表 6.2 层叠式橡胶金属弹簧缓冲器的主要参数

参　数	数　值
最大牵引力/kN	150
最大冲击力/kN	250
允许最大冲击速度/(km/h)	3
缓冲器容量/kJ	5.63

3. 环弹簧缓冲器

环弹簧缓冲器如图 6.14 所示。环弹簧由内、外环弹簧组成，其相互接触的接触面均做成 V 形锥面，受压缩相互挤压时，外环扩张，内环压缩，这样就产生了轴向变形，起到缓冲作用。同时内、外环弹簧接触面产生相对滑动，摩擦力做功消耗了部分冲击能。

环弹簧缓冲器由弹簧盒、弹簧前后座板、外环弹簧(共 7 片)、内环弹簧(由 5 片内环弹簧、1 片开口环弹簧和 2 片半环弹簧组成)、端盖、球形支座、牵引杆等组成。当车钩受压时，力的传递方向为：牵引杆→弹簧前从板→内环弹簧→外环弹簧→内环弹簧→弹簧后从板→弹簧盒。当车钩受拉时，力的传递方向为：拧紧在牵引杆后端的预紧螺母→弹簧后从板→内环弹簧→外环弹簧→内环弹簧→弹簧前从板→弹簧盒。不论车钩受压或受拉，纵向力的传递全部通过受压的环弹簧实现。环弹簧缓冲器前端通过一组对开连接套筒与钩头连接，后端的球形支座通过销轴与车钩支撑座相连接。整个车钩缓冲装置在水平面内可绕销轴左右摆动 40°，在垂直面内借助于球形轴套嵌有橡胶件可上下摆动 5°，以满足车辆运行于水平曲线和竖直曲线的要求。德国进口的上海地铁一号线车辆采用了这种缓冲装置。

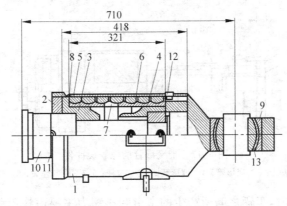

图 6.14 环弹簧缓冲器

1—弹簧盒；2—端盖；3—弹簧前从板；4—弹簧后从板；5—外环弹簧；6—内环弹簧；7—开口弹簧；
8—半环弹簧；9—球形支座；10—牵引杆；11—标记环；12—预紧螺母；13—橡胶嵌块

4．环形橡胶缓冲器

环形橡胶缓冲器(见图 6.15)主要由牵引杆、缓冲器体、环形橡胶弹簧等几部分组成,属于免维护的橡胶缓冲装置,缓冲器安装在车钩安装座上,可吸收拉伸和压缩能量。缓冲装置允许车钩作垂向摆动和扭转运动,支撑座用四个螺栓固定在车体底架上。

5．弹性胶泥缓冲器

弹性胶泥缓冲器(见图 6.16)由牵引杆、弹簧盒、内半筒、端盖和弹性胶泥芯子组成,弹性胶泥芯子是接受能量元件,传递纵向力并缓和冲击。车钩受拉时,纵向力传递顺序为：牵引杆→内半筒→弹性胶泥芯子→弹簧盒→车体；车钩受压时,纵向力传递顺序为：牵引杆→弹性胶泥芯子→内半筒→弹簧盒→车体。即无论车钩受拉或受压,缓冲器始终受压。

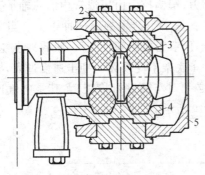
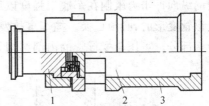

图 6.15 环形橡胶缓冲器　　　　　图 6.16 弹性胶泥缓冲器
1—牵引杆；2—安装座；3—环形橡胶；　　1—牵引杆；2—弹性胶泥芯子；
4—缓冲器体；5—支撑座　　　　　　　3—内半筒组成

6．带变形管的橡胶缓冲器

带变形管的橡胶缓冲器,如图 6.17 所示,它由拉杆、轴套、锥形环圈、法兰、垫圈、橡胶弹簧和变形管组成。轴套与钩头壳体用螺纹连接,由法兰紧固使之不致松动,轴套用来作为拉杆、锥形环圈、变形管的支承和导向。拉杆穿过两个弹簧 6 和 7,其端部通过蝶形螺母将弹簧压紧。

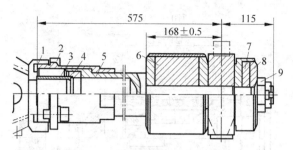

图 6.17 带变形管的橡胶缓冲器

1—轴套；2—法兰；3—变形管；4—锥形环圈；5—拉杆；6,7—橡胶弹簧；8—垫圈；9—螺母

当列车正常运行时，车辆之间所产生的牵引和压缩力主要由橡胶弹簧来承担。当车辆发生事故冲击时，车辆的碰撞速度超过 5～8 km/h，这时车钩所受到的冲击压缩力超过橡胶弹簧的承载能力，靠近钩头的冲击吸收装置起作用，变形管与锥形环圈彼此相互挤压，把冲击能转变为变形管和锥形环圈的变形功和摩擦功，变形管产生永久变形，吸收冲击功可达 16.1 kJ，从而达到对乘客和车辆的事故附加防护作用。橡胶缓冲器冲击衰减力与行程的关系如图 6.18 所示。

6.4 其他装置

其他装置主要介绍可压溃变形管、风管连接器、电连接器、半永久牵引杆。

6.4.1 可压溃变形管

可压溃变形管可作为车钩缓冲装置的保护部件，压溃管是一段经过特殊热处理，屈服强度偏差非常小的钢管，安装在车钩钩身里承受压缩力，车钩拉力由压溃管内的芯轴承受。压溃管的强度略低于车底架的强度，高于车辆正常连挂速度下产生的纵向冲击力。当车辆发生较高速度的冲击时，压溃管被车钩钩身撑开压入，压溃管发生塑性变形，吸收冲击能量，把列车内的纵向冲击力限制在车底架强度以下，保护车底架不受损坏。冲击速度过大，导致可压溃变形管变形时，必须更换。撞车事故发生后，必须对车辆进行检查，尤其是电气连接和机械连接部分。可压溃变形管的内部结构如图 6.19 所示。

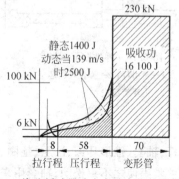

图 6.18 橡胶缓冲器冲击衰减力与行程的关系

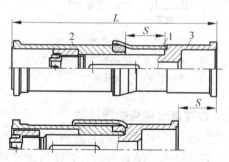

图 6.19 可压溃变形管内部结构

1—可压溃变形管；2,3—可压溃筒体

可压溃变形管的能量吸收可分为三级：第一级，速度最大为 8 km/h 时，车钩内的缓冲、吸收装置吸收全部能量，产生的变形可以恢复；第二级，速度为 8～15 km/h 时，可压溃变形管产生的变形不可恢复；第三级，速度超过 15 km/h 时，车钩的过载保护系统产生不可恢复的变形，车辆前端将参与能量吸收以保护乘客。可压溃变形管实物如图 6.20 所示。

6.4.2　风管连接器

风管连接器，也就是压缩空气的管路连接，根据车辆空气系统和车钩设计的不同，空气管路接口可能有不同的配置，最少会有一个总风管接口，多时可以有总风管接口、制动管接口和解钩管接口。

不带自闭装置的风管连接器如图 6.21 所示。当车钩互相连挂时，密封圈互相接触受压，借助滑套、橡胶套和前弹簧使压力达到 70～160 N，保证气路开通时不会泄漏。在制动主管连接器后端的管路上装有一个截止阀，正常解钩时，首先将截止阀关闭，以防止制动主管排风而产生紧急制动。

图 6.20　可压溃变形管实物

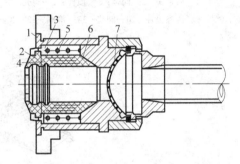

图 6.21　风管连接器——不带自闭装置
1—阀壳；2—密封圈；3—滑套；4—橡胶套；
5—前弹簧；6—后接头；7—滤尘网

带自闭装置的风管连接器如图 6.22 所示。当两车钩连挂时，顶杆与密封圈同时受压，密封圈防止泄漏的同时，顶杆压缩阀垫、滑阀和顶杆弹簧，阀垫和滑阀后退，使阀垫与阀体脱开，气路开通。解钩时由于密封圈和顶杆失去压力，在弹簧作用下，各部件恢复原位，各自管路形成密封，风路断开。

6.4.3　电连接器

全自动车钩的电连接器附加在车钩上，随着车钩的待挂、闭锁而相应地断开或连接。由于各种车钩的电连接器制式不一，结构差异较大，并且其可靠性有待进一步提高，下面只简单介绍柴田密接车钩的电连接器。

柴田密接车钩的电连接器通过悬吊装置使钩体与电气连接器成弹性连接，如图 6.23 所示。两车钩连挂时，箱体可退缩 3～4 mm，靠弹簧压力保证良好接触。触头上焊有银片，以减小电阻，它与箱体成弹性连接，靠弹簧压力保证触头处于可伸缩状态，相互接触良好，保证电流畅通。箱体的一侧有一个定位销，对称侧有定位孔，连挂时定位销插入对应定位孔，保证触头准确连接。密封条可防雨水和灰尘。

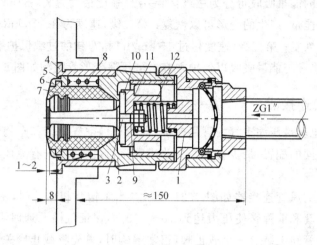

图 6.22 风管连接器——带自闭装置

1—后接头；2—阀体；3—顶杆；4—阀壳；5—密封圈；6—滑套；7—橡胶套；8—前弹簧；
9—调整垫片；10—阀垫；11—滑阀；12—顶杆弹簧

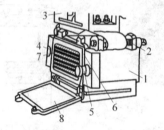

图 6.23 电连接器

1—箱体；2—悬吊装置；3—车钩；4—定位孔；5—定位销；6—密封条；7—触头；8—箱盖

6.4.4 半永久牵引杆

半永久牵引杆(见图 6.24)常用于同一单元内车辆之间的编组。一个单元内的车辆在运用中一般不需要分解，通常只在维修时才分解。半永久牵引杆只是将两车车钩连接改为牵引杆连接，取消了风路和电路的自动连接，风路和电路连接只能依靠手动连接。半永久牵引杆结构如图 6.25 所示。

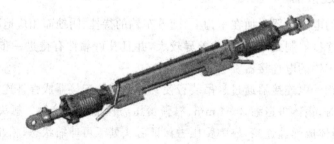

图 6.24 半永久牵引杆外观

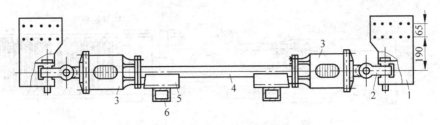

图 6.25 半永久牵引杆结构
1—连接座；2—十字头；3—缓冲器；4—牵引杆；5—磨耗板；6—车钩托梁

6.5 各种全自动车钩简介

当前，刚性车钩主要用在城市轨道交通车辆以及高铁列车上，国内普通铁路运输大都采用非刚性车钩。

刚性车钩可分为全自动车钩、半自动车钩和半永久性牵引杆三种。全自动车钩可以实现机械、风路、电路的完全自动连挂和解钩，或人工解钩。半自动车钩的机械和气路的连接机构与作用原理基本上与全自动车钩相同，可以实现机械、风路的自动连挂和解钩，或人工解钩，但电路必须靠人工连挂和解钩。半永久性牵引杆的机械、风路、电路的连接和解钩都需要人工操作，但一般只有在架修以上的作业时才进行分解。

自动车钩经常用于一列车的两端，通常是带有司机室的车辆端部，便于快速实现连挂、解挂，但目前在实际中使用并不频繁。半自动车钩经常用于一列车中若干个单元之间的连挂以及可能解挂的车辆中间。半永久性牵引杆用于不需要或极少解挂的车辆之间，如一个单元内拖车和其他车辆之间的连挂。以上海地铁车辆的某列车编组为例，将一列 6 节编组列车的各节车辆两端的车钩全部表示出来后为：-Tc==Mp**M==M**Mp==Tc-。其中，M 表示动车，T 表示拖车，c 表示司机室，p 表示受电弓；"-"为全自动车钩，可实现机械、气路、电路的自动连接；"="为半自动车钩，可实现机械、气路自动连接，但电路需要人工连接；"*"为半永久车钩，机械、气路、电路都需要人工连接。

当前城市轨道交通车辆以及高铁列车大量采用了刚性车钩，如柴田车钩、沙库(Scharfenberg)车钩、BI-COMPACT 车钩，下面对柴田车钩的工作过程进行重点介绍。

6.5.1 柴田密接车钩

柴田密接车钩(见图 6.26)被我国 CRH2 高铁列车、北京地铁部分车辆、铁路客运的 25T 型提速客车等轨道车辆广泛采用。柴田密接车钩主要包括车钩和缓冲器两大部件，两者通过接头托、纵销和横销连接起来。结构上，很多重要部件，如钩体、框整体等均为铸件，缓冲器采用硫化橡胶堆(通过将橡胶硫化在钢板上使之保持一定的形状)传递纵向力、吸收冲击能量。柴田密接车钩工作状态有全开、闭锁、解锁三种状态。柴田密接车钩结构如图 6.27 所示。

图 6.26 柴田密接车钩外观

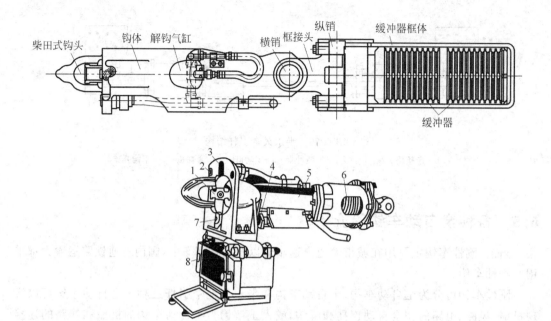

图 6.27 柴田密接车钩结构

1—钩舌；2—解钩风管连接器；3—总风管连接器；4—截断塞门；5—钩身；6—缓冲器；
7—制动风管连接器；8—电连接器

柴田密接车钩的工作过程如下。当两节车辆的柴田密接车钩各自独立，没有接触时，两个车钩处于同样的全开状态，如图 6.28 所示，此时解钩风缸的活塞连带解钩杆在弹簧复原作用下处于回缩位，所有风管连接部分的内部处于自闭位，电气连接器处于待连接状态。两节车辆以规定的速度接近，任一个车辆的车钩钩舌与对应车辆的钩头相接触，钩头上的斜端面压迫钩舌逆时针转动，钩舌的转动带动解钩杆连带解钩风缸的活塞，活塞克服解钩风缸弹簧的压力后向外伸出，钩头逐渐进入钩舌腔内，如图 6.29 所示，最后完全进入，此时钩头到位，解钩风缸的活塞向外伸出，风管连接到位，电气连接到位，如图 6.30 所示。由于钩舌腔互相之间的限位作用，钩头停止前进，此时解钩风缸的活塞连带解钩杆在弹簧复原力的作用下返回到回缩位，钩舌复位结束，连挂过程结束，如图 6.31 所示，此时两节列车的车钩均处于闭锁状态，机械、风路、电路连接完毕。

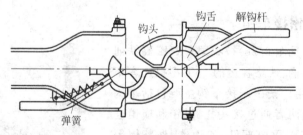

图 6.28 柴田密接车钩——全开状态

当两节车辆的柴田密接车钩处于闭锁状态时，机械、风路、电路都处于正常连接即工作状态，如图 6.32 所示。当需要摘挂时，需要首先将钩舌锁在解钩位，即操纵解钩风缸的活塞连带解钩杆在克服弹簧阻力下到达伸出位置，可由压缩空气推动解钩风缸的活塞完成此项工作即自动执行,或者由人工扳动解钩杆实现即手动解锁。解锁后,柴田密接车钩处于解锁状态,如图6.33所示。

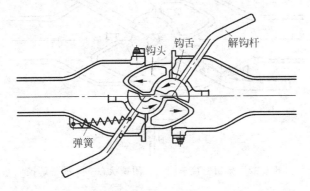

图6.29　柴田密接车钩——连挂运动中钩头前进

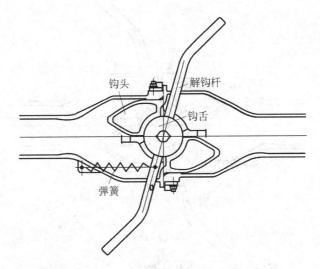

图6.30　柴田密接车钩——连挂运动中钩头到位

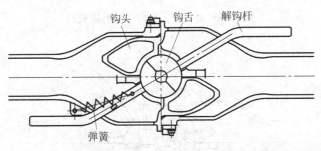

图6.31　柴田密接车钩——钩舌复位结束——闭锁状态

柴田密接车钩处于解锁状态时,车辆后退,车钩将逐步分开,如图6.34所示,此时风路、电路也断开连接,解钩风缸的压缩空气释放,解钩风缸的活塞连带解钩杆在弹簧复原作用下回复到回缩位,解钩杆的运动同时带动钩舌顺时针转动,回复到自然连挂准备位置,车辆后退直到两个车钩互相远离,此时两个车钩均处于全开状态,如图6.35所示。

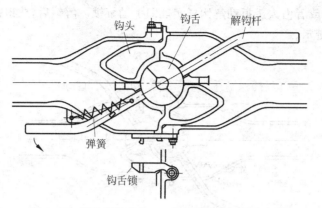

图 6.32 柴田密接车钩——闭锁状态——准备解锁

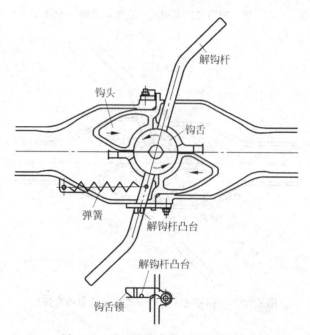

图 6.33 柴田密接车钩——解锁状态

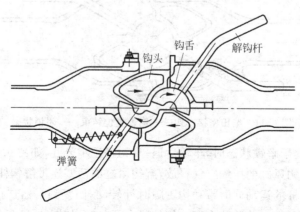

图 6.34 柴田密接车钩——脱钩过程

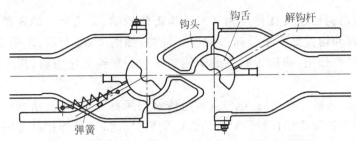

图 6.35　柴田密接式车钩——脱钩完成——全开状态

由以上柴田密接车钩的三种状态转换可以看出：闭锁状态是两个车钩连接在一起同时具有的稳定状态；全开状态是两个车钩各自独立的稳定状态；解锁状态是一种暂态，虽然两个车钩表面上仍连接在一起，但处于不稳定状态，两节车辆之间一旦发生相对位移，两个车钩将分离并各自向全开状态过渡。

6.5.2　沙库密接车钩

沙库(Scharfenberg)密接车钩的原理是德国人 Karl Scharfenberg 在 1903 年发明的，最初由德国沙库公司生产，现已被德国福伊特(VOITH)公司收购。沙库密接车钩已经成为欧洲铁路和城市轨道交通的标准配置，在中国铁路高速动车和城市轨道交通中（包括 CRH1 动车组、CRH5 动车组、CRH3 动车组、上海地铁、广州地铁、深圳地铁等）也得到了广泛应用。沙库密接车钩结构如图 6.36 所示。

图 6.36　沙库密接车钩结构

沙库密接车钩采用模块化设计，由钩头、钩身和钩尾三部分组成，各部分之间采用卡环连接。沙库密接车钩也具有闭锁、解锁、全开三种状态。

全开或待挂态为车钩连接前的准备状态，如图 6.37 所示，此时钩舌定位杆被固定在待挂位置，钩锁弹簧处于最大拉伸状态，钩锁连接杆退缩至凸锥体内，钩舌上的钩嘴对着钩头正前方。

两节列车位置接近，任一车辆的凸锥体深入对方的凹锥孔，则推动定位杆顶块，定位杆顶块摆动迫使钩舌定位杆离开待挂位置，此时钩锁弹簧的回复力使钩舌作逆

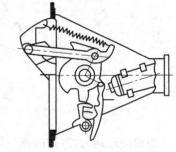

图 6.37　沙库密接车钩——全开状态

时针转动,并带动钩锁连接杆伸进相邻车钩钩舌的钩嘴,完成两钩的连接闭锁。此时两钩的钩锁连接杆和钩舌形成平行四边形连杆机构,如图 6.38 所示,车钩受拉力时,两钩的钩锁连接杆平均分担,使钩舌始终处于锁紧状态。车钩受压力时,压力通过两车钩壳体凸缘传递。

需要解锁时,司机按动按钮,电磁阀得电使解钩风缸充气,风缸活塞杆推动钩舌顺时针转动,使两钩的钩锁连接杆脱开对方钩舌的钩嘴,同时,钩锁连接杆克服钩锁弹簧的拉力缩入钩头锥体内,此时定位杆顶块控制钩舌定位杆使钩舌处于解锁状态,如图 6.39 所示。两钩分离后,解钩风缸排气,在弹簧作用下定位杆顶块复位,钩舌回到待挂位,车钩又复原到全开状态。

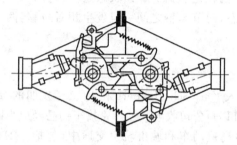 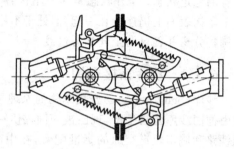

图 6.38　沙库密接车钩——闭锁状态　　　图 6.39　沙库密接车钩——解锁状态

6.5.3　BSI-COMPACT 密接车钩

BSI-COMPACT 密接车钩(见图 6.40)在欧洲、南美洲等国家应用广泛。BSI-COMPACT 密接车钩钩头的壳体设有凸锥体和凹锥孔,在凸锥的内侧面配备有用于车钩机械连接的锁栓,锁栓由高强度钢制成,置于钩头前端的套筒中,利用弹簧使其保持正常位置。在凸锥体的外侧设有解钩杠杆,它与气动解钩控制装置连接。同样,BSI-COMPACT 密接车钩也有全开、闭锁、解锁三种状态。

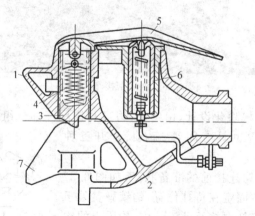

图 6.40　BSI-COMPACT 密接车钩
1—凸锥体;2—凹锥孔;3—锁栓;4—锁栓定位弹簧;5—解钩杠杆;6—解钩风缸;7—导向杆

当两钩连挂时,两钩的锁栓侧面相互挤压,压缩各自的定位弹簧,直至两锁栓的"鼻子"彼此咬合连接,弹簧回复原位,形成两个车钩闭锁状态。

将处于闭锁状态的两个车钩分开,首先要操纵电磁阀,使解钩风缸充气,活塞顶起解钩杠杆,将一个钩的锁栓回拉到与另一个钩的锁栓能够脱开;也可同时操纵两个钩的解钩风缸,使两钩的锁栓同时动作,彼此脱开;也可人工扳动解钩杠杆,使两个车钩处于解锁状态。此时再分离两节车辆,两个各自独立的车钩将再次回到全开状态。

思考题

6-1　轨道交通车辆的车钩缓冲装置有哪些功能和组成?
6-2　轨道交通车辆的车钩如何分类?有何区别?各用于哪些场合?
6-3　全自动车钩、半自动车钩和半永久性牵引杆功能上有何区别?
6-4　目前我国城轨车辆使用的全自动车钩有哪几种?
6-5　简述采用层叠式橡胶金属片缓冲器的轨道车辆车钩的纵向力传递顺序。
6-6　什么是车钩的三态?

参考文献

[1]　王伯铭.城市轨道交通车辆总体及转向架[M].北京:科学出版社,2013.
[2]　刘柱军.城市轨道交通车辆构造[M].北京:人民交通出版社,2013.
[3]　刘凤钢.钩缓装置50年的回顾与展望[J].铁道车辆,2012,51(12):62-69.
[4]　姜晓东.地铁车辆用密接式车钩及缓冲装置的研制[D].上海:上海交通大学,2014.
[5]　庞艳凤,陈凯.国内城轨车辆车钩缓冲装置应用情况和统型设想[J].铁道车辆,2011,51(1):22-25.

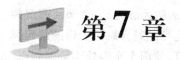

第 7 章

受 流 装 置

7.1 引言

受流装置的作用是从外部供电网或第三轨接受电能。列车在静止或者行驶过程中受流装置应该始终保持可靠的接触，保证电流能够通过该运动接触进入列车，最后由钢轨回流，从而形成电流回路。自受流装置产生以来经历了一个较长时期的变化与发展，目前普遍采用供电网与受电弓结构形式或者第三轨与受电靴结构形式。

受流装置的结构形式与供电网电压制式密切相关。在我国城市轨道交通中，最常见的是 1500 V DC 的高架供电网和 750 V DC 的第三轨供电网。相对于 750 V DC 供电，采用 1500 V DC 因为电流小而线路压降低，能量损失小，供电距离长，牵引变电站数量少。基于安全考虑，绝大多数 1500 V DC 供电网为高架供电网，但高架供电网对市容有影响并受到市区环境限制，可采用 750 V DC 的第三轨供电网，但也有 1500 V DC 的第三轨供电网特例。750 V DC 的第三轨供电网，沿程能量损失大，供电距离短，牵引变电站数量多。我国干线铁路交通中，常见的是单相 25 kV 50 Hz 的高架供电网。综上所述，城市轨道交通中，受流装置可能为供电网与受电弓结构形式或者第三轨与受电靴结构形式；干线铁路交通中，受流装置主要为供电网与受电弓结构形式。本章主要介绍受电弓的结构及其工作原理。

受电弓是电力机车从高架接触网或供电网取得电能的电气设备，安装在车辆顶部，工作时受电弓的碳滑板与接触网直接接触，并且无论车辆静止或者运动都保证有良好的接触。受电弓可分单臂弓和双臂弓两种，双臂弓即菱形受电弓，也称钻石受电弓，由于维护成本较高以及容易在故障时拉断接触网而逐渐被淘汰，近年来多采用单臂弓。国内目前运用最广泛的两种单臂受电弓为 TSG-3 受电弓和(见图 7.1) DSA 受电弓(见图 7.2)。

图 7.1 TSG-3 受电弓

图 7.2 DSA 受电弓

7.2 单臂受电弓的结构组成与工作原理

单臂受电弓是一种铰接式机械结构,安装在车顶的绝缘子上,与车体绝缘。当受电弓升起时弓头上的碳滑板与接触网网线接触,无论弓头与接触网是静接触(停车状态)还是滑动接触(车辆运行时),碳滑板都能可靠受流,电流通过车顶母线传送到车辆内部。因此,受电弓与接触网网线的接触有着严格的技术指标要求,同时要求降低弓网磨耗,受电弓升弓、降弓过程中不产生过分冲击,这些技术指标由受电弓的机械结构来实现。

7.2.1 结构组成与典型部件

1. 安装位置

通常受电弓安装在离车体几何中心点最近的车顶上部,在车辆行驶过程中受电弓的位置与车辆车体同步发生变化,由于钢轮钢轨的侧隙、轮对轴承的侧隙、车体与转向架的横向相对位移等存在,受电弓在横向的准确位置稍有偏差。接触网的金属导线一般布置成之字形,并且保证在最极端位置,受电弓的碳滑板与金属导线能够可靠接触。这样,在车辆行驶过程中,整个碳滑板平面能够与金属导线均匀摩擦,从而延长碳滑板的使用寿命。

2. 气缸驱动

受电弓一般采用驱动气缸驱动,压缩空气有三种来源途径:第一种,由车辆的压缩空气系统提供;第二种,由一个直流电机带动的小型活塞式空气压缩机提供,该直流电机可由车辆携带的蓄电池直接供电;第三种,由一个简易的人力(脚踏式)充气泵(见图7.3)提供。其中,第一种是正常工作时的情况;第二种是车辆长期放置或检修后,车辆风源系统无压缩空气时的情况;第三种是紧急、特殊情况下,车辆蓄电池无电并且风源系统无压缩空气时,司机可以用此脚踏泵产生的压缩空气直接升弓。三种情况产生的压缩空气都需要先经过过滤净化,然后才能进入受电弓风路系统中。

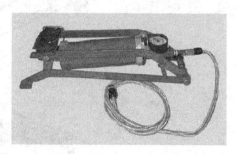

图 7.3 脚踏充气泵

3. 单臂受电弓的结构

TSG-3受电弓的结构如图7.4所示,DSA受电弓的结构如图7.5所示。两个受电弓结构虽有些不同,但主要结构类似,主要部件功能类似。

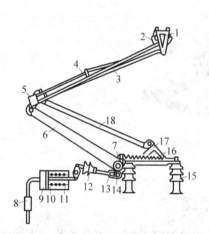

图 7.4 TSG-3 受电弓的结构

1—滑板;2—支架;3—平衡杆;4—上框架;5—铰链座;6—下臂杆;7—扇形板;8—缓冲阀;9—传动气缸;10—活塞;11—降弓弹簧;12—连杆绝缘子;13—滑环;14—连杆;15—支持绝缘子;16—升弓弹簧;17—底架;18—推杆

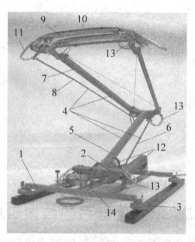

图 7.5 DSA 受电弓的结构

1—基础框架;2—高度止挡;3—绝缘子;4—框架;5—下部支杆;6—下部导杆;7—上部支杆;8—上部导杆;9—集流头;10—接触带;11—端角;12—升降弓装置;13—电流传送装置;14—吊钩闭锁器

4. 两个铰链机构

TSG-3受电弓和DSA受电弓都包含两个四铰链机构,即下部四铰链机构和上部四铰链机构。下部四铰链机构坐落在底架(或称为基础框架)上,受电弓工作时底架属于高压电部分,它与车辆车体之间必须有良好的绝缘,绝缘子(或称为支持绝缘子)将底架固定到车辆车顶的同时,将它们进行电隔离。下部四铰链机构的驱动杆为下部支杆(或称为下臂),从动杆为下部导杆(或称为推杆),下部四铰链机构的连杆同时也是上部四铰链机构的驱动杆(或称为上部支杆、上臂),上部四铰链机构的从动杆为上部导杆(或称为平衡杆),上部四铰链机构的连杆扩展为弓头装置(或称为集流头装置),弓头装置是一个灵活有轻微弹性的机械结构,能够通过碳滑板(或称为接触带)从接触网的金属导线接受电流。

如图 7.6 所示,下部四铰链机构由底架、下臂、推杆、上臂的 T 形部分组成。工作时,下臂转动 ϕ 角,弓头上升或下降。上部四铰链机构由上臂框架部分、平衡杆及弓头装置组成。上臂的 T 形部分与上臂框架部分固结为一体,共同组成上臂。

下臂为钢管结构,如图 7.7 所示。下臂支撑受电弓的上臂和弓头重量,传递升降弓力矩,其一端固定在底架上,另一端通过铰链和上臂铰接,其上设有钢索导轨,通过钢索和升弓装置相连,升弓装置带动下臂绕轴转动。下臂内有空气管路,通过管接头和软管连接,作为自动降弓装置的空气通路。上臂为铝合金框架,用于支承弓头重量。

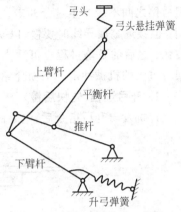

图 7.6 受电弓的两个四铰链机构示意图

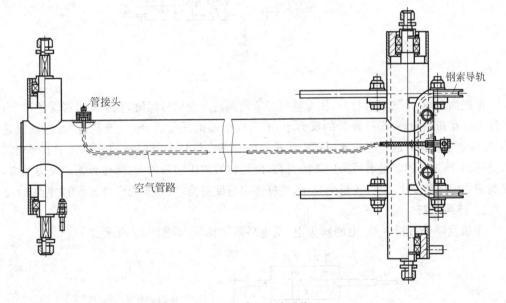

图 7.7 受电弓的下臂

由机构示意图可以看出,下部四铰链机构的各构件位置决定了上臂所处的位置,从而决定了受电弓的工作高度,即弓头的工作位置。在受电弓升弓、降弓过程中,下部四铰链机构的各构件位置也决定了弓头的运动轨迹,该弓头运动轨迹基本上为一铅垂线。下导杆分别接在上臂一端和底架上,将其设计为可用于调整最大升弓高度和滑板运动轨迹。上部四铰链机构主要起支撑作用,上臂框架部分的位置已由下部四铰链机构决定。上导杆一端接在下臂(也可能位于推杆上),另一端接在弓头支架的幅板下方,可用于调整滑板在各运动高度均处于水平位置。

7.2.2 工作原理

受电弓大部分时间是滑动接触受流,这要求碳滑板与接触导线接触可靠、磨耗小,在车辆行驶过程中,接触网金属导线高度会有上下偏差,而车辆自身也会产生轻微的高度变化,但弓网之间不应产生过分冲击。受电弓升弓时滑板离开底架要快,上升过程要快,以节约时间;但接近金属导线时要慢,以防止弹跳、冲击。受电弓升降弓时脱离接触导线要快,以防拉弧;之后的下落过程也可适当快,以节约时间;但落在底架上时要慢,以防止受电弓对底架有过大的机械冲击。下面介绍一种气路控制的受电弓的升弓与降弓。

1. 升弓过程(先快后慢)

司机发出升弓指令后,电磁阀得电,受电弓风缸充气,如图 7.8 所示。

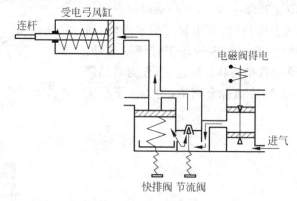

图 7.8 升弓风路示意图

电磁阀得电,进气阀口打开,压缩空气经节流阀进入受电弓风缸,克服降弓弹簧的反力,连杆伸出。在初始阶段,降弓弹簧的反力小,节流阀两端的压差大,空气流量也大,连杆快速伸出,即受电弓快速升起。注意此时图中快排阀的下部空气压力与弹簧的合力大于上部空气压力,快排阀阀口关闭。随着弓头的不断升高,降弓弹簧的压缩量增大,降弓弹簧的反力变大,节流阀两端的压差变小,空气流量也变小,连杆伸出速度变慢,从而实现升弓过程的"先快后慢"。

2. 降弓过程

司机发降升弓指令后,电磁阀失电,受电弓风缸排气,如图 7.9 所示。

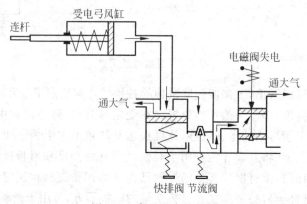

图 7.9 降弓风路示意图

电磁阀失电,排气阀口打开,压缩空气经电磁阀的上端口通大气。降弓弹簧的反力推动连杆缩回。在初始阶段,快排阀的下部空气排向大气较多,快排阀的上下压差较大,快排阀动作打开,受电弓风缸的大量压缩空气由快排阀通大气,连杆快速缩回,即受电弓快速离开接触网线,以防拉弧。当受电弓风缸的连杆动作将要结束时,快排阀的上下压差较小,依靠弹簧力关闭,压缩空气只能经节流阀通大气,连杆缩回速度变慢,从而实现降弓过程的"先快后慢"。

7.2.3 常见技术参数

受电弓的主要技术参数有电气、机械及几何尺寸参数。例如,某地铁公司列车采用4M2T编组,使用A型车受电弓,网压为1500 V DC,受电弓技术参数见表7.1。

表7.1 受电弓技术参数

参　　数	值
额定电压/V	1500(DC)
电压范围/V	1000～1800(DC)
额定电流/A	1050(DC)
最大启动电流(30 s)/A	1600(DC)
最大停车电流/A	460(DC)
标准静接触压力/N	120±10
静压力调节范围/N	100～140
滑板单向运动在工作高度范围内压力差/N	不大于10
滑板在工作高度范围内同一高度上,升与降压力差/N	不大于15
运行速度/(km/h)	≤90
传动装置压力/kPa	额定550,最小300,最大800
主要尺寸(带绝缘子的高度)/mm	300(折叠高度300+10)
最小/大工作高度/mm	175(463)/(1600)
最大升起高度/mm	1700
碳滑板长度/mm	800(1050)
弓头宽度/mm	1550
升/降弓时间/s	升弓≤8,降弓≤7
绝缘性能	交流50 Hz,5.75 kV 干闪络电压1 min; 交流50 Hz,4.75 kV 湿闪络电压1 min
机械寿命/次	15×10^3
受电弓总质量(绝缘子除外)/kg	200

7.3 DSA200型单臂受电弓

HXD3型电力机车采用DSA200型单臂受电弓,下面介绍其主要结构、工作原理、技术参数、维护与调整。

7.3.1 主要结构

DSA200型受电弓的结构如图7.10所示,它主要由底架、阻尼器、升降弓装置、下臂、弓装配、下导杆、上臂、上导杆、弓头、滑板、升弓气源控制阀板等机构组成。升弓装置安装在底架上，通过钢丝绳向下臂施加旋转力矩。上臂、弓头的材料主要为铝合金，以减轻质量。具有高度止挡，安装在下部导杆侧下方的基础框架上，用以限制受电弓的最大升弓高度。

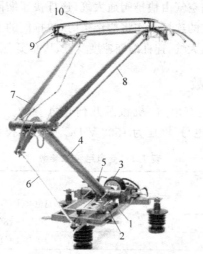

图 7.10 DSA200 型受电弓的结构

1—底架；2—阻尼器；3—升降弓装置；4—下臂；5—弓装配；6—下导杆；7—上臂；8—上导杆；9—弓头；10—滑板

1. 底架

DSA200 型受电弓的刚性底架由型材组焊而成，如图 7.11 所示，它是整个受电弓的基座部分，通过 3 个支持绝缘子隔离，安装在车顶的安装座上。底架上有 3 个电源引线连接点和升弓用气路，另外有自动降弓用快速排气阀、ADD 试验阀、ADD 关闭阀。

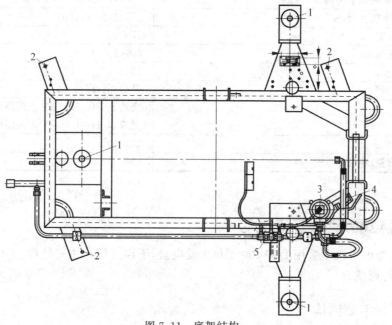

图 7.11 底架结构

1—安装座；2—电源引线连接点；3—自动降弓用快速排气阀；4—ADD 试验阀；5—ADD 关闭阀

自动降弓用快速排气阀用于检测气路压力,当滑板发生破裂时,快速排气阀将排出受电弓升弓装置中的空气,实现自动降弓。ADD试验阀可以人为检测自动降弓装置是否有效。当自动降弓装置本身发生故障时,ADD关闭阀停止自动降弓装置的运行。下部支杆、下部导杆、上部支杆和上部导杆都采用高强度冷拔无缝管制作。

2. 弓头

弓头是直接与接触网金属导线接触,并接受电流的部分,如图7.12所示,弓头主要包括滑板、滑板座、幅板、四个拉伸弹簧、两个横向弹簧以及附属装置等。两个滑板座与两个幅板相连,组成相对坚固的弓头支架。弓头支架垂悬在四个纵向弹簧下方,两个横向弹簧安装在弓头和上臂间。弓头可通过受电弓的铰链机构上下移动,纵向移动由四个纵向弹簧缓冲,横向移动由两个横向弹簧缓冲,该结构使得弓头在各方向移动灵活,同时能够缓冲各方向上的冲击,以保护滑板。

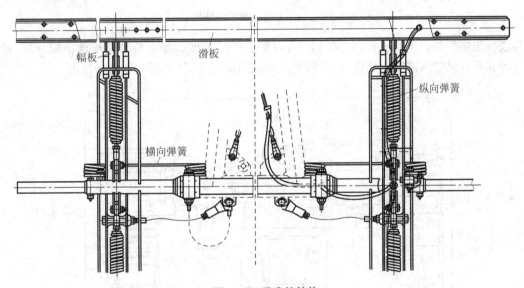

图7.12 弓头的结构

滑板安装在滑板座上,其原始厚度为22 mm,磨耗到5 mm时需要更换。滑板中有气腔,通有压缩空气,如果滑板磨损到限或断裂时,自动降弓装置起作用使受电弓迅速自动降下。更换滑板后,要重新启动自动降弓装置。

3. 升降弓装置

升降弓装置由气囊式气缸和导盘组成,导盘通过钢索连接在下臂钢索轨道上,如图7.13所示。

进气时,气囊胀大,推动导盘向其前方运动,导盘和钢索轨道间拉紧的钢索带动下臂绕轴向上转动,受电弓升起。排气时气囊式气缸回缩,受电弓降弓。

4. 气源控制阀组

气源控制阀组(见图7.14)安装在车内,用于调节受电弓升、降弓时间和静态接触压力等参数。空气过滤器1可提高升弓气源的质量。单向节流阀(升弓)2用于调整升弓时间。精密调压阀3用于调节受电弓工作压力,精确度为±0.02 bar(20 kPa),每0.01 bar(10 kPa)的压力变化将导致10 N的接触力变化。压力表4显示受电弓的滑板受到的工作压力并对

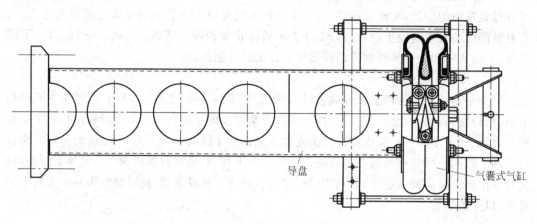

图 7.13 升降弓装置的结构

其进行粗略控制。单向节流阀(降弓)5 可以限制降弓速度。如果精密调压阀出现故障,排气阀 6 具有保护气路安全的作用,可限制气路的最高压力,使高压气体自动排出。

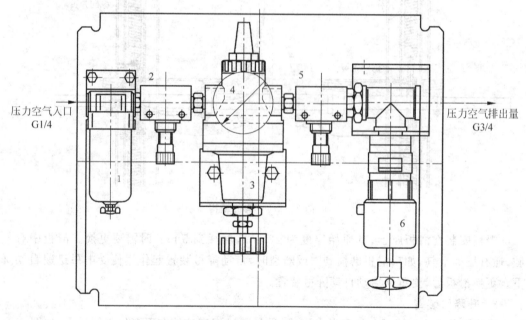

图 7.14 气源控制阀组

1—空气过滤器;2—单向节流阀(升弓),G1/4;3—精密调压阀 Rc1/2;
4—压力表 R1/8,0～1 MPa;5—单向节流阀(降弓);6—排气阀

5. 阻尼器

阻尼器安装在底架和下臂之间,当机车运行速度较高时,受电弓和接触网之间的振动加剧,导致压力变化较大,阻尼器的阻力为双向且与相对速度成正比,可有效降低受电弓和接触网之间的压力。阻尼器包括防护套、防尘盖、安装座和锁紧螺母,安装时通过锁紧螺母可调节并锁定阻尼器的长度。

7.3.2 工作原理

升、降弓由气囊式气缸进行控制,气囊式气缸由电磁阀控制进排气。正常情况下受电弓应无振动而有规律地升起,直至最大高度。下面介绍升、降弓原理与自动降弓装置(ADD)原理。

1. 升、降弓原理

受电弓气动原理如图 7.15 所示。升弓时,司机将受电弓扳键开关扳至"升"位,压缩空气通过电空阀流经气源控制阀组和高压绝缘软管阀进入车顶受电弓的气囊式气缸。气囊充气推动导盘前移,通过钢索带动下臂绕轴顺时针旋转,上臂在导杆的作用下逆时针转动,使受电弓弓头升起。调节气源控制阀组中的单向节流阀可调整升弓时间,调节精密调压阀可调整受电弓与接触网之间的压力。

降弓时,司机将受电弓扳键开关扳至"降"位,控制受电弓电空阀使气路与大气相通,气囊收缩,下臂作逆时针转动,最终使受电弓弓头降到落弓位。调节单向节流阀可调整降弓时间。

2. 自动降弓装置(ADD)原理

在滑板断裂或磨损到限时,自动降弓装置会使受电弓迅速自动下降,以避免网线和受电弓的进一步损坏,见图 7.16。

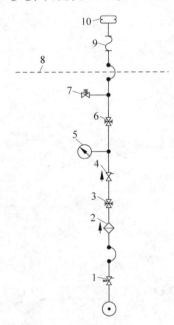

图 7.15 受电弓气动原理

1—电空阀;2—空气过滤器;3—单向节流阀(升弓),G1/4;4—精密调压阀 Rc1/2;5—压力表 R1/8,0~1 MPa;6—单向节流阀(降弓);7—安全阀;8—车顶界面;9—高压绝缘软管;10—气囊式气缸

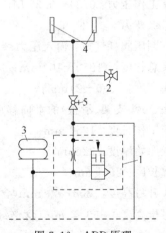

图 7.16 ADD 原理

1—快速排气阀;2—ADD 试验阀;3—气囊式气缸;4—滑板;5—ADD 关闭阀

自动降弓装置(ADD)包括快速排气阀、ADD 试验阀、气囊式气缸、滑板、ADD 关闭阀。升弓压缩空气进入气囊式气缸的同时,还有一路进入 ADD,经快速排气阀、ADD 关闭阀及

下臂中气路、上臂或软管气路至受电弓滑板座下部，经过一个通道进入到滑板下部。

正常工作的碳滑板后部具有一定压力的压缩空气，如果滑板破裂或磨损，空气就会泄漏，导致快速排气阀中的节流阀两端出现压差，压缩空气推动快速排气阀切换到排气位，气囊式气缸中的气体从快速排气阀中迅速排出，实现自动降弓。ADD试验阀接在ADD关闭阀后面，用于检测受电弓自动降弓装置的功能是否完好。ADD关闭阀在"关闭"位，将切断试验阀功能和通往滑板的气路。机车正常运行时，ADD关闭阀置"打开"位，ADD试验阀置"运转"位。HXD3型电力机车自动降弓保护功能由受电弓自带的ZD系列主断控制器实现。

7.3.3 技术参数

DSA200型单臂受电弓的主要技术参数如下：

设计速度：200 km/h；
额定电压：25 kV AC；
额定电流：1000 A；
升弓驱动方式：气囊装置；
静态接触压力（不带阻尼器）：(70±10)N；
动态自动降弓时间：1.2 s（到离开网线150 mm）；
从0～2 m间升弓时间：＜5.4 s；
从2～0 m间降弓时间：＜4 s；
输入空气压力：0.4～1 MPa；
正常工作压力：0.34～0.38 MPa；
落弓保持力：≥120 N；
精密调压阀耗气量：输入压力＜1 MPa时，≤11.5 L/min；
弓头总长度：(1950±10)mm；
弓头宽度：(580±2)mm；
弓头（弓头支架、滑板）的垂向移动量：60 mm；
滑板工作长度：1250 mm；
滑板原始厚度：22 mm；
折叠长度：2561 mm；
最大升弓高度：3081^{+100}_{-25} mm（含绝缘子400 mm高）；
落弓位高度：669^{+5}_{-10} mm（含绝缘子）；
质量：约130 kg（绝缘子除外）。

7.3.4 维护与调整

维护与调整受电弓是受电弓日常使用时的重要工作，工作时必须采取必要的安全和防护措施，注意以下规定。

（1）在车顶工作时，必须切断接触网供电电源。

（2）受电弓升弓时，应确保压缩空气供给无意外故障发生。因为一旦压缩空气供应发生故障，受电弓就会下降，可能造成受电弓臂底下人员的人身伤害。

(3) 维修时,需用约 0.9 m 长的木棒支撑在底架和上交叉管间。

1. 受电弓的维护

维护检查包括以下各项:紧固件状态应保持良好;软编织线完整,断股严重的应及时更换;绝缘子不允许有裂痕,应保持干净清洁;弓头滑板应保持平整,连接圆滑,磨耗到限的滑板应及时更换;润滑剂应定期添加。

2. 受电弓的调整

1) 静态接触压力的调整

静态接触压力的调整必须由两人进行,一人在车内,另一人在车顶。调试前,受电弓应进行至少 2~3 次的升弓和降弓。使用测量范围为 0~100 N 的弹簧秤进行测试。

实验步骤如下:

(1) 将升弓键扳至"升"位,使升弓电空阀得电,升起受电弓。

(2) 把弹簧秤和受电弓的上交叉管相连,必要时,在上交叉管上套上绳子。

(3) 调整精密调压阀使受电弓慢慢上升,在高出车顶 1.6 m 处用弹簧秤均匀阻止受电弓上升。弹簧秤显示为 70 N 时,停止调节精密调压阀。

(4) 拧紧精密调压阀防松螺母,固定调整的最终压力。

如图 7.17 所示,受电弓向下运动时力的最大值不超过 85 N,向上运动时力的最小值不低于 55 N。在同一升弓高度,两个值之差不应超过 20 N。由于滑板的磨损,接触压力最大可以增加 10 N,这时不必再调整压力,因为一旦安装上新滑板时又恢复到以前的接触压力值。

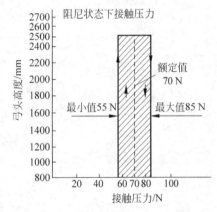

图 7.17 滑板接触压力示意图

2) 调整升弓和降弓时间

静态接触压力调整好后,通过单向节流阀 2 和单向节流阀 5(见图 7.15)调整从受电弓的下限位置到工作位置(即受电弓从降弓位置升高到约 2 m)的升弓和降弓时间。调整过程要反复进行,互相兼顾,以便满足升、降弓时间和动作要求。受电弓升起的全程时间最长为 5.4 s,在任意位置降弓时间不大于 4 s。

3) 自动降弓试验

更换滑板后,应检验 ADD 功能,步骤如下:

(1) ADD 试验阀置"开"位,主断控制器选择开关置"运用"位。

(2) 将升弓键扳至"升"位,将受电弓升起 0.6 m。

(3) 在闭合升弓键 15~40 s 后,按下主断控制器面板上的"测试"按钮,当出现主断路器分闸、受电弓自动降弓、语音报警器发出语音提示时,主断控制器红色指示灯亮,说明主断控制器功能正常,受电弓自动降弓功能正常。

4) 受电弓拆下检修后或更换新受电弓前的试验

对于从车顶拆下,进行全面维修、更换部件的受电弓,或安装新受电弓,应在专用试验台上进行例行试验,包括动作试验、弓头自由度测量、气密性试验、静态压力特性试验、ADD 性能试验等,试验合格后方可重新装车使用。

思考题

7-1　轨道车辆目前普遍采用哪两大类受流装置,分别采用交流还是直流,电压是多少?
7-2　轨道车辆普遍采用外部供电,供电的电源零线在哪里?
7-3　受电弓一般采用驱动气缸驱动,压缩空气有哪些来源?
7-4　画出单臂受电弓的两个四铰链机构简图,并标出主要结构名称。
7-5　受电弓工作过程中有哪些技术要求?
7-6　受电弓升弓、降弓过程有哪些技术要求?

参考文献

[1]　张曙光.HXD3型电力机车[M].北京:中国铁道出版社,2009.
[2]　赵叔东.韶山8型电力机车[M].北京:中国铁道出版社,2001.
[3]　刘友梅.韶山3型4000系电力机车[M].北京:中国铁道出版社,2001.

第 8 章

轨道车辆电传动与电气系统

8.1 轨道车辆电传动基础知识

根据源动力不同,轨道车辆有蒸汽机车、内燃机车、电力机车三大类。蒸汽机车上有锅炉装置,装载有煤、水,依靠烧煤加热水产生的水蒸气作为驱动力,即蒸汽机,目前在轨道交通领域已经基本淘汰蒸汽机车。内燃机车携带柴油,车上安装柴油机,柴油机曲轴旋转进行动力输出,作为整车的源动力。电力机车依靠外部供电,采用第三轨与受电靴或者供电网与受电弓形式,在轨道车辆行驶过程中供电、受电装置必须持续接触,即外部供电不能间断。城市轨道交通车辆、高速铁路的动车组在广义上也属于电力机车。从能源供给的角度来看,内燃机车、蒸汽机车属于自给式机车,电力机车属于非自给式机车。目前也有少量双动力机车,即内燃、电力两套动力装置同时共存在一辆机车上。

绝大部分源动力装置与执行机构之间的转矩、转速,或者力、速度之间很难匹配,无法直接连接运行,主要包括三方面原因:第一,源动力装置具有其自身的功率特性,而这些特性并不能恰好满足执行机构的需要;第二,负载持续发生变化,而且经常是随机性变化;第三,我们对执行机构的速度、加速度的需求也不断发生变化,包括平稳性的需求。因此从源动力装置到执行机构之间必须使用传动装置、传动系统。常见的传动装置有机械传动装置、液力传动装置、电传动装置。机械传动装置通过齿轮等机械机构实现,无法适用于轨道车辆的重载、大功率工作条件。液力传动装置通过泵轮、涡轮、导轮组成的液力变矩器实现软连接和变速,广泛应用于工程机械、施工车辆,历史上有液力传动装置的内燃机车,但目前已经不能满足足够大的转矩、功率传递。电传动装置在内燃机车、电力机车上得到了广泛应用。在轨道车辆中,轮对采用电动机驱动,对外部供电或柴油机拖动发电机送来的电流、电压、频率进行变换、调整,再送给电动机,使得电动机产生合适的转矩、转速以满足轨道车辆的需要,这种牵引系统(装置)称为电力牵引传动系统,简称电传动系统(装置)。需要注意的是,电动机的供电即机车的源动力,可能由柴油机-发电机组提供,也可能由外部供电提供。轨道车辆动力转向架上的电动机通过固定传动比的一级齿轮减速后驱动轮对,即转矩传递顺序为:电机输出轴齿轮→轮对齿轮→轮对,可视为执行机构。轨道车辆车轮的转速受制于轴重、轮轨黏着状态、路况（坡度、曲线）等因素，司机通过控制系统，在一定的范围内调整电动机的供电电压、电流、频率，从而控制车辆的速度。

绝大多数轨道车辆都使用了电传动装置，又称为电传动机车，但需要注意，电传动机车并不能确定是内燃机车还是电力机车。按走行部电机是直流电动机还是交流电动机，可分为直流机车和交流机车。直流机车的电传动系统最终要提供合适的直流电送入直流电动机，所以又简称为直流电传动。而交流机车的电传动系统最终要提供合适的交流电送入交流电动机，所以又简称为交流电传动。轨道车辆电气系统以驱动电机作为控制对象，通过控制电路对驱动电机的速度和转矩进行调节，以满足轨道车辆牵引、制动、惰行的要求。

8.2 轨道车辆电传动系统的分类

电传动系统，按照源电源与驱动电动机的种类不同，可分为直-直电传动系统、交-直电传动系统、直-交电传动系统、交-直-交电传动系统、交-交电传动系统。

8.2.1 直-直电传动系统

直-直电传动系统，是最早应用于轨道车辆的电传动系统。在这种系统中，源电源可能是外部供电，即第三轨与受电靴或供电网与受电弓的结构形式；源电源也可能是柴油机拖动直流发电机提供的直流电。安装在轨道车辆上的驱动电动机通常是直流串励电动机。

我国早期的城市轨道交通中，一些有轨电车和无轨电车以及现在个别工矿企业使用的电力机车上，采用直-直电传动系统，其工作原理如图 8.1 所示。外部供电网提供直流电源，通过受电弓引到轨道车辆上，直流电通过调整电阻，供给并联的直流串励电动机。调整电阻虽然可实现直流串励电动机的端电压与电流的调整，但其自身耗能高并且调节连续性、平滑性较差，因而又发展为用直流斩波器替代。

由于我国干线铁路交通的供电基本采用交流制式，所以干线铁路交通的电力机车无法使用直-直电传动系统。早期的干线铁路内燃机车上采用直-直电传动系统，如 DF 型、DF2 型、DF3 型、ND1、ND2 等内燃机车，其工作原理如图 8.2 所示。柴油机驱动直流发电机，直流电通过调整电阻，供给并联的直流串励电动机。

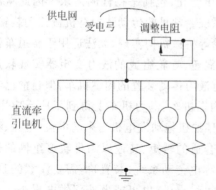

图 8.1 供电网与受电弓形式的直-直电传动系统——调整电阻调节

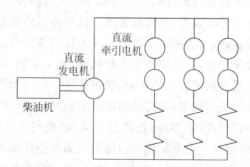

图 8.2 柴油机驱动的直-直电传动系统——调整电阻调节

综上可知，无论是柴油机驱动直流发电机提供直流电源，还是外部供电网提供直流电源，轨道车辆上的直-直电传动系统基本类似，最初采用调整电阻调节直流串励电动机的端电压，后来改用直流斩波器调节，替代了调整电阻。

直-直电传动系统的优点是：原理简单、结构简单，不需要对源动力的直流电源作较复杂的变换，没有复杂的中间环节；直流发电机可逆，可用于柴油机的起动和拖动；直流串励电动机可逆，可用于轨道车辆的制动，即在轨道车辆制动时作为直流发电机工作。调整电阻换为直流斩波器后，进一步提高了电源效率，直流串励电动机本身具有调速范围广、起动性好、功率自调节性能好等特点。

直-直电传动系统的轨道车辆工作模式有一些无法解决的缺点。尤其在干线铁路内燃机车上，机车功率不断提高，柴油机驱动的直流发电机功率不断加大，大功率的直流发电机制造工艺复杂，难以实现。直流发电机结构上需要使用换向装置，换向装置由于自身的结构特点，在重载、大功率的工作状态下故障多、维修性差、可靠性低。目前，直-直电传动系统在干线铁路内燃机车上已经不再采用。

8.2.2 交-直电传动系统

交-直电传动系统，常见应用在干线铁路交通轨道车辆上。在这种系统中，源电源可能是外部供电，即第三轨与受电靴或者供电网与受电弓的结构形式；源电源也可能是柴油机拖动交流发电机提供的交流电。安装在轨道车辆上的驱动电动机通常是直流串励电动机。

我国韶山系列电力机车，包括SS1、SS2、SS3、SS4、SS5、SS6、SS7、SS8、SS9等多个型号及其派生型号机车，都采用交-直电传动系统，由外部供电网提供交流电源，通过受电弓引到机车上，通过交-直电传动系统变换，送给直流串励电动机。SS1电力机车采用调压开关对变压器牵引绕组进行有级调压，有33个调压级位。SS2电力机车采用高压侧调压开关，有32个调压级位。SS3电力机车采用调压开关对变压器牵引绕组进行有级调压，有8个调压级位，并与级间晶闸管相控调压结合。SS4电力机车采用经济四段半控桥调压。SS5、SS6、SS7电力机车采用大功率晶闸管和整流管组成的两段桥相控调压，无级磁场削弱技术。SS8电力机车采用不等分三段桥相控调压，无级磁场削弱技术。SS9电力机车采用不等分三段半控桥相控调压，无级磁场削弱技术。总体来看，韶山系列电力机车调压技术从变压器牵引绕组的调压开关进行有级调压发展到相控调压。有级调压的交-直电传动系统如图8.3所示。

国内干线铁路交通的电气化铁路，全部采用供电网与受电弓的结构形式，供电制式为单相25 kV 50 Hz交流电，这样降低了供电网的电缆直径，节约用铜量，加长了牵引变电站之间的距离，同时较高的供电电压也降低了输电线的能量损失。交-直电传动系统也不存在直-直电传动系统电源电压与驱动电动机电压之间的相互制约，为机车功率的提高创造了条件。

我国东风系列内燃机车，包括DF4、DF4B、DF4D、DF5、DF6、DF7、DF8B、DF11等型号及其派生型号机车，都采用交-直电传动系统（见图8.4），由柴油机的曲轴驱动一台三相同步交流发电机，输出的三相交流电通过主整流装置，送给直流串励电动机。

交-直电传动的内燃机车，通过恒功率条件下的牵引电机端电压调节和直流串励电动机的磁场削弱进行直流串励电动机的转速控制，而牵引电机端电压调节一般通过调节三相同

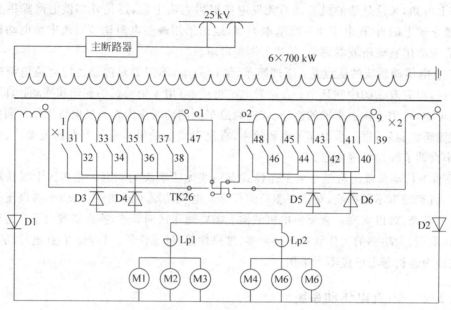

图 8.3 牵引绕组进行有级调压——交-直电传动系统

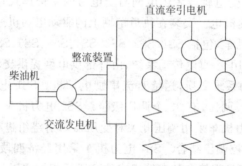

图 8.4 内燃机车的交-直电传动系统

步交流发电机的励磁来实现,即所谓的恒功率励磁调速系统。

交-直电传动的内燃机车或者电力机车,在结构上仍需要采用直流串励电动机。直流串励电动机的结构上需要使用换向装置,换向装置由于自身的结构特点,在重载、大功率的工作状态下故障多、维修性差、可靠性低。直流串励电动机与交流电动机相比较,同样的功率下尺寸、体积、质量都较大,随着干线铁路机车功率的不断提高,对单个直流串励电动机的功率需求也在不断加大,但受到轨道车辆限界、轴重的约束,因而目前直流电动机的性能与技术参数已经无法满足需求。

8.2.3 交-直-交电传动系统

交-直-交电传动系统,应用于干线铁路交通轨道车辆。在这种系统中,源电源可能是外部供电,即第三轨与受电靴或者供电网与受电弓的结构形式;源电源也可能是柴油机拖动交流发电机提供的交流电。将交流电经过整流装置后成为直流电,经过直流中间环节,再将直流电逆变为三相交流电,供给安装在轨道车辆上的三相交流异步电动机。

目前我国的重载电力机车和谐 1 型（HXD1、HXD1B、HXD1C）、和谐 2 型（HXD2、HXD2B、HXD2C）、和谐 3 型（HXD2、HXD3B、HXD3C），以及高速动车组列车 CRH1、CRH2、CRH3、CRH5，包括最新的高速动车组"复兴号"等，都采用了交-直-交电传动系统。HXD1 型电力机车由株洲电力机车有限公司与德国西门子公司联合设计制造，HXD2 型电力机车由大同电力机车有限责任公司与法国阿尔斯通公司联合设计制造，HXD3 型电力机车由大连机车车辆有限公司和日本东芝公司联合设计制造。电力机车的交-直-交电传动系统如图 8.5 所示。

在交-直-交电传动系统中，牵引变压器输出的单相交流电经过整流器整流成为直流电，直流电经过逆变装置，成为可变频率的三相交流电，供给牵引电机即三相交流异步电动机。当电力机车工作在再生制动工况时，三相交流异步电动机工作在发电机状态，其产生的三相交流电流回逆变装置，逆变装置此时起到整流装置的作用，形成中间直流电源，再进一步进入整流器，整流器此时起到逆变装置的作用，将直流电变换为单相交流电送回供电网。由以上过程，整流器、逆变装置分别根据需要工作在整流状态或者逆变状态，将整流器、逆变装置及其中间直流环节统称为四象限变流器。

我国干线铁路的大功率内燃机车和谐 3 型（HXN3）由大连机车厂和美国 EMD 公司共同研制，和谐 5 型（HXN5）由南车戚墅堰厂和美国 GE 公司共同研制，也采用了交-直-交电传动系统（见图 8.6）。

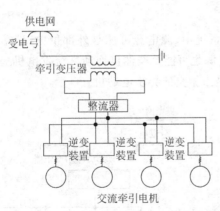

图 8.5　电力机车的交-直-交电传动系统

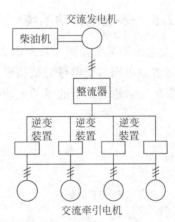

图 8.6　内燃机车的交-直-交电传动系统

在采用交-直-交电传动系统的内燃机车中，与交-直-交电传动电力机车类似，只不过柴油机带动三相同步交流发电机，送出三相交流电进入交-直-交电传动系统。当交-直-交电传动内燃机车工作在电阻制动工况时，牵引发电机产生的三相交流电流回到逆变装置，逆变装置此时起到整流装置的作用，形成中间直流电源，此直流电源无须再作变换，而是直接引入到制动电阻发热，消耗掉电能。

交-直-交电传动内燃机车、电力机车是当代轨道车辆的主流技术，各国纷纷在电力器件、控制系统方面进行改进提高，目前已经趋于完善。交-直-交电传动内燃机车由于需要将柴油机安装在车上，导致其整车功率小于交-直-交电传动电力机车。交-直-交电传动采用三相交流异步电动机作为驱动电动机，取消了整流子结构和转子结构对电机的功率、转速限制，机车功率迅速提高，目前单个驱动电动机功率已经达到 1600 kW，交-直-交电传动系统的电力机车总功率已经达到 10 000 kW 以上。

8.2.4 直-交电传动系统

直-交电传动系统，一般应用于城市轨道交通车辆。如图 8.7 所示，在这种系统中，源电源是外部供电，即第三轨与受电靴或者供电网与受电弓的结构形式。安装在轨道车辆上的驱动电动机通常是三相交流异步电动机。

常见采用直-交电传动系统的只有电力机车，主要应用在城市轨道交通车辆上。在此系统中，外部电源通过受电弓或受电靴进入，经过逆变环节，转换为电压、频率可变的三相交流电，向驱动电动机即三相交流异步电动机供电。当工作在制动工况时，三相交流异步电动机工作在发电机状态，其产生的三相交流电流回到逆变装置，逆变装置此时起到整流装置的作用，形成直流电，可根据具体情况将此直流电送回供电网或者送到制动电阻发热而消耗掉电能。将直-交电传动系统与交-直-交电传动系统从原理上进行对比，前者相当于后者的简化版本，即将交-直-交电传动系统的源电源变换交-直传动部分放在地面的变电所，这样，直-交电传动系统相比较于交-直-交电传动系统，可以减少一部分电器部件，节约轨道车辆上的空间。目前世界各国的城市轨道交通，广泛采用直-交电传动系统，并采用动车与拖车编组的形式。

8.2.5 交-交电传动系统

交-交电传动系统如图 8.8 所示。在这种系统中，源电源可能是外部供电，即第三轨与受电靴或者供电网与受电弓的结构形式；源电源也可能是柴油机拖动交流发电机提供的交流电。安装在轨道车辆上的驱动电动机通常是三相交流异步电动机。

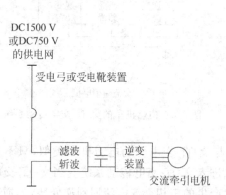

图 8.7 城市轨道交通车辆的直-交电传动系统

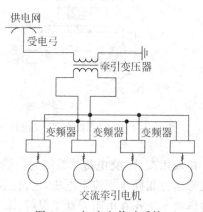

图 8.8 交-交电传动系统

交-交电传动系统中，源电源和最终的三相交流电可以直接进行变换，并且根据机车的不同工况如牵引、再生制动等而改变变流装置的功能。有的应用场合将交-交电传动装置称为变频器，但需要注意的是，在轨道交通领域，源电源是固定频率的单相交流电，而应用端是电压、频率都可变的三相交流电。交-交电传动系统目前在小功率范围、小调速范围内已经实现，但在轨道车辆领域尚有待进一步研究发展。

8.3 电传动系统的发展

将以上直-直电传动系统、交-直电传动系统、直-交电传动系统、交-直-交电传动系统、交-交电传动系统,以及机车种类、传动装置列于表 8.1 中。

表 8.1 轨道车辆的各种电传动系统

机车种类	传动系统	传动装置
直流机车	直-直传动	斩波器 DC—DC
	交-直传动	整流器 AC—DC
交-流机车	交-直-交传动	整流器 AC—DC
		逆变器 DC—AC
	直-交传动	逆变器 DC—AC
	交-交传动	变频器 AC—AC

另外,有数量极少的双流制机车(见图 8.9)同时采用交-直电传动系统和交-直-交电传动系统,可行驶在不同供电制式的轨道上。也有机车出于救援使用的目的,将内燃机车和电力机车整合为一体,既可以使用外部供电电源,也可以使用自身携带的柴油作为源动力,当然这种电力机车的电传动系统、控制系统十分复杂且电器部件较多。

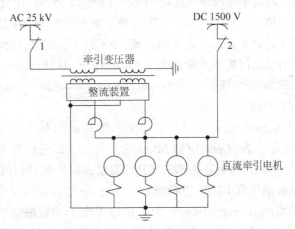

图 8.9 双流制电传动系统

从轨道交通电传动系统的发展历史来看,首先,交流传动方式成为主流,从直-直电传动系统、交-直电传动系统,发展到目前的直-交电传动系统、交-直-交电传动系统,到未来的交-交电传动系统,驱动电动机采用三相交流异步电动机已经形成共识。其次,变流装置成为轨道车辆电传动技术的核心设备,在电力机车上,变流装置就相当于心脏,主要由电力电子器件构成,随着电力电子技术的发展,变流装置性能必将进一步提高。最后,微电子技术、计算机技术、控制技术与电传动系统密切相关,当前的轨道车辆控制系统已经发展成为一个多 CPU 的分布分级式实时网络控制系统,其智能性不断提高,在加强了原有的防空转、防滑行、接地保护、过流过压保护等功能的基础上,其控制方式以故障检测、诊断、处理、显示、记录等功能更加强大,成为轨道交通电传动系统发展不可或缺的组成部分。

8.4　电力电子器件技术基础

电力电子技术、微电子技术、计算机技术、控制技术的协同发展,推动了轨道车辆电传动系统的发展与革新。电力电子技术是使用电力电子器件对电能进行变换和控制的技术。电力电子器件(power electronic device),又称为功率半导体器件,是指广泛用在处理电能的主电路中,实现电能的变换或控制的大功率(电流从数十安培至数千安培,电压从数百伏特至上万伏特)电子器件。电力电子器件的制造技术是电力电子技术的基础,而变流技术则是电力电子技术的核心。下面简单介绍电力电子器件的发展与分类。

1904 年出现了电子管(vacuum tube),它能在真空中对电子流进行控制,并应用于通信和无线电,电子技术随之产生。20 世纪 20 年代末出现了水银整流器(mercury rectifier),其性能和晶闸管(thyristor)很相似。20 世纪 30—50 年代,水银整流器发展迅速并大量应用于电化学工业、电气铁道直流变电所、轧钢用直流电动机的传动、直流输电领域等。

1947 年美国贝尔实验室发明晶体管(transistor),引发了电子技术的革命。1957 年美国通用电气公司研制出第一个晶闸管。1960 年我国研究成功硅整流管(silicon rectifying tube/rectifier diode),1962 年我国研究成功晶闸管。例如,我国韶山 3 型(SS3)电力机车变流装置使用的 KP600-28 型主晶闸管,其额定通态平均电流 600 A,反向重复峰值电压 2800 V。随后的韶山 8 型(SS8)电力机车变流装置使用的 KP_A1300-28 型主晶闸管,其额定通态平均电流 1300 A,反向重复峰值电压 2800 V。GTR 达到了额定通态平均电流 400 A,反向重复峰值电压 1300 V。GTO 达到了额定通态平均电流 3000 A,反向重复峰值电压 4500 V。

20 世纪 70 年代出现了门极可关断晶闸管(gate turn off thyristor,GTO)、电力晶体管(giant transistor,GTR)、电力场效应管(power metallic oxide semiconductor field effect transistor,Power MOSFET)。

20 世纪 80 年代开始出现复合型器件,绝缘栅双极晶体管(insulated gate bipolar transistor,IGBT)是由绝缘栅型场效应管 MOSFET 和双极型三极管 BJT 组成的复合全控型电压驱动式功率半导体器件,兼有 MOSFET 的高输入阻抗和 GTR 的低导通压降两方面的优点。以绝缘栅双极晶体管 IGBT 为基础,20 世纪 90 年代开始至今发展出多种功率半导体器件——功率模块(power module)。为了使电力电子装置的结构紧凑、体积减小,常常把若干个电力电子器件及必要的辅助元件做成模块的形式,给应用带来了很大的方便。功率集成电路(power integrated circuit,PIC)把驱动、控制、保护电路和功率器件集成在一起,构成功率集成电路(PIC),目前其功率都还较小,但代表了电力电子技术发展的一个重要方向。智能功率模块(intelligent power module,IPM)专指 IGBT 及其辅助器件与其保护和驱动电路的单片集成,也称智能 IGBT(intelligent IGBT)。高压集成电路(high voltage integrated circuit,HVIC)一般指横向高压器件与逻辑或模拟控制电路的单片集成。智能功率集成电路(smart power integrated circuit,SPIC)一般指纵向功率器件与逻辑或模拟控制电路的单片集成。

电力电子器件可按控制程度、控制信号、控制信号性质、控制信号波形、内部载流子参与导电情况进行分类(见图 8.10)。

按照电力电子器件能够被控制电路信号所控制的程度分类:①半控型器件,这类器件

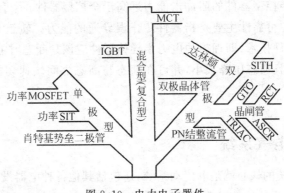

图 8.10 电力电子器件

通过控制信号只能控制其开通而不能控制其关断,关断完全是由其在主电路中承受的电压和电流决定,例如晶闸管及其派生器件等;②全控型器件,又称为自关断器件,通过控制信号既可以控制其开通又可以控制其关断,例如门极可关断晶闸管 GTO、电力晶体管 GTR、电力场效应管 Power MOSFET、绝缘栅双极晶体管 IGBT 等;③不可控器件,不能用控制信号来控制其通断的电力电子器件,这种器件只有两个端子,导通和关断完全是由其在主电路中承受的电压和电流决定的,一般具有单向导通时压降很小而反向截止时阻值极大的特点,例如电力二极管(power diode)。

根据驱动电路加在电力电子器件控制端和公共端之间的控制信号性质分类:①电压驱动型器件,在控制端和公共端之间施加一定的电压信号就可实现导通或者关断,例如 IGBT、MOSFET、静电感应晶闸管(static induction thyristor,SITH)。②电流驱动型器件,从控制端注入或者抽出电流来实现导通或者关断的控制,例如晶闸管、GTO、GTR。

根据驱动电路加在电力电子器件控制端和公共端之间的控制信号波形分类:①脉冲触发型,例如晶闸管、GTO;②电子控制型,例如 GTR、MOSFET、IGBT。

按照电力电子器件内部电子和空穴两种载流子参与导电的情况分类:①双极型器件,例如电力二极管、晶闸管、GTO、GTR。②单极型器件,例如 MOSFET、SIT。③复合型器件,例如 MCT(MOS 控制晶闸管)、IGBT、SITH 和集成门极换流晶闸管(integrated gate commutated thyristors,IGCT)。电力电子器件又可分为双极型、单极型和混合型三种类型:①单极型器件,由一种载流子参与导电的称为单极型器件,如电力 MOSFET、静电感应晶体管 SIT 等;②双极型器件,由电子和空穴两种载流子参与导电,如 PN 结整流管、普通晶闸管、电力晶体管等;③混合型器件,由单极型和双极型两种器件组成的复合型器件,如 IGBT 和 MOS 控制晶闸管(MCT)等。

从使用角度出发,可从五个方面考察电力电子器件的性能特点。一是,导通压降。电力电子器件工作在饱和导通状态时产生一定的管耗,管耗与器件导通压降成正比,此时类似流过一定电流的电阻,出现发热现象并限制了器件工作性能的进一步提高。二是,运行频率。受到开关损耗和系统控制分辨率的限制,器件的开关时间越短,器件可运行的频率越高,现代变流技术中运行频率已经高达 100 kHz。三是,器件容量。器件容量包括输出功率、工作电压、工作电流、功率损耗等参数,随着半导体制造技术的提高,器件容量得以提高,使得电力电子电路逐步简化。四是,耐冲击能力。耐冲击能力主要是指器件短时间内承受过电流、过电压的能力,一般半控型器件的耐冲击能力远高于全控型器件,不可控器件的耐冲击能力最高。五是,可靠性。可靠性主要是指器件防止误导通的能力。轨道车辆变流装置技术的基础就是电力电子器件技术,即理想的电力半导体器件应该是断态时能够承受双向高电压,通态时可流过大电流且通态压降很小,并可在通态与断态之间快速切换,开关频率高、损耗小、易于控制。

8.5 轨道车辆电气系统

轨道车辆电气系统的核心就是电传动系统,还包括其他各种电器设备、装置,这些电器设备、装置可能是电传动系统的必需设备,例如轮对牵引电机的冷却风扇电机,也可能是用于与行车无关的车辆内部的照明、空调等。轨道车辆上牵引电机的供电形式常见的有以下几种:①集中式,所有电机由一个变流装置供电,即车控;②独立式,每个电机由一个变流装置供电,即轴控;③部分集中式,一个变流装置控制一个转向架上的电机,即架控。采取车控方式虽然可以降低设备数量、成本,但各个驱动电机的参数、工作状态具有差异,工作性能很难提高,而轴控方式又会带来设备数量、成本过高的问题,所以目前轨道车辆上常采取架控方式。

轨道车辆最根本的任务是在一定载重的情况下按规定速度行驶,完成这个任务就需要对轨道车辆的运行速度进行控制。一般情况下,牵引电机的转速决定了轨道车辆的行驶速度。牵引电机的几种工作状态也就是电传动系统的几种工作状态,如电机牵引、电机惰行、电机制动。轨道车辆在行驶过程中,必须不断地接收地面装置送来的信息与信号,同时向地面接收装置发送信息,与之有关的这些设备、装置归类到轨道车辆的通信信号与信息系统,本书不作介绍。

8.5.1 功能与组成

电力机车的供电回路如图8.11所示。牵引变电站或变电所的动力电源电流由变电所送到接触网,经第三轨与受电靴或者供电网与受电弓后送至车辆,电流经过车辆主电路送入驱动电动机,驱动电动机驱动车辆运行。驾驶员通过操纵驾驶控制器发送命令,经控制电路处理后执行,改变驱动电动机的运行速度和运行方式。整个轨道车辆的回流电流经过车体、回流软编织线、构架、轮对轴箱、车辆轮对、钢轨,再由钢轨通过回流线返回变电所,形成闭合回路。

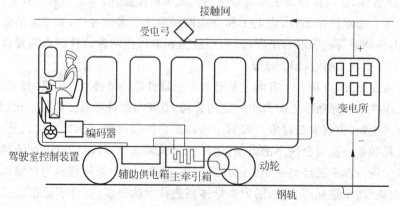

图8.11 城市轨道交通车辆电气系统的功能

轨道车辆电气系统包括各种电机、电器设备,按照功能、作用和电压高低、电流大小组成几个独立的电路系统,即主电路、辅助电路、控制电路、车门控制电路。主电路(系统),供给驱动电机用电的回路,轨道车辆消耗的大部分电能由驱动电机完成,是整车的主要用电部分,具有高电压、大电流的特点。辅助电路(系统),供给辅助机组和辅助设备用电的回路,某些设备(例如驱动电机的冷却风扇电机)的故障也会直接影响主电路的正常工作,相对于主电路,具有较低的电压、电流。控制电路(系统),包括各种控制电器、测量电器所在的模拟电路、数字电路,相对于辅助电路,具有低电压、小电流的特点。车门控制电路(系统),由于城市轨道交通车辆的车门数量多且可靠性要求高,车门控制电路相对复杂,常常单独组成一个系统,而在其他轨道车辆电气系统中归入辅助电路。以上主电路、辅助电路、控制电路、车门控制电路,通过电-磁、电-空、电-机械联系起来,既能实施控制又互相隔离起到安全作用,又互相传递信息。

城市轨道交通车辆的控制系统已经发展到列车自动控制系统(automatic train control system,ATC)阶段,包括三个组成部分:列车自动驾驶系统(automatic train operation system,ATO)、列车自动保护系统(automatic train protection system,ATP)、列车自动监控系统(automatic train supervision,ATS)。ATC 系统也是一个基于车地通信的控制系统。简单来说,城市轨道交通车辆的行驶可概括为:在司机监控或直接控制下,或者在无人驾驶模式下,控制电路根据 OCC 调度的命令、ATP 给出的限速,对轨道车辆的驱动电机进行调速控制,从而实现控制车辆行驶。

8.5.2 驱动电机的调速控制

下面对直流机车与交流机车的调速进行介绍。

1. 直流机车

直流机车,安装在轨道车辆上的牵引电机为直流电机,当轨道车辆处于牵引工况时,直流电机工作在直流电动机状态,同时考虑到轨道车辆的牵引特性需求,常见的为直流串励电动机形式。根据直流电机的可逆性原理,既可以作为电动机运行也可以作为发电机运行,当轨道车辆处于电制动工况时,驱动电机工作在直流发电机状态,同时考虑到轨道车辆的电制动特点,常见的为他励直流发电机形式。另外,由于轨道车辆上的驱动电机通常工作功率较高,励磁电流较大,一般不采用永磁式电动机。

直流电动机调速方便,改变端电压或励磁即可实现。轨道车辆上直流电动机的调速方法可分为两大类:直流电阻调速与斩波调速。

直流电阻调速。早期轨道车辆使用有触点电器和电阻配合调压调速,典型器件是有触点组合式凸轮开关,属于有级调速,级间转换时,电机电枢电流会有较大的幅值变换,直接影响车辆牵引力的变化平滑性,影响黏着状态。无触点的晶闸管斩波调阻技术随之出现,即使用晶闸管并联分路的方式改变电阻,该方法可基本实现电机电枢电流平滑无级变化。但是,电机主电路中串联电阻降压导致浪费电能,且需要附加冷却装置。直流电阻调速方式已经被淘汰。

斩波调速。20 世纪 80 年代,轨道车辆开始使用无触点的晶闸管,又称为可控硅整流器,设计成大功率斩波器,直接对直流电机进行斩波调压调速。晶闸管没有自关断能力,作为大功率斩波器的主器件时,必需配备复杂的强迫换向电路,使得效率、工作频率、控制性能、体积、质量以及换向可靠性都受到了很大限制。20世纪90年代以后，轨道车辆开始使用门极可关断晶闸管GTO、电力晶体管GTR、绝缘栅双极晶体管IGBT。采用这些全控型电力电子器件构成的大功率斩波器，无需强迫换向电路，并且工作频率高，可减小平波电抗器和滤波器的容量，甚至取消平波电抗器和滤波器，既改善了车辆性能也可以做到小型化、轻量化。

直流机车电制动时，一般采用他励方式，普遍采用再生-电阻复合制动的方案，系统的稳定性好，再生制动功率建立较快，但需要增加一套可调电源。

2. 交流机车

交流机车，安装在轨道车辆上的牵引电机为三相交流异步电动机。轨道车辆采用直流串励和他励驱动电机，其主要问题是电机结构上固有的换向器，该结构在重载、高速、恶劣工况下电位条件恶化，容易出现换向困难、环火、短路等一系列问题，且结构复杂、工作可靠性较差、制造成本高、维护保养困难。随着门极可关断晶闸管GTO、绝缘栅双极晶体管IGBT等器件的发展，结合微电子技术、计算机技术、控制技术的发展，大功率的可调压调频的变流装置得到实现，解决了交流电动机的调速问题。

交流电动机作为轨道车辆的牵引电机，消除了由于换向器结构存在的一系列问题，结构简单、维修方便；同时，相对直流电动机具有体积小、质量轻、转速高、功率大、可自动防滑等优点。交流机车的唯一缺点是变流技术较复杂，需要调节交流电的频率，但随着控制系统技术的发展，这个问题将会彻底解决。

8.5.3 牵引电器基础知识

电器，是指能够根据外部信号、指令，自动或手动地接通和断开电路，对电路参数进行变换，以实现对电路、用电设备、非用电设备进行控制、调节、调整、切换、保护、检测等作用的装置、设备和元件。在工业生产、生活中，电器的用途广泛、功能多样、工作原理各异，产品种类繁多。轨道车辆的工作条件、工作环境较为特殊，用于轨道车辆上的电器称为牵引电器，其中既有专门为轨道车辆设计制造的电器，也有一般的通用电器。

1. 电器的结构与基本理论

电器的结构与基本理论包括较多内容，下面介绍电器的发热与散热、电动力、电弧与灭弧、触头、传动装置。

电器中包含了导电材料、导磁材料和绝缘材料，电器在工作时，有电流流过导体和线圈而产生电阻损耗。如果电路中有交流电，存在交变电磁场的作用，铁磁体内产生涡流和磁滞损耗，在绝缘体内产生介质损耗。以上各种损耗基本全部转换为热能，一部分加热电器使其温度升高，一部分散失到周围介质中。只要电器的温度高于周围介质与接触零件的温度，它便向周围散热，以传导、对流、辐射三种基本方式进行，电器的发热与散热同时存在于电器工作过程中。电器的温度超过某一极限值后，电器组成中的金属材料机械强度下降，绝缘材料的绝缘强度降低，最终导致电器的寿命缩短乃至损坏。

载流导体在磁场中受到力的作用，载流导体相互间也会受到力的作用，这些力称为电动力。电动机的原理就是通过电动力将电能转化为机械能。在电器中，载流导体间、线圈匝间、动静触头间、电弧与铁磁体间都会产生电动力，正常工作情况下，电动力不会破坏工作过程，但动静触头间的电动斥力过大使得触头接触压力减小，使接触电阻增大从而造成触头熔化或熔焊,直接导致故障。过大的短路电流可能导致电器误动作,使机械结构变形甚至损坏。另一方面,有些电器使用电动力实现磁吹灭弧、实现快速自动开关的速断等。

在大气中开断或闭合电压超过10 V、电流超过0.5 A的电路时,在有触点电器的触头间隙中将产生一团温度极高、亮度极强并能导电的气体,称为电弧。电弧是气体放电的一种形式,属于气体自持放电中的弧光放电。由于电弧的高温与强光,可用于焊接、熔炼等场合。但在有触点电器断开时,将可能烧损触头与绝缘,严重的导致电器短路、爆炸。电弧可分为长弧与短弧,其区别在于弧长与弧径之比。电弧还可根据电路中流经触头电流的性质分为直流电弧和交流电弧。在有触点电器中采用多种方法、措施进行灭弧,如拉长电弧、降低温度、将长弧隔断为短弧、将电弧放在特殊介质中、增大电弧周围气体压力等,具体到装置上有灭弧罩、油冷灭弧装置、气吹灭弧装置、横向金属栅灭弧装置、真空灭弧装置等。

触头是有触点电器的执行机构,电路中的电流直接流过触头,有触点电器对电路的接通、分断就是通过触头的接触、分断来实现的,其工作性能的优劣直接影响有触点电器的性能。触头在工作中伴随着机械冲击、发热、电弧等有害作用,直接影响触头的导电性能。一般对触头有如下性能要求:工作可靠,接触电阻小;机械强度与工作寿命满足要求;额定电流流过时,温升不超过规定值;短路电流流过时,稳定性与耐受性满足要求;抗氧化性、抗气体腐蚀性满足要求。触头的分类有多种方法:按工作情况可分为有载开闭触头和无载开闭触头,按正常工作位置可分为常开触头与常闭触头,按触头的接触方式有面接触、点接触、线接触,按触头的结构形状有指形触头、桥式触头等。

传动装置是指有触点电器中,驱动电器的运动部分,如触点、接点等,按照一定的要求进行动作的机构,常见的有电磁传动装置、电空传动装置、手动传动装置、机械式传动装置等。电磁传动装置通过电磁铁把电磁能量转换为机械运动,电空传动装置通过电磁阀控制压缩空气由气缸来执行机械运动。

2. 牵引电器的工作条件与基本要求

牵引电器安装在轨道车辆上,工作条件与环境较为恶劣,对其工作性能有一定的要求,主要包括振动问题、工作环境、操作频率、安装空间限制等。

1) 振动问题

轨道车辆在线路上运行时,构成一个复杂的具有多自由度的振动系统。这种持续的、长期的多自由度振动作用于电器上,使其受到复杂的附加力作用,可能导致电器本身的安装固定或者传动装置、运动部件等出现问题,最终影响电器的正常工作。当电器的弹簧、电磁传动装置、电空传动装置等运动时,更容易受到振动的影响,导致电器出现接触不良、松脱、误动作等故障。在设计、选用、布置、安装牵引电器时,都应该考虑振动问题,注意紧固件、防松装置的工作性能,合理设计、选用电器的传动装置。

2) 工作环境

轨道车辆经常露天运行,环境温度变化较大。车辆内部的电器离发热部件较近,散热条件不好时,温度可高达60～70℃。冬天户外,轨道车辆停止运行时间过长,车底与车顶可能会结冰。夏季与冬季的湿度相差较大,大气中的粉尘、污染物对牵引电器也具有腐蚀作用,从而降低电器的绝缘能力。因此,牵引电器的日常清扫、保养、维护检查十分重要。

3) 操作频率

轨道车辆需要频繁启动、停车、调速,随着其工作状态的经常变化,牵引电器的状态也发生变化,操作频率相对较高,对其工作可靠性、寿命有一定的要求。同时,轨道车辆的功率较高,电器的电压高,电流波动范围大,对有触点电器、无触点电器的工作性能都提出了一些性能要求。

4) 安装空间限制

轨道车辆的内部空间有限,轴重有限。要求电器在满足工作要求的条件下,体积小、重量轻。轨道车辆经常采用成套装置,便于提高性能、方便维护。对于城市轨道交通,由于动力分散,各个车辆上都会有各种功能的电器,考虑到安全、防护、节省空间的因素,结合使用需要,将各种电器分组装箱悬挂在车体底部,电器箱上一般都有铭牌标识以便于维护保养。

3. 牵引电器的发展

随着科学技术的进步,轨道交通技术迅速发展,牵引电器在结构形式、工作特点方面都发生了较大的变化。

首先,有触点电器向无触点电器过渡。轨道车辆上大量使用无触点电器,但有触点电器并未完全淘汰。无触点电器具有不怕振动、工作可靠、操作频率高、寿命长、体积小、质量轻等优点,但其也有导通时有压降、阻断时有漏电流、功耗大、不能完全隔离电路等缺点。当前的牵引电器,根据使用需求,有触点电器和无触点电器联合使用,各自发挥优点。

其次,单个电器向成套电器或成套装置发展。随着微电子技术的发展,电器向小型化、智能化方向发展,同时基于安装、维护、维修、更换方便的考虑,将多个电器集成,安装到同一屏柜中,形成一个整体功能装置。

最后,牵引电器向标准化、通用化发展。同一系列的轨道车辆基于简化电路、降低成本的需求,牵引电器的选用向标准化、通用化方向发展。同时,随着电气自动化的发展,电器本身的技术也在迅速提高,性能高、工作可靠的电器产品不断出现并应用到轨道车辆上。

4. 牵引电器的分类

轨道车辆的牵引电器所工作的电路可分为主电路电器、辅助电路电器、控制电路电器、车门控制电路电器。

主电路电器,指使用在轨道车辆主电路中的电器。主电路是供给轨道车辆牵引电机用电的回路,具有高电压、大电流的特点,用于主电路中的电器通常也具有工作电压高、通过电流大的特点。

辅助电路电器,指使用在轨道车辆上辅助电路中的电器。辅助电路是供给轨道车辆除牵引电机以外的各种电机、加热与制冷装置用电的回路,相对于主电路具有中压、中电流的特点,用于辅助电路中的电器通常也具有中压、中电流的特点。

控制电路电器,指使用在轨道车辆上控制电路中的电器。控制电路是轨道车辆中各种控制电器件、电子器件等装置所在的电路,相对于主电路、辅助电路具有低压、小电流的特点,用于控制电路中的电器,通常也具有低电压、小电流的特点。

车门控制电路,通常只在城市轨道交通车辆的电气系统中独立出来。

8.5.4 和谐电力3型(HXD3)机车的电器

和谐电力3型(HXD3)干线铁路机车,是大功率交流传动重载货运电力机车,属于交-直-交传动电力机车。

和谐电力3型(HXD3)干线铁路机车主电路电器主要包括受电弓、主断路器、高压隔离开关、高压接地开关、高压电压互感器、高压电流互感器、避雷器、主变压器、牵引变流器、牵引电机等。

受电弓，一辆车两架，DSA200型单臂受电弓，设计速度200 km/h，额定电压25 kV，额定电流1000 A。

主断路器，一辆车一部，BVAC.N99型真空断路器，额定电压30 kV，额定电流1000 A，额定工频耐受电压75 kV。

高压隔离开关，一辆车两台，BT25.04型高压隔离开关，额定电压29 kV，额定电流400 A。

高压接地开关，一辆车一台，BTE25040L1A2B02型高压接地开关，额定电压30 kV，额定电流400 A。

高压电压互感器，一辆车一台，JDZXW2-25A型电压互感器，规格25 000 V/100 V，额定二次输出30 V·A，极限输出400 V·A。

高压电流互感器，一辆车一台，LMZBK-25型电流互感器，额定电压25 kV，额定一次电流400 A，额定二次电流5 A，额定二次输出25 V·A。

避雷器，一辆车一台，YH10WT-42/105D型硅橡胶外套氧化锌避雷器，额定电压42 kV，持续运行电压31.5 kV，标称放电电流10 kA。

主变压器，一辆车一部，JQFP2-9006/25(DL)型主变压器，联结组IO-IO，网压范围17.2～31.3 kV。

牵引变流器，一辆车6组，容量1400 kV·A，额定输入电压单相交流1450 V/50 Hz，额定输入电流966 A，中间电压直流2800 V，额定输出电压三相交流2150 V，额定输出电流390 A。

牵引电机，一辆车6台，YJ85A型三相鼠笼式异步电机，额定电压2150 V，额定电流390 A，额定功率1250 kW，额定频率46 Hz。

和谐电力3型(HXD3)干线铁路机车的辅助电路由辅助变流器（一辆车两组）、各种辅助机组及辅助加热设备等组成，主要电器包括辅助变压器、辅助变流器、后置LC滤波装置、空调与加热器、牵引电机通风机断路器、冷却塔通风机断路器、空调与辅助加热设备断路器、辅助电路库用电源转换开关、辅助电路接地开关、辅助电路中各种电机的电磁接触器、CMP交流原边过流继电器、低压电流互感器、D-U305-Y中间继电器、各种功能转换开关和空气自动开关。

控制电路的主要电器如下：司机控制器，一辆车两台，S640U-B型；扳键开关组，一辆车两台，S460W-B型；蓄电池组，一辆车49块，DM-170型阀控式密封铅酸蓄电池，单体额定电压2 V，容量为170 A·h。另外还有蓄电池充电装置、自动过分相装置、主断控制器、压力开关、速度传感器、仪表模块等。

和谐电力3型(HXD3)干线铁路机车以列车微机控制监视系统（简称TCMS）为核心，结合国内原有的机车行车安全综合信息监控系统和CCB-Ⅱ空气制动系统，配以机车外围电路实现。TCMS包括一个主控制装置（包含主控制环节Master和热备控制环节Slave）、两个显示单元。机车网络控制系统为分布式计算机体系结构，TCMS与显示单元、主变流器、辅助变流器通过RS-485接口进行通信，构成星形网络，车与车之间采用总线式10 Mb/s以太网进行信息传输，TCMS同时完成列车级与车辆级信息的转换。机车110 V DC控制电源采用高频电源模块 PSU 与蓄电池并联,共同输出。控制电路电器包括各辅助电机自动开关、各风速继电器故障隔离开关、高压故障隔离开关、压缩机接触器状态开关、主断路器状态开关、辅助变流器库内试验开关、主变流器试验开关、各种接地保护、空气管路压力继电器等。

8.5.5 韶山 8 型(SS8)机车的电器

韶山 8 型(SS8)干线铁路机车,主电路采用了不等分三段半控桥,工频交流晶闸管相控调压调速,属于交-直传动电力机车。

主电路电器主要包括:主变压器,TBQ9-5816/25 型,额定容量 6350 kV·A,额定电压 25 000 V;平波电抗器,TXP8 型,额定电压 1000 V,额定电流 4×970 A;变流装置,TGZ14A-3880/1000 型,额定功率 3880 kW,额定阀侧电压 2×686 V,额定阀侧电流 3880 A,额定整流电压 1000 V,额定整流电流 3880 A;单臂受电弓,$TSG_3$630/25 型;主断路器,TD21A-10/25 型空气式;避雷器,Y10W-42/105TD 型无间隙氧化物式;转换开关 TKH4A-970/1000,负责机车运行方向转换与牵引制动工况转换;交流接触器,TCK7G-1000/660 电空接触器;直流接触器,TCK7F-1000/1500 电空接触器;制动电阻,TZZ10 型,额定功率 2600 kW,额定电流 950 A;牵引电机励磁绕组的固定分路电阻器,TZX8 型,额定电流 273 A。

辅助电路采用单-三相供电系统,由劈相机将单相电源变换为三相电源,辅机均采用三相异步电动机拖动。辅助电路电器主要包括:异步劈相机,YPX-280M-4 型,额定功率 57 kW,额定输入电压单相 380 V,额定输出电压三相 380 V;牵引通风机,13-50-6/YFD-280S-4 型,由离心式风机及其驱动电机组成,风压 3500 Pa,风量 5 m^3/s,驱动电机额定功率 37 kW,额定电压三相 380 V;制动电阻通风机组,TZTF5.6A 型,由轴流式风机及其驱动电机组成,风压 1773 Pa,风量 7.78 m^3/s,驱动电机额定功率 22 kW,额定电压三相 380 V;主变压器通风机组,TZTF6.0G 型,由轴流式风机及其驱动电机组成,风压 1600 Pa,风量 6.25 m^3/s,驱动电机额定功率 37 kW,额定电压三相 380 V;两台空气压缩机,3W-1.6/9 型,公称容积流量 1.6 m^3/min,额定排气压力 900 kPa,轴功率≤13 kW;辅助空气压缩机,CY-252 型,公称容积流量 0.1 m^3/min,额定排气压力 900 kPa;3 台硅整流装置通风机组,T455 型,风量 2 m^3/s,风压 800 kPa,额定功率 4 kW,额定电压三相 380 V;交流接触器,6C110 型,主触头额定绝缘电压 1000 V,主触头额定通过电流 110 A AC;交流接触器,6C180 型,主触头额定绝缘电压 1000 V,主触头额定通过电流 180 A AC;交流接触器,3TB4217 型,主触头额定绝缘电压 660 V,主触头额定通过电流 30 A AC。

控制电路一般由电子电路、主令电器、各种功能的继电器、转换开关、保护电器以及电源等组成。

电子电路包括微机控制柜及其内部程序、显示诊断装置、变流装置中的电子电路板、各种电压电流速度传感器以及其他一些电子电路板等。主令电器有主司机控制器、辅助司机控制器、电空制动控制器、按键开关、按钮开关等。继电器有中间继电器、时间继电器、电压继电器、电流继电器、油流继电器、压力继电器等。转换开关有电源开关、功能转换开关、测量转换开关等。保护电器有自动开关、过载继电器等。电源有直流 110 V 稳压电源,备用蓄电池电源,15 V、24 V、48 V 低压电源。

8.5.6 城市轨道交通车辆的电器

国内某城市轨道交通车辆的电器布置如图 8.12 所示,车底悬挂设备布置如图 8.13 所示。

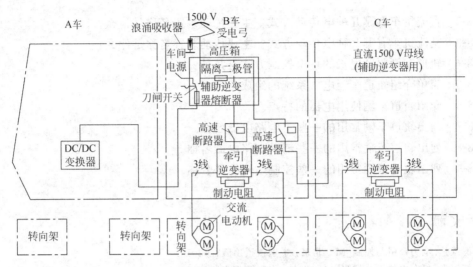

图 8.12 某城市轨道交通车辆的电器布置

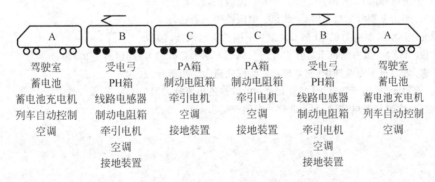

图 8.13 某城市轨道交通车辆车底悬挂设备布置

主电路电器主要包括受流装置(受电弓或受流靴)、浪涌吸收器(避雷器)、隔离二极管、线路电感器、高速断路器、牵引逆变器、制动电阻、驱动电机、接地装置等。

PA 箱(牵引和辅助逆变器箱),整合辅助逆变器(DC/AC)的牵引,装在 C 车。PA 箱内一半是辅逆,一半是 VVVF 牵引逆变器。

PH 箱(高压箱),整合高压电器的牵引箱,装在 B 车。PH 箱内一半是 HSCB(高速断路器)高速开关及高压传感器,一半是 VVVF 牵引逆变器。

辅助电路电器主要包括辅助逆变器(DC/AC)、空调电机、风扇电机、风源装置电机、制动电阻冷却风机、各种自动开关、接触器、断路器、状态转换开关等。

控制电路电器包括蓄电池充电机、蓄电池、牵引控制单元、列车微机控制监视系统(简称 TCMS)、通信总线与网关、各种电子电路、小型自动开关、继电器等。

思考题

8-1 轨道车辆驱动时为何需要使用传动系统？有哪几种传动系统？简单介绍其应用情况。

8-2 直流机车有哪几种电传动方式？主要传动装置名称是什么？

8-3 交流机车有哪几种电传动方式？主要传动装置名称是什么？

8-4 轨道车辆驱动电机的供电控制方式有几种？

8-5 简单介绍轨道车辆电气系统的组成与特点。

8-6 介绍轨道车辆使用电器的特点。

8-7 列出轨道车辆常用的一些主电路电器名称。

8-8 列出轨道车辆常用的一些辅助电路电器名称。

8-9 列出轨道车辆常用的一些控制电路电器名称。

参考文献

[1] 谢维达.电力牵引与控制[M].北京：中国铁道出版社,2010.
[2] 胡汉春.机车电传动与控制[M].北京：中国铁道出版社,2012.
[3] 连级三.电传动列车概论[M].北京：中国铁道出版社,2011.
[4] 张琳.牵引电器[M].成都：西南交通大学出版社,2008.
[5] 赵叔东.韶山8型电力机车[M].北京：中国铁道出版社,2001.
[6] 张曙光.HXD3型电力机车[M].北京：中国铁道出版社,2009.
[7] 于克俊.HXN3型内燃机车总体设计[J].机车车辆通信,2010,176(4)：4-9.
[8] 包学志.电力机车专业知识[M].成都：西南交通大学出版社,2009.
[9] 华亮,姜建宁.机车车辆概论[M].北京：中国铁道出版社,2010.
[10] 于彦良.内燃机车电传动[M].北京：中国铁道出版社,2007.

第9章

轨道车辆的检修

9.1 引言

轨道车辆的运用,即车辆的工作频率、工作时长、负载、行驶里程等,由运输任务(乘客数量、货物质量等)决定,当然这些运输任务必须在轨道车辆自身技术参数允许的范围内。城市轨道交通车辆的运用与干线铁路机车车辆的运用明显不同,同时干线铁路上的电力机车、内燃机车、动车组、客车、货车的结构与性能又有很大的差异,这也导致了它们的维护、保养、检修区别较大。本章介绍城市轨道交通车辆与干线铁路电力机车的检修。轨道车辆在工作中各机械零部件不可避免地受到振动、冲击、摩擦、磨损和腐蚀,出现变形、损伤和损坏,由此可能出现各种故障。另外,电力电子器件本身有一定的寿命周期,电气系统可能出现断线、接地、烧损、绝缘老化及破损。这些都会影响轨道车辆的正常运行,严重时危及行车安全,因此需要在现场、机务段、修理厂对轨道车辆进行必要的检查、维护保养、维修、检修等,以恢复轨道车辆的功能,使轨道车辆能够正常运行。

轨道车辆的修程与修制涉及检修周期(通常以走行公里或走行时间表示)、检修程度、检修项目、检修制度、检修类型、检修计划等诸多问题。由于各种轨道车辆的结构、性能、运用上差异较大,并无一个统一的模式。常见的有两种检修模式:计划预防修和状态修。大多数国家(包括中国在内)的检修制度都以计划预防修为主,美国实行的是状态修。计划预防修是以零件的磨损规律为基础,再根据实际运用情况确定其修理周期和检修项目,主要原则是防重于治,其特点是避免零件过早磨损、延长使用寿命、降低使用成本和事故发生率、能较好地发挥零件的使用效能。这种检修制度有利于检修部门有计划地组织生产,提高修车效率和保证修车质量。缺点是检修过程中盲目性大,浪费人力物力。状态修能充分发挥机车车辆质量的内在潜力,把检修工作量减小到最低限度,但必须采用新技术、设备、新材料和新工艺,提高零部件的可靠性和延长使用寿命,同时采用先进的检测、诊断办法,制定合理的监测周期,对运行状态进行准确监控。目前也有用户针对不同的轨道车辆的结构特点及运用情况,选择使用计划预防修与状态修其中之一或将两者结合起来进行。

9.2 电力机车的检修

电力机车的日常维护保养的作用是发现电力机车处于萌芽状态的故障现象并及时处理,这主要由机车乘务员、机车整备车间共同完成。除了日常检查和保养以外,还必须有其他修程的检修。电力机车的检修形式主要有两种:一种是计划预防修,根据机车走行公里或者运行时间来安排检修周期和检修程度;另一种是状态修,它的主要依据是机车的实际技术状态,根据不同的技术状态确定检修周期和修程,这就需要有一个准确、及时的质量信息反馈系统,管理难度较高。目前我国铁路各个机务段主要采用计划预防修,也有少数单位试行状态修制度。随着机车故障诊断记录系统的不断完善以及机车结构模块化的推广,配合更加全面的机车信息管理系统,状态修的应用范围将会逐步扩大。

9.2.1 电力机车的计划预防修

我国绝大多数电力机车采用计划预防修。根据原铁道部有关文件的规定,电力机车的检修周期和修程应根据其构造特点、运用条件、实际技术状态和当时生产技术水平与经验来确定。计划预防修的核心是检修周期,通常将轨道车辆的所有零部件以及各种配合的检修周期加以统一、固定,然后分层次地制定出计划检修周期,每次检修都能保证在检修前进行统筹安排,从而大大提高劳动生产率。下面介绍我国电力机车的修程、修理周期、检修范围、检修限度、检修计划。

1. 修程

修程一般包括大修、中修、小修以及辅修四个级别。大修为制造厂或专业修理厂的检修修程,中修是机务段能进行的最大程度的检修、辅修修程,小修为段修修程。由于修程不同,因此各修程的技术要求也不相同。

大修:机车全面检查、检修,恢复机车可靠使用的基本质量状态,一般由铁道部指定的机车修理工厂进行。

中修:机车主要零件的检查、检修,恢复其可靠使用的质量状态,可由机车修理工厂或具有检修能力的机务段实施。

小修:机车关键部件和易损零件的检查、检修,有针对性地恢复机车的运行可靠性,在条件允许的情况下可按其状态进行检修,一般由机务段实施。

辅修:机车例行检查,进行故障诊断,按状态进行必要的检修,一般由机务段实施。

2. 修理周期

根据原铁道部有关文件规定,电力机车各级修程的检修周期,按照未经该修程则不足以恢复其基本技术状态,考虑机车零部件在两次修程间保证安全运用的最短期限,综合确定。根据当前我国电力机车技术状态及生产水平,客货运电力机车的走行公里数规定如下:大修为 160 万~200 万 km,中修为 40 万~50 万 km,小修为 8 万~10 万 km,辅修不少于 2 万 km。补机和小运转机车的走行公里数规定如下:大修不少于 15 年,中修不少于 3 年,小修不少于 6 个月,辅修不少于 1 个月。通常两个相邻大修中间包括 3~5 个中修,两个相邻中修中间包括 3~5 个小修,两个相邻小修中间包括 3~5 个辅修。

3. 检修范围

《电力机车大修规程》和《电力机车段修规程》分别是电力机车大修和段修的依据，大修和段修后的机车必须达到规程规定的技术要求和技术状态后方能投入运行。检修范围通俗来讲就是指干什么、干到何种程度。检修工艺是指具体的工作方法以及使用的工具、材料等，通俗来讲就是如何干。规程的编制是以机车的检修周期，各机组、部件的技术要求以及机车状态的变化规律为依据，保证机车不发生因检修范围不当而造成机破、临修或超范修。

4. 检修限度

电力机车运行一段时间后，必须根据制定的计划预防修制度进行修理，以确保机车的正常使用，同时考虑要充分利用和发挥电力机车上每个零件的使用潜能，避免造成不必要的浪费。因此，在确保行车安全以及各零部件有足够的使用强度的前提下，需要确定各级修程的检修限度，主要有原形尺寸、大修限度、中修限度和禁止使用限度。

原形尺寸：机车各零件的设计尺寸和制造允许公差。

大修限度（第一限度）：机车大修时，原则上要将各限度恢复到设计时规定的原形尺寸。

中修限度（第二限度）：机车中修时，各零部件及配合允许出段的限度尺寸。

小修限度：机车小修时，各零部件及配合允许出段的限度尺寸。

禁止使用限度：机车各零部件和配合间隙超过此限度时，未经修理或更换不准继续使用。

5. 检修计划

检修计划的制定一般是由机务段技术科负责，技术科和检修、运用两车间共同编制，编制时的主要依据是原铁道部颁布的段修规程。段修规程中明确规定了电力机车的各种修程、走行公里标准与期限，需要结合实际技术状态，运行情况等适当加以调整，以保证检修部门有节奏的生产，不至于造成运用机车台数太大的波动。为确保机务段的正常运作，机务段应该检查检修任务的完成情况，并做好相应记录，以便为日后检修计划的进一步修订提供可靠的依据。

1) 大修计划

机务段每年度规定期限内编制出分季大修年度申请计划，铁路局进行综合平衡，于指定日期前报原铁道部（运输局整备部）审批。铁路局按原铁道部批准的年度申请计划，责成机务段填写机车不良状态书、检修范围报铁路局并寄交承修工厂。原铁道部适时召开机车大修计划会议，确定机车的大修任务，并组织委修、承修双方会同审查机车不良状态书、检修范围，落实加装改造项目和机车入厂、出厂日期，并签订机车大修合同。

2) 中修计划

机务段在每年指定日期前编制出年度分季中修计划并上报铁路局，经其平衡汇总后报原铁道部备案。机务段每半年向铁路局报分月的季度中修计划，铁路局审查平衡批准后，于季度开始前一个月下达承修并通知委修段。委修段于月度开始前 25 天将中修机车不良状态书寄给承修段，承修段于每月上旬编制出中修施工月计划，报铁路局并通知委修段。

3) 小、辅修计划

机车小、辅修月度或旬计划应在月或旬开始前 3~5 天提出，经机务段长批准，报铁路局备案后执行。运转车间应于机车小、辅修开工前 3 天发布检修计划，两天前制定好相关细节标准，并于一天前交回检修车间。

9.2.2 电力机车的大修过程

电力机车的大修过程主要包括电力机车分解、零部件清洗、零部件检验、零部件修复、电力机车总装、性能试验等。

1. 电力机车分解

电力机车分解是将电力机车上的零部件拆卸下来的过程,这是电力机车检修的第一步,也是最基础的一步。

根据现有大多数电力机车的分解工艺,拆卸过程技术难度不是很高,不需要采用复杂的工艺装备和精密的工具,通常需要一些大型起重设备与专用吊具。从机车上拆下来的零部件大部分将再次使用,因此分解过程中要避免对零部件造成不应有的损害,杜绝野蛮拆卸、破坏性拆卸。分解工作按以下要求进行:

(1) 正确、恰当地使用拆装工具。分解工作中禁止猛敲狠打地蛮干,以免零部件发生新的损伤和变形。严禁使用手锤直接敲击零件工作表面,必要时可以采用铜质、橡胶或木质手锤敲击,或者加软质衬垫后再敲击。

(2) 严格注意工作安全。工作前必须按规定做好必要的防护工作,工作中避免一切生产事故,做到"三不伤害",即不伤害别人、不伤害自己、不被别人伤害。

(3) 标志清楚清晰。对于公差配合要求较高的零部件以及不同位置、不同机车上的相同零部件,分解时要做好标志记号,标志清楚清晰,以免组装时发生混淆。

(4) 摆放合理有序。分解拆下来的零部件必须放在专用的零件架或者支撑台上,禁止不合理地摆放零部件,以避免造成不必要的损伤和变形。同时还要注意下一步的清洗、运输问题。

(5) 小型零件专门保存。一些小型零件注意专门存放,以免丢失。为了组装时方便,这些零件也要做好记号。

(6) 测量与记录。一些尺寸和参数在解体后不便于测量或无法测量的,如配合间隙、横动量等必须在分解前及时测量和记录。

2. 零部件清洗

彻底清除电力机车零部件表面的油污、积垢、锈蚀等脏物,这是对零部件进行下一步检验、确定修理工作量的必要条件。清洗工作十分重要,清洗质量将直接影响下一步的检修质量。如果清洗不彻底,零部件存在的各种隐患和损伤就不容易发现,引起漏检漏修,从而导致严重后果。

清洗也需要注意另外一些问题。例如,清洗介质不应对零部件产生腐蚀,特别是对于精密零部件,不允许受到任何腐蚀。选用非易燃易爆而且环保无毒的清洗剂,避免在清洗过程中引起火灾、中毒或污染环境等不良后果。根据各种零部件的具体情况,当前主要采用的方法有碱性溶液除油、有机溶剂去油、金属清洗剂除垢、压缩空气除尘、简易工具去油等。

3. 零部件检验

零部件检验是查找、发现、确认问题的环节,常见的有分解检验、过程检验、落成检验三种方式。分解检验,是在分解前和分解中对零部件进行检验,一般在清洗后进行,其目的是初步确定零件技术状态。过程检验,是指零部件在修理过程中进行的检验,其目的是检查修理的零部件是否符合规定的技术要求。落成检验,是指在部件或机车组装后进行的全面检查和验收,是对整个检修过程的最后检查。

检验的基本内容包括以下多个方面:几何尺寸的测量,如长度、磨损量等;表面质量检查,如腐蚀、裂纹、剥落、烧蚀等;隐蔽缺陷隐患检查,如电路板的焊接点虚焊等;材料的性能测量,如绝缘材料的绝缘强度;元件的性能测试,如电阻、电容、电子元件的基本性能等;部件的综合性能试验,如电器件的动作试验、整车高低压试验等。

检验方法主要包括感觉检验、仪器及量具检测、物理探测等三大类。感觉检验是指不依靠仪器,仅凭检验人员的感觉和经验来鉴别零件的技术状态,是初步检验方法,有视觉检查、听觉检查、触觉检查等。仪器及量具检测能够比较准确地测量出被测零部件的相关技术数据,从而能够比较准确地得出零部件的真实技术状态,为检修提供科学的依据,有几何精度测量、弹簧的弹力和扭矩测量、动静平衡试验、电气仪表检测、专用测试设备检测、软件检测等,根据被检测的零部件工作原理、工作性质、结构特点的不同,还会有一些专用检测设备等。物理探测用于检查机械零件是否存在微小裂纹或内部隐蔽缺陷,例如车体、转向架、轮对、制动走行部等,主要有磁力探伤、着色探伤、超声波探伤等。

4. 零部件修复

电力机车的零部件,如果需要检修,可分为可以修复和不可修复两大类。修复费用低于造价的零件且修复后的技术状态能够满足使用要求的,则尽量采取办法进行修复,以节约检修成本。

电力机车零部件的修复工艺主要有机械加工法、焊修法、粘接法等。

机械加工是指对金属或者非金属工件进行物理形状改变的过程,也就是通过使用机床切除工件表面的部分材料,使工件的几何尺寸达到要求。机械加工多数使用车床,另外也使用铣床、刨床、磨床、钻床、镗床等。

焊修法,即使用金属焊接技术用于修理,常用的焊修法有两种:钎焊和熔焊。按照加热方式又可以分为电焊和气焊。

粘接法就是利用粘合剂把零部件粘在一起形成永久性连接的修复方法。它的优点是:可以连接很薄的零件,也可以连接厚度相差很大的零件,应力集中现象比焊接、铆接轻得多,还可以满足不同要求以及特殊性能,修复工艺简单、操作简便、成本低廉。其缺点是:容易老化,耐热性差,粘结层抗剥离、抗冲击能力差。

5. 电力机车总装

电力机车总装是各零部件检修后期即开始的一项工作。电力机车总装需要注意以下问题。

合理安排检修周期。不同的零部件检修周期不同,时间相差较大,同时电力机车上一部分零部件具有互换性,个别零部件必须换新。因此,在电力机车分解阶段就需要注意检修周期的问题,合理安排零部件的检修,零部件的检修可以并行进行,同时通过零部件的互换性控制整体检修周期,使得电力机车总装过程不受个别零部件检修时间较长的影响。

整车组装有序进行。电力机车的一些主要、关键部件必须按顺序组装,否则无法进行下一步施工,而其他一些零部件可以同时进行安装,但相互之间可能存在施工干涉。因此,在电力机车组装过程中,必须合理组织,使得各个零部件安装、各工序之间相互协调、互相配合,有序进行。

注意工艺安全与施工安全。施工过程必须做好防护,以免损坏其他已经安装的零部件。

另外，电力机车在总装过程中，在车底、车身、车顶三个高度均有可能进行施工，任何一个位置的施工必须考虑可能对其他人、设备的影响。

6. 性能试验

电力机车整体组装完毕后，需要进行各种性能试验。各种电力机车的工作原理不同、结构不同、修程不同，需要进行的性能试验项目也会有所不同，需要按照具体型号电力机车的维修保养手册，同时参照大修规程、段修规程等技术标准实施。下面简单介绍机车耐压试验、机车低压试验、机车高压试验、制动系统静态试验、重联试验等。

机车耐压试验又称为机车绝缘介电强度试验，实验的主要目的是为了检验机车电气设备的绝缘状态是否良好。机车耐压试验根据被试验的电路额定电压等级不同，使用不同的试验电压。机车耐压试验前检查并确认试验对象电气设备齐全，电路连线完整，动作状态准确无误；其他非试验对象电路应该可靠短接并可靠接地；机车上的电子设备、电子装置一般不参加机车耐压试验，应确保它们可靠接地。机车耐压试验前后用相应电压等级的兆欧表测量绝缘电阻，其值不得小于规定值。

机车低压试验的目的是对整车电路、电气设备的连接正确与否，各电气设备的执行机构动作程序及其逻辑关系正确与否进行全面检查。低压试验前应对机车整车电路、电气设备进行一次一般性整备检查，并对某些设备进行必要的操作。机车低压试验结果要求整车电路连接正确，各电气设备能够按逻辑正常动作。

机车高压试验的目的是检验机车在接触网供电工况下各辅助电气设备启动、运行情况，并简单试验机车牵引、制动。高压试验在工频 25 kV 接触网供电的情况下升弓进行，除机车上人员外，其他人员应该远离机车。在有条件的情况下，可以进行短距离机车牵引、制动。

制动系统静态试验的目的是对制动系统进行初步试验，检验制动系统的风系统、摩擦制动部分能否正常工作。电力机车的制动系统十分复杂，涉及了整车控制系统，摩擦制动与电制动互相协调统一，单机（单独一个机车）制动与牵引成列（机车牵引车辆）又有所不同，完整的制动系统试验必须在试运行、正常牵引车辆的过程中才能得到验证。制动系统静态试验需要按照具体型号电力机车的维修保养手册，同时参照大修规程、段修规程等技术标准实施。

重联是指两辆甚至三辆机车连接在一起，共同用于重载或大坡道牵引工作。电力机车的重联试验较为复杂，需要参照具体型号电力机车的使用手册进行重联工作，注意严格按照指导书的规定步骤实施，同时参照大修规程、段修规程等技术标准实施。

9.2.3 电力机车的状态修

状态修是以可靠性为中心的维修基础建立的，以机车的实际状态来确定修理时间、修理范围，利用故障诊断技术设备，在机车运用中或不解体的情况下测取有关部件的性能参数，利用信息处理分析技术，与已有的技术标准进行比较，对机车技术状态进行判断的一种科学合理的维修方式。随着我国机车制造水平不断提高，监测技术和装备不断进步，信息反馈系统不断完善的发展过程中，原铁道部在制定的修制改革总体目标中就明确提出："在计划预防修理的前提下，逐步扩大实施状态修、换件修和主要零部件的专业化集中修，逐步建立适应我国国情的、满足铁路运输要求的、比较合理的机车车辆维修体系。"

9.3 城市轨道交通车辆的检修

城市轨道交通车辆的工作频率、工作时长、负载大小、行驶里程等直接影响车辆的保养、维护、检修。城市轨道交通车辆具有非昼夜连续运行的特点,正常工作日有早、晚客流高峰,周末无客流高峰,每日按图运行,周期性、计划性较强,如果需要,可以针对一些具体车辆短期内安排出较长的非运营时间。城市轨道交通车辆的质量要求较高,如果经常发生故障和临修,必然会影响正常运营,进而产生不良的社会影响,其损失远远超过了车辆本身造成的经济损失。在考虑质量可靠性的前提下,城市轨道交通的计划性很强,运营部门按图行车,从而车辆的使用时间、频率具有规律性,这为车辆的检修、保养提供了方便。

9.3.1 日常维修

日常维修主要包括日检、月检或双周检、临修。

日检,每天对车辆进行的检查,保证第二天出车时,车辆处于良好状态,可以正常工作。日检一般安排在每天运营结束后,通常会在夜间,在车辆段或停车场内进行,对车辆的重要部位,如转向架、轮对、齿轮箱、轴承箱、空压机组、制动单元、车辆电气部件等进行外观检查。在空间位置上按照车底(轨面高度1.2 m)、车内(与地板面同高度)、车顶共3个层面同时进行。

月检或双周检,即每个月或每两周对车辆进行一次检查、保养。月检或双周检仍属于低级别的检修,通常以车辆运行时间或车辆行驶里程10 000 km两个指标任意一个达到即可,月检或双周检的检查内容涵盖日检内容,检查项目更多并进行一些动态调试。月检主要是对主电路中的受电弓、牵引电动机和其他电气箱,走行部分的转向架构架、轮对、齿轮箱和联轴节,车载设备的控制单元,以及各类信号进行检查,确保车辆走行部安全与电气控制性能良好。

临修,超过正常的计划时间或正常检修配备人力、设备下无法完成,以及超过本次检修的计划范围或实施后超出本次检修的计划成本,或者正线运营列车非正常下线产生的检修任务。由此可见,临修大部分是由正常计划修程过程中产生的检修任务,或者是车辆不能正常完成运营工作而产生的检修任务,具有非计划性和偶然性。

根据检修工作量,临修可分为一般临修和重大临修。可以在一般检修线上实施,不需要使用架车机、镟床、吊车等大型设备就能完成的临修任务,称为一般临修。必须在专用线上实施,并且要借助架车机、镟床、吊车等大型设备才能完成的临修任务,称为重大临修。

根据检修起因不同,临修可分为直接临修与超计划临修。正常运营工作中的车辆由于故障而不能继续正常工作,清客后自行回库或救援回库,由车辆管理部门组织对其实施临修,称为直接临修。在日常计划的检查、保养工作过程中,如日检、双周检、月检、定修等,发现超出计划的维修检修项目,称为超计划临修。

9.3.2 定修

定修属于计划修,是预防性检修。定修一般按10万km或一年进行一次,两个指标任一个到达即可进行。

城市轨道交通的车辆段或停车场基本上都设有一条专门的定修线,车辆定修就在定修线上进行。定修需要分解列车并架车检查,对重要的大部件做较细致的检查,对检查后发现故障的部件进行修理,更换一些易损零件。定修线上的架车机可纵向移动,列车分解后,将各车辆之间分开足够的距离,再用架车机依次架起车辆,推出转向架,放置在车辆与车辆之间的空隙轨道上。定修的检修内容较多,检查比较仔细,通常需要 8~9 个工作日才能够完成。

9.3.3 架修

架修属于计划修,是预防性检修。一般按 50 万 km 或 5 年进行一次,两个指标任一个到达即可进行,根据车辆的设计不同指标会有差异。

架修是对车辆进行全面检查,重点是转向架、车钩缓冲装置和空气制动系统等部件。对车辆在运营中已经发现的各种故障、损伤应彻底修复,保证零部件性能良好,减少架修后投运中的临修作业。架修需要分解列车、架车并拆除部分大部件,各个专业班组对拆卸下来的大部件进行测试检查,如转向架、牵引电机、车钩、空调机组等,另外一些例如牵引逆变器、辅助逆变器等留在车上进行检查,地板、内饰等在现场检查,对检查后发现故障的部件进行修理,按架修限度检修、更换零件。

9.3.4 大修

大修属于计划修,是预防性检修,是最高级别的车辆修理。一般按 100 万 km 或 10 年进行一次,两个指标任一个到达即可进行,根据车辆的设计不同指标会有差异。

城市轨道交通车辆的大修一般在生产制造厂或专业修理工厂进行。大修的目的是对车辆进行彻底的检查和修理,以便恢复到新车出厂时的功能和标准,大修的内容覆盖架修,另外还包括更换车轮、轴承、橡胶件等。大修需要分解列车、架车并拆除全部大部件,对所有部件、零件进行测试检查,对整车进行全面细致的检查,对检查后发现故障的部件进行修理,按大修限度更换零件。同时,有的零部件在经过 10 年的时间后,其技术已经淘汰,还需要进行必要的现代化技术改造,最后,车体需要进行修正和涂装。

9.4 轨道车辆检修总结

轨道车辆检修制度的制定不是一个永恒不变的过程,应该是一个不断完善和改进的过程。随着轨道车辆质量的提高、定检公里数或定检期限的延长以及检测技术的日益进步,检修制度正向着更加科学、更加注重主要检修依据的状态修的趋势发展。每台机车从投入运营开始,检修工作便随之开始。科学合理的检修规程和检修制度是保证轨道车辆检修工作顺利进行、提高轨道车辆完好率的基础。

做好轨道车辆的检修工作具有重要的意义:

(1) 保证行车安全和正常的运输秩序,避免由于轨道车辆的故障引起各种行车事故,避免造成人员伤亡和重大经济缺失;

(2) 提高轨道车辆检修质量,可减少临修,缩短检修时间,使更多的轨道车辆能够投入运营,提高运输效益;

（3）可为轨道车辆的设计、制造、改进提供实践依据，不断提高轨道车辆的设计制造水平。

思考题

9-1　轨道车辆的计划预防修有何优缺点？
9-2　轨道车辆的状态修有何优缺点？
9-3　电力机车的检修限度包含哪些概念？
9-4　电力机车的耐压试验目的是什么，试验过程中应该注意哪些问题？
9-5　当前我国城市轨道交通车辆的检修属于何种检修模式，如何改进提高？

参考文献

[1] 廖爱华.城市轨道交通车辆维修工艺与设备[M].北京：中国铁道出版社，2013.
[2] 郑炎华.城市轨道交通车辆检修工艺[M].成都：西南交通大学出版社，2016.
[3] 张曙光.HXD3型电力机车[M].北京：中国铁道出版社，2009.

第 10 章

轨道车辆动力学基础

10.1 概述

　　动力学是理论力学的一个分支学科,它主要研究作用于物体的力与物体运动的关系。各种交通运输工具,如飞机、轮船、汽车等的动力学研究已经有较长的时间,它们各自具有一些具体问题,大量丰富的研究与试验形成了较完善的理论体系,很多研究成果已经应用到实践中。轨道车辆动力学(也称为机车车辆动力学或车辆系统动力学)在国外的研究起步较早,但轨道车辆速度较低时其动力学问题并不突出。

　　20 世纪 80 年代以后,我国重载货运、高速客运、城市轨道交通开始迅速发展,轨道车辆与线路之间的动作用力以及列车各部件间的振动加剧,严重影响了列车运行的平稳性、稳定性和使用寿命,从而对轨道车辆的结构设计、性能指标都提出了更高的要求,这有力地推动了轨道车辆动力学的研究。轨道车辆动力学的研究内容主要包括轨道列车运行稳定性、轨道列车运行平稳性、轨道列车曲线通过、钢轮钢轨的几何关系与轮轨蠕滑关系、弓网关系以及车辆构件疲劳特性、轨道车辆的主动控制(主要针对动力学问题)、轨道车辆的空气动力学与噪声等。本章只介绍轨道列车运行平稳性、轨道列车运行稳定性、轨道列车曲线通过等内容。

10.1.1 轨道车辆振动的原因

　　轨道车辆在线路上运行时,构成一个复杂的具有多自由度的振动系统(见图 10.1)。

　　在轨道车辆动力学研究中,把车体、转向架构架(侧架)、轮对等基本部件近似地视为刚性体,只有在需要研究车辆各部件的结构弹性振动时,才把它们视为弹性体。通常有簧上质量与簧下质量的概念。簧上质量是指车辆中支持在弹性元件上的零部件质量,车体、车辆的载重通常都是簧上质量。簧下质量是指车辆中与钢轨直接刚性接触的质量,至少包括轮对、轴箱装置等。引起轨道车辆振动的原因一般可分为与轨道有关的激振因素、与车辆有关的激振因素两大部分。

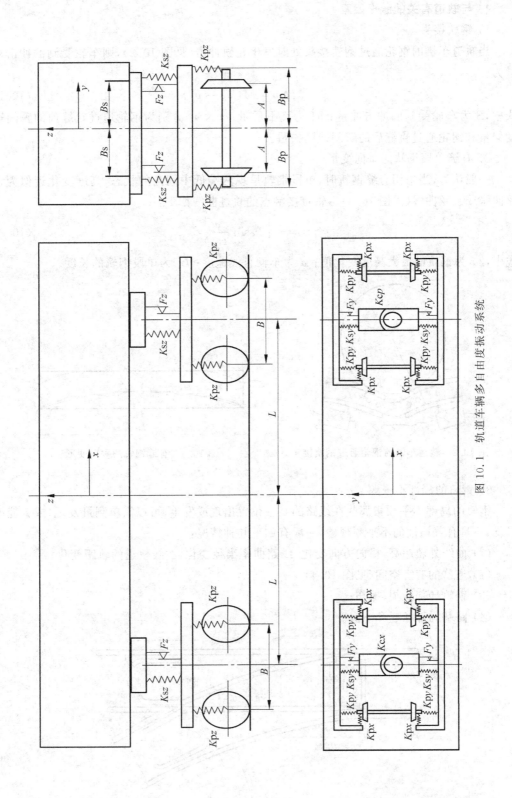

图 10.1 轨道车辆多自由度振动系统

1. 与轨道有关的激振因素

1) 钢轨接头

当轨道车辆的钢轮通过钢轨接头处时发生轮轨冲击(见图 10.2),则车轮受到的冲击冲量为

$$S = M\Delta v = M(v_b - v_a) \tag{10.1}$$

式中,S 为车轮受到的冲击冲量;M 为簧下质量;v_a,v_b 分别为钢轮通过轨缝前的瞬间速度矢量和钢轮通过轨缝后的瞬间速度矢量。

2) 有缝单段钢轨的垂向变形

一般认为,当采用有缝钢轨时,单段钢轨呈现两端低中间高的状态,高度变化近似为正弦曲线或余弦曲线(见图 10.3)。轮轨接触点的轨迹曲线如下:

$$z = -\left| 2a \sin \frac{\pi v t}{L_r} \right| \tag{10.2}$$

式中,$2a$ 为钢轨的最大高度变化值;v 为车辆直线速度;L_r 为单段钢轨的长度。

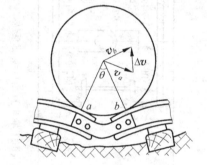

图 10.2　轨道车辆的钢轮通过钢轨接头

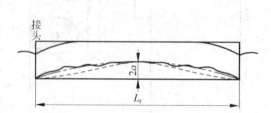

图 10.3　有缝钢轨的垂向变形

3) 钢轨的局部不平顺

钢轨的局部不平顺指那些在线路的某一位置出现或发生,可以简单测量发现,或者能够修复,不具有普遍性的不平顺现象,一般有如下几种情况:

(1) 曲线外轨超高,横向方向变化,线路曲率半径变化,曲线轨道的轨距变化;

(2) 道岔的有害空间(见图 10.4);

(3) 钢轨局部磨损、擦伤;

(4) 路基局部隆起和下沉。

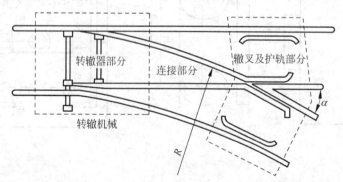

图 10.4　普通单开道岔

4) 钢轨的随机不平顺

钢轨的随机不平顺指钢轨的不平顺不是一个确定量,它因时因地而有不同值,它的变化规律具有很大的随机性,因而称为随机不平顺,如图 10.5 所示。钢轨的随机不平顺包括水平不平顺、轨距不平顺、高低不平顺、方向不平顺。

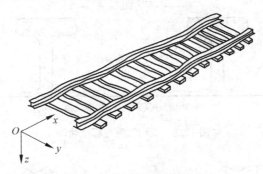

图 10.5　轨道不平顺的状态

(1) 水平不平顺

水平不平顺是指在与线路纵向垂直的各个横截面上,左右钢轨对应点的高差,如图 10.6 所示。当线路是曲线时,水平不平顺的幅值不包括外轨相对内轨的超高部分。

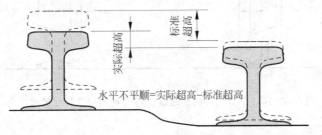

图 10.6　水平不平顺的幅值

三角坑(见图 10.7),通常是指一种比较严重的轨道水平不平顺,即左、右两轨轨顶面(常用四个点确定)相对于相应的轨道平面的扭曲状态,用相隔一定距离(通常取为轨道车辆的轴距)的两个横截面的水平不平顺的幅值的代数差度量,即

$$\delta = (z_{1L} - z_{1R}) - (z_{2L} - z_{2R}) \tag{10.3}$$

式中,δ 为三角坑的值;z_{1L},z_{1R} 为第一横截面的左、右两轨轨顶面高度;z_{2L},z_{2R} 为第二横截面的左、右两轨轨顶面高度。

由式(10.3)可以看出,当相隔一定距离的两个横截面的水平不平顺的幅值为一正一负时,三角坑的值的绝对值偏大,即两个横截面的水平不平顺方向相反,当一个轨道车辆转向架的两个轮对行驶在该位置,对角线方向的两个车轮可能会悬空,从而导致车辆运动稳定性较差,振动加剧。

(2) 轨距不平顺

轨距应在钢轨头部内侧面下 16 mm 处量取,直线轨道的标准轨距值规定为 1435 mm。

轨距不平顺是指在与线路纵向垂直的横截面上,左右钢

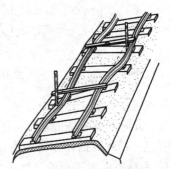

图 10.7　水平不平顺的三角坑

轨顶面以下 16 mm 处的距离(左右两根钢轨之间的内侧距离)与标准轨距的偏差,即实际轨距相对于标准轨距的偏差(见图 10.8)。当线路是曲线时,不包括为加宽轨距的内轨内移尺寸(见图 10.9)。

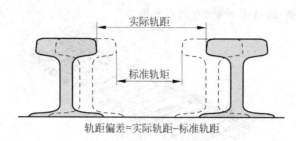

图 10.8 实际轨距与标准轨距

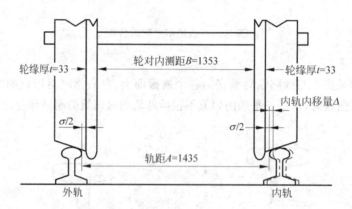

图 10.9 直线与曲线时钢轨与轮对的位置尺寸关系

(3) 高低不平顺

钢轨实际中心线与理想中心线的垂向(上下)偏差,钢轨空载与有载荷时的状态差异较大(见图 10.10)。由于左、右两根钢轨高低的起伏变化趋势不完全相同,有左轨高低不平顺和右轨高低不平顺。一般取左右两根钢轨的高低不平顺的代数平均值作为轨道的高低不平顺(见图 10.11)。

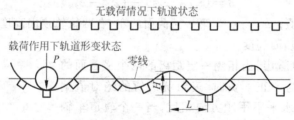

图 10.10 空载与有载荷时的钢轨高低不平顺

(4) 方向不平顺

方向不平顺是指钢轨实际中心线与理想中心线的横向(左右)偏差(见图 10.12)。实际中,左、右两根钢轨方向的变化往往不同,可分为左轨方向不平顺和右轨方向不平顺,并将左、右轨方向不平顺的代数平均值作为轨道的方向不平顺(见图 10.13)。

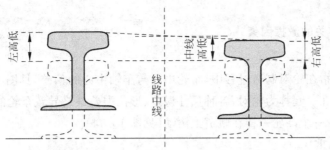

图 10.11　左轨高低不平顺和右轨高低不平顺

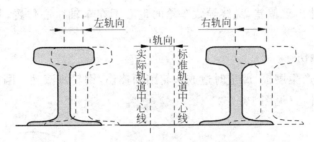

图 10.12　轨道的方向不平顺

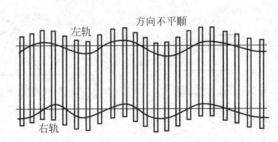

图 10.13　左轨方向不平顺和右轨方向不平顺

5）钢轨随机不平顺的测量

对轨道线路进行测量，每间隔一定的距离，在与线路纵向垂直的各个横截面上，左右钢轨对应点上的测量数据见表 10.1。水平不平顺一般可以直接测出，根据其他测量数据，可以计算出轨距不平顺、高低不平顺、方向不平顺。

表 10.1　随机不平顺的测量　　　　　　　　　　　　　　　　　　mm

		采样点									
		1		2		3		4		5	
		左轨	右轨	左轨	右轨	左轨	右轨	左轨	右轨	左轨	右轨
坐标	z										
	x	717.5	-717.5	717.5	-716.5	717.5	-715.5	715.5	-716.5	719.5	-717.5
	y	139	141	140	138	138	138	140	140	142	140
水平不平顺		-2		2		0		0		2	
轨距不平顺		0		-1		-2		-3		2	
高低不平顺		140		139		138		140		141	
方向不平顺		0		0.5		1		-0.5		1	

2. 与车辆有关的激振因素

1) 车轮偏心

车轮偏心是指在轮对制造过程中,车轮中心与车轴中心的偏差,见图10.14。两个车轮与一个轮轴组装在一起称为轮对,各种尺寸误差、形位误差最终导致车轮的中心不在车轴中心位置,即车轮像一个凸轮一样在轨道上滚动(见图10.14)。

2) 车轮不均重

车轮本身材质不均匀,速度越高,轮轨作用力越大。另外,车轮本身除了加工表面以外,其他位置、形状尺寸出现偏差,最终导致车轮的重心不在车轴中心位置,其效果和车轮偏心类似。

3) 钢轮踏面擦伤

钢轮在行驶中产生磨损,严重时造成车轮踏面擦伤,钢轮每滚动一圈就和钢轨发生一次冲击,属于周期性冲击(见图10.15)。

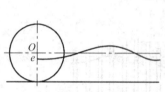

图10.14 车轮偏心导致的振动

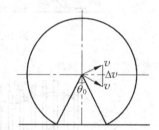

图10.15 钢轮踏面擦伤产生周期性冲击

4) 蛇行运动

按当前的研究成果,蛇行运动是轨道车辆所特有的运动,是轨道车辆在直线轨道上高速运行时可能会出现的一种横向振动。由于车轮踏面呈锥形,且轮缘与钢轨间存在间隙,当车辆中心在行进中偶尔偏离直线轨道的中心时,两车轮便以不同直径的滚动圆在钢轨上滚动,轮对一面做横向摆动,一面绕其质心的垂直轴来回转动,从而产生一种类似蛇行的波形运动(见图10.16)。

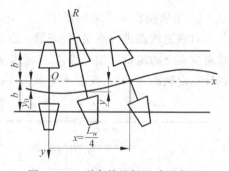

图10.16 列车的蛇行运动示意图

蛇行运动发生时,轨道车辆高速、轮流地冲击两侧钢轨,车体和转向架之间的相对振幅加大,周期性的冲击导致各种振幅有进一步加大的趋势,甚至对行车安全产生影响。剧烈的蛇行运动不仅破坏机车车辆运行的平稳性,而且还损坏轨道线路,甚至引起脱轨事故。蛇行运动已经得到了广泛的试验研究,现有的研究结果表明,钢轮的半径越大、踏面斜度越小,蛇行运动的波长越长,越不易发生蛇行运动。通常,轨道列车在高速运行时更容易发生蛇行运动,蛇行运动是列车速度提高的主要障碍。

10.1.2 轨道车辆的振动形式

轨道车辆是多自由度的振动系统。研究轨道车辆振动时通常根据需要采用两种模型：第一种，把各主要部件都视作刚体，例如车体、转向架构架、轮对等，各刚体间由弹性元件和阻尼元件互相连接；第二种，将整个轨道车辆视为一个刚体。

定义坐标系（见图10.17）如下：将轨道车辆放在空间三维坐标系中，视为一个长方形刚体，把车辆前进方向定为纵向，在轨道平面内垂直于纵向的方向称为横向，垂直于轨道平面的方向称为垂向。

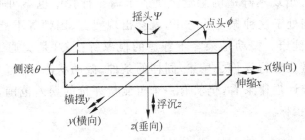

图 10.17 轨道车辆处于三维坐标系中

位于三维空间的物体有 6 个自由度，则轨道车辆沿三个方向的平移运动分别称为伸缩、横摆（侧摆）和浮沉，绕三个坐标轴的回转运动分别称为侧滚、点头和摇头。浮沉运动——沿垂向的平移，z；横摆运动——沿横向的平移，y；伸缩运动——沿纵向的平移，x；摇头运动——绕垂向轴的旋转，ψ；点头运动——绕横向轴的旋转，ϕ；侧滚运动——绕纵向轴的旋转，θ。在轨道列车行驶过程中，这些运动形式同时存在。一般认为，轨道的水平不平顺易导致侧滚运动，轨道的轨距不平顺易导致横摆（侧摆）运动，轨道的高低不平顺易导致浮沉运动、点头运动，轨道的方向不平顺易导致摇头运动。

10.1.3 轨道车辆动力学的研究内容

在轨道车辆动力学中，可以分别按垂向动力学、横向动力学和纵向动力学对轨道车辆进行研究，对应的动力学模型也分为垂向模型、横向模型和纵向模型，然后将三个模型的计算、研究结果结合在一起进行计算、研究，但已有的研究一般不采用此方法。

纵向轨道车辆动力学模型主要用于研究车钩力、车辆之间的相对速度与距离以及轨道车辆之间的冲击等，研究成果适用于轨道车辆的编组、操纵、制动系统设计、车钩缓冲装置设计等，并与列车牵引计算直接有关。通常认为轨道车辆的纵向运动与垂向和横向运动之间不存在耦合关系，所以纵向轨道车辆动力学模型一般单独使用。由于轨道车辆本身结构上有较好的对称性，垂向和横向运动之间通常仅存在弱耦合，所以分别应用横向模型和垂向模型进行研究也很常见。

轨道车辆的振动可分为固有振动与受迫振动。轨道车辆从外界取得一定的能量或受到一定的冲击开始振动，假设以后不再受外界作用力且外界阻力又可忽略的情况下，仅在内部弹性力或准弹性力作用下，以固有频率而保持振幅恒定的振动状态叫作固有振动。固有振动的振幅取决于轨道车辆开始振动时所具有的能量，但固有振动的频率则完全取决于轨道车辆本身的性质，即每一辆具体的轨道车辆都有其固定的固有振动频率。受迫振动又分为确定性受迫振动和随机性受迫振动。例如，周期性的轨道不平顺、车轮踏面擦伤、柴油机或驱动机构引起的某些强迫振动是确定性受迫振动；轨道车辆运行中因线路激扰引起的振动具有随机性，是随机性受迫振动。

10.2 轨道车辆的运行平稳性

人们乘坐、驾驶各种交通工具，如汽车、飞机、轮船等，这些交通工具由于各种原因会出现振动，使乘坐人出现不舒适的感觉。轨道车辆在行驶中也不可避免地发生各种振动，如果乘客长时间处于这种振动状态下，就会出现疲劳、困顿等不舒适的感觉，严重情况下甚至危害身心健康。振动是乘客不舒适的根源所在，这是交通工具的运行品质指标，可以通过指标量化进行评价。显然，同样的条件、振动状态下，每个人个体的舒适度感觉也不同，但从统计规律来看，仍然有一个可测量评价的误差范围，下面介绍 Sperling 平稳性指标和 ISO 指标。

10.2.1 Sperling 平稳性指标

Sperling 指标是基于大量试验，统计得到的经验公式，涉及的最重要的两个指标就是振动加速度 j 和振动频率 f。

车辆运行品质的 Sperling 指标：

$$W = 0.896 \sqrt[10]{\frac{j^3}{f}} \tag{10.4}$$

人的舒适度的 Sperling 指标

$$W = 0.896 \sqrt[10]{\frac{j^3}{f} F(f)} \tag{10.5}$$

式中，W 为 Sperling 指标值；$F(f)$ 为与振动频率 f 有关的修正系数。

人体对各种振动频率的敏感度不同，另外垂向振动和横向振动也有较大的差异。对于垂向振动，当 f 为 0.5～5.9 Hz 时，$F(f) = 0.325 f^2$；当 f 为 5.9～20 Hz 时，$F(f) = 400/f^2$；当 $f > 20$ Hz 时，$F(f) = 1$。对于横向振动，当 f 为 0.5～5.4 Hz 时，$F(f) = 0.8 f^2$；当 f 为 5.4～26 Hz 时，$F(f) = 650/f^2$；当 $f > 26$ Hz 时，$F(f) = 1$。将其整理为曲线，如图 10.18 所示。

以上只适用于一种频率或者一个振幅的简单振动，当轨道车辆运行时振动频率和加速度都是随时间变化的，通常把实测的车辆振动加速度记录下来，按频率分解，进行频谱分析，求出每段频率范围的加速度，然后对每频段计算各自的平稳性指标值 W，然后再求出全部频段总的平稳性指数，即

$$W_{\text{tot}} = (W_1^{10} + W_2^{10} + \cdots + W_n^{10})^{0.1} \tag{10.6}$$

Sperling 指标值 W 与乘坐舒适度的对应关系见表 10.2。根据 GB/T 5599—1985 规定，客车用距离 1、2 位心盘一侧横向偏离 1 m 处地板面上横向加速度及垂向加速度（见图 10.19），来统计计算客车垂直、横向平稳性指标，以及最大加速度和平均加速度。

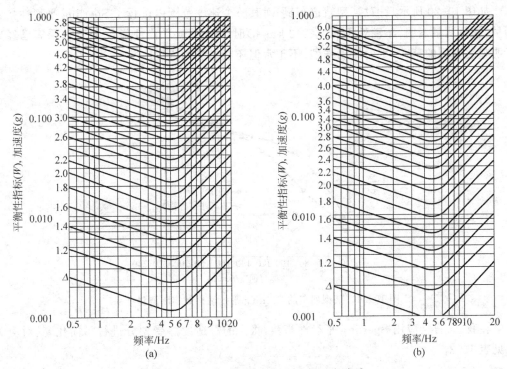

图 10.18 Sperling 指标与人的舒适度感受
(a) 垂向平稳性指标曲线；(b) 横向平稳性指标曲线

表 10.2　车辆运行品质与乘坐舒适度

W 值	运 行 品 质	乘坐舒适度（对振动的感觉）
1	很好	刚能感觉
2	好	明显感觉
2.5		更明显，但并无不快
3	满意	强烈，不正常，但还能忍受
3.25		很不正常
3.5		极不正常，可厌，烦恼，不能长时间忍受
4	可以运行	极可厌，长时间承受有害
4.5	运行不合格	
5	危险	

图 10.19 Sperling 平稳性指数的测量位置

如图 10.20 所示，针对某型轨道车辆，对其整个速度范围内进行了 Sperling 平稳性指数测量，实际测量表明，车辆处于高速（240 km/h）时，Sperling 平稳性指数大于 2，乘客已经处于明显感觉到的范畴，垂向振动强烈、不正常但还能忍受的程度。

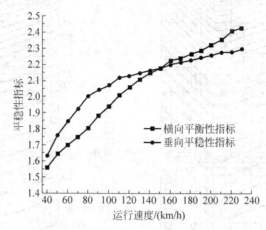

图 10.20　某型列车的 Sperling 平稳性指数实际测量结果

在我国，直接应用 Sperling 平稳性指数，将人的舒适度感受划分进行了简化，其对应关系见表 10.3。

表 10.3　我国车辆运行平稳性指标与等级（选自 GB/T 5599—1985）

平稳性等级	评定	平稳性指标 W 值	
		客车	货车
1 级	优	<2.5	<3.5
2 级	良好	2.5～2.75	3.5～4.0
3 级	合格	2.75～3.0	4.0～4.25

10.2.2　ISO 指标

根据国际标准化组织 ISO 2631 标准，ISO 标准评估振动对人体的影响时用疲劳时间 T 表示，从维持工作效能、健康和舒适度出发相应提出三种限度：舒适度下降限度、工效下降限度和承受限度。ISO 的疲劳时间与垂直振动的关系如图 10.21 所示，ISO 的疲劳时间与水平振动的关系如图 10.22 所示。

由图 10.21、图 10.22 可以看出，同样的振动频率，不同的振动加速度模式下，振动加速度越高，人的舒适度越低。人体对 2 Hz 左右的水平振动很敏感，而对 4～8 Hz 的垂直振动最敏感，这些限度是在对飞行员及汽车驾驶员进行大量测试研究后取得的，但此结果基本符合轨道车辆的平稳性测量。另外，在英、法等欧洲国家采用洛奇疲劳时间评定法，在日本则采用等舒适度曲线法评定平稳性。

对于新车与运用后的车辆，由于轮轨关系、悬挂参数发生变化，其平稳性也会相应发生变化。因此不仅需要对新车平稳性提出要求，运用一段时期的车辆也必须达到适当的平稳性指标，这就要求在设计中采用的结构参数必须确保在车辆整个运用期内有稳定而优良的动力学性能。

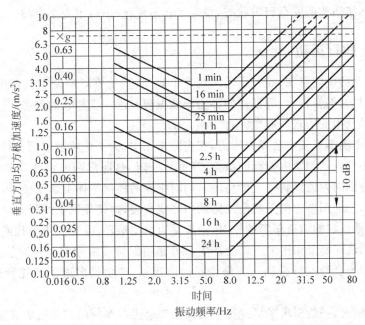

图 10.21 ISO 的疲劳时间与垂直振动的关系

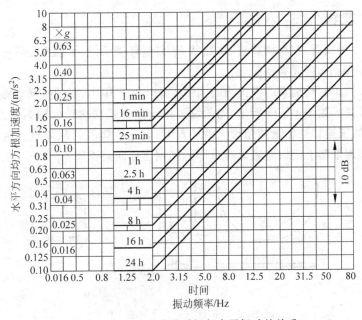

图 10.22 ISO 的疲劳时间与水平振动的关系

10.3 轨道车辆运行稳定性

车辆运行稳定,是指车辆处于安全行驶的状态,此时轮轨处于正常接触状态。由于轨道车辆在轨道上运行时受到各种力的作用,在最不利的组合情况下,可能破坏车辆正常运行状态,使轮轨分离,从而造成车辆剧烈蛇行、脱轨、倾覆,这就称为车辆失去稳定性或者稳定状态,也就是破坏了当前的安全行驶状态,发生了状态变化,出现了安全事故。

10.3.1 蛇行运动

由车辆振动的研究可知,蛇行运动时轨道车辆高速、轮流对两侧钢轨产生冲击,车体和转向架之间的相对振幅较大,周期性的冲击导致振幅有进一步加大的趋势,从而引发危险事故,但蛇行运动从本质上难以避免。

由于轨道车辆不具备主动导向能力,在实际运用中,为了让轨道车辆在行驶中自动调整中心,从而减小轮缘和钢轨内侧面的摩擦,降低行驶阻力,通常两根钢轨安装时都有轨底坡(即两根钢轨分别向内侧倾斜一定的角度),同时钢轮的踏面整体上属于锥形,这样便于列车依靠自身重力,自动调整方向并趋向线路的中心线行驶,这就导致了蛇行运动的可能性。具有一定锥形踏面形状的轨道车辆的轮对,沿着平直轨道滚动,受到微小激扰或者达到某个临界速度时,在轮轨间蠕滑作用力下就会产生一种振幅保持或继续增大直到轮缘受到约束的特有运动,又称为自激蛇行振动。如果轮对向前滚动,产生横向剧烈的蛇行运动不能收敛时,则称为蛇行失稳。

在设计车辆时,一般要求车辆蛇行运动的临界速度与车辆的正常行驶速度相差较大,并根据需要加装抗蛇行运动减振器。

10.3.2 脱轨

轨道车辆在行驶时,在车辆状态、线路状态、自然环境条件、车辆速度等一系列因素发生最不利的组合情况下,可能导致脱轨。

发生脱轨时,车轮给钢轨的横向力 Q 很大,垂向力 P 很小,新的接触点逐渐移向轮缘根部,车轮逐渐升高。如图 10.23 所示,当轮缘上接触点位置到达轮缘圆弧面上的拐点,即轮缘根部与中部圆弧连接处轮缘倾角最大的一点时,就达到爬轨的临界点。由于轮缘倾角变小,车轮有可能逐渐爬上钢轨直到轮缘顶部达到钢轨顶面而脱轨。

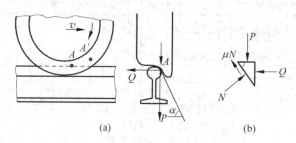

图 10.23 钢轮与钢轨之间的作用力

脱轨方式一般有爬轨、跳轨、掉轨等三种。爬轨:车轮爬上钢轨需要一定时间,这种脱轨方式称为爬轨,一般发生在低速通过小半径曲线时,此时车体经常内倾,内侧车轮爬到内轨上。跳轨:在高速情况下,由于轮轨之间的冲击力造成车轮跳上钢轨,这种脱轨方式称为跳轨,此时车体由于向心力不足而外倾,外侧车轮跳上外轨。掉轨:当轮轨之间的横向力过大,使轨距扩宽,使车轮落入轨道内侧而脱轨,特别是车辆在不良线路上高速运行和长大货物车通过曲线时,两侧车轮都有可能出现这种情况。

常用脱轨系数作为评定车轮脱轨稳定性的指标，由 nadal 给出的公式如下：

$$\frac{Q}{P} = \frac{\tan\alpha - \mu}{1 + \mu\tan\alpha} \tag{10.7}$$

式中，Q 为作用在车轮上的横向力；P 为作用在车轮上的纵向力；α 为车轮轮缘角；μ 为轮缘处的摩擦系数。

式(10.7)是一种最基本的脱轨条件，即处于脱轨或不脱轨的临界状态，但实际运用的情形更加复杂。脱轨系数不仅与 μ、α 有关，而且与轮轨冲角、曲线半径、车轮直径、运行速度以及轮轨之间的蠕滑力等因素相关。

我国轨道车辆标准车轮轮缘角 $\alpha = 69°12'$，实测结果 $\alpha = 68° \sim 70°$，摩擦系数 μ 一般为 $0.20 \sim 0.30$。确定脱轨系数的允许限度时，可取摩擦系数的上限 $0.3 \sim 0.35$，取 α 的下限。

当 $\alpha = 68°$，$\mu = 0.32$ 时，$\frac{Q}{P} = 1.2$。

根据国家标准《铁道车辆动力学性能评定和试验鉴定规范》(GB/T 5599—1985)，当横向力作用时间大于 0.05 s 时，脱轨系数见表 10.4，第 1 限度为合格标准，第 2 限度为增大安全裕度的标准(见表 10.4)。另外，我国还用轮重减载率 $\Delta P/P$ 来衡量是否会由于一侧车轮减载过大而导致脱轨，ΔP 为一侧车轮减载重量，P 为左右平均轮重，轮重减载率的限度值规定见表 10.4。另外，还有根据转向架的构架力 H 评定轮对抗脱轨稳定性的计算方法，此处不再详细介绍。

表 10.4　脱轨系数(选自 GB/T 5599—1985)

指　标	第 1 限度	第 2 限度
脱轨系数 Q/P	$\leqslant 1.2$	$\leqslant 1.0$
轮重减载率 $\Delta P/P$	$\leqslant 0.65$	$\leqslant 0.60$

10.3.3　车辆倾覆

车辆在运行时受到各种横向力的作用，如风力、离心力、线路超高引起的重力横向分量以及横向振动惯性力等，从而造成车辆的一侧车轮减载，另一侧车轮增载。如果各种横向力在最不利组合作用下，车辆一侧车轮与钢轨之间的垂向力减小到零，车辆有倾覆的危险(见图 10.24)。

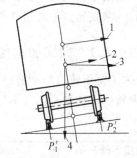

图 10.24　轨道车辆运行时的一种受力状态

1—侧向风力；2—横向振动惯性力；3—离心力；4—重力

车辆倾覆的三种情况：①曲线外倾覆，车辆在曲线上运行时，由于受风力、离心力和横向振动惯性力等的作用及其不利的组合时，使车辆向曲线外侧倾覆，这种情况一般发生在高速运行时；②曲线内倾覆，当车辆缓慢地驶入曲线时，由于车体内倾，同时受侧向力(风力、振动惯性力等)的作用下，使车辆向曲线内侧倾覆；③直线倾覆，当车辆在直线上运行时，由于受极大的侧向风力作用，或者再加上由于线路原因造成车辆严重的横向振动致使车辆倾覆。

我国采用的倾覆系数 D 按下式计算：

$$D = \frac{P_d}{P_{st}} \tag{10.8}$$

式中，P_d，P_{st} 为车辆同一侧车轮上总的动、静载荷。

倾覆系数应在试验车辆以线路容许的最高速度通过时的运行状态下测试，试验鉴定车辆同一侧各车轮或一台转向架同一侧各车轮其倾覆系数同时达到或超过 0.8（GB/T 5599—1985 规定，试验鉴定车辆的倾覆系数应满足下列要求：$D < 0.8$）时，方被认为有倾覆危险。

根据车辆结构分析，车辆倾覆主要取决于车辆弹簧悬挂装置的横向刚度、角刚度以及重心高度。在一定外力的作用下，横向刚度越小，车体横向偏移越大。角刚度越小，车体倾角越大。重心越高，车体横向偏移也越大。因此，增大其横向刚度、角刚度及降低重心高度，对于防止车辆倾覆的效果较为显著。为了既能改善车辆振动性能，又能防止车辆倾覆，通常采用增大弹簧角刚度的办法。也就是在不增大弹簧垂直刚度的前提下，尽量增大左右侧弹簧的横向间距来增大抵抗车体侧向转动的反力矩，从而减小车体的倾角。同时，可以采用抗侧滚扭杆来改善车辆的状态。

10.4 轨道车辆的曲线通过

轨道线路存在曲线，由于轨道车辆自身不具备主动导向能力，其行驶轨迹由钢轨对钢轮进行约束和限定，轨道车辆行驶通过曲线时，轮缘与钢轨内侧面之间产生相互作用力，轮缘与钢轨内侧面之间的摩擦加剧，同时展宽轨距，如果各种不利因素汇聚在一起时，甚至可能导致列车脱轨。

轨道车辆曲线通过的研究内容主要包括几何曲线通过与动力曲线通过。几何曲线通过需要确定轨道车辆能够通过的最小曲线半径以及所需要的轮对横动量，确定转向架的转心位置，确定转向架与车体间的偏转角。动力曲线通过需要计算轮轨的作用力，确定安全通过曲线的条件，判别轮轨（主要是轮缘）磨耗情况。轨道车辆曲线通过的研究为线路设计、车辆设计、轨道车辆的运用提供参考。本节主要研究曲线加宽与轮对横动量、曲线外轨超高与摆式列车、曲线通过的舒适性与磨耗性。

10.4.1 曲线加宽与轮对横动量

为了便于轨道车辆通过曲线，通常在曲线处将内轨适当内移，使该区段曲线的轨距加宽，内轨的内移量与曲线半径有关。我国干线铁路的曲线加宽数值见表 10.5。

表 10.5 我国干线铁路的曲线加宽数值

曲线半径 R/m	<350	351~450	451~650	>650
曲线加宽 Δ/mm	15	10	5	0

如图 10.25 所示，轨距 $A = 1435$ mm，轮对内侧距 $B = 1353$ mm，轮缘厚 $t = 33$ mm，钢轨内侧与轮缘的全间隙 $\sigma = 16$ mm，轮缘与钢轨内侧面的平均间隙 $\sigma/2 = 8$ mm，轨道车辆通过曲线时内轨内移量为 Δ，此时钢轨内侧与轮缘的全间隙为 $\sigma + \Delta$。如果外侧钢轮的轮缘紧

贴外轨的内侧面,间隙为零,那么内侧钢轮与内轨的内侧面间隙将达到最大值 $\sigma+\Delta$。

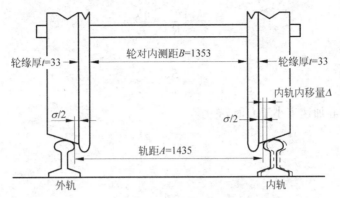

图 10.25　曲线时钢轨与轮对的位置尺寸关系

　　轮对最大横动量,即轮对相对于构架允许的最大横向移动量,原理上等效于将转向架的构架固定不动,沿轮对轴向推动轮对,轮对轴箱轴承的轴向间隙与轴箱定位装置的横向弹性位移共同决定了轮对最大横动量的大小。

　　对于铁路机车,东风 4 型内燃机车第 1 轮对、第 2 轮对、第 3 轮对的最大横动量数值,采用旧轴承时为 13、20、13 mm,采用新轴承时为 11、20、11 mm。城市轨道交通车辆的轮对最大横动量没有统一规定,现有的数值一般为 1~3 mm。

　　轮对最大横动量为轨道车辆的曲线通过提供了更大的灵活性,在车辆实际行驶过程中,轨道车辆定距、转向架轴距、转向架的结构(2 轴或 3 轴)、轮对横动量、车辆的垂向与横向振动、车辆的速度、曲线的外轨超高、曲线加宽后的轨距等,众多因素互相约束、互相影响,共同决定了转向架、轮对在钢轨上的实际位置。

10.4.2　曲线的外轨超高与摆式列车

　　当轨道车辆行驶通过曲线时,轨道车辆需要一个较大的向心力以平衡车辆通过曲线时产生的离心力。如果两根钢轨完全处于等高度的水平状态,车辆的外侧车轮轮缘将挤压外轨的内侧面,外轨的内侧面对外侧车轮轮缘的反作用力将起到向心力的作用,由此向心力将全部由外轨提供,实践证明这种方法导致外轨的负担过大,造成轨距展宽,轮轨磨损严重,最终损坏线路。实际线路曲线区段将外轨抬高,使得车辆自身重力的分力作为一部分向心力,以减轻外轨的负担。如图 10.26 所示,线路曲线半径为 R,列车速度为 v,外轨超高为 h,车辆左右轮滚动圆距离为 s,超高角 $A = \arctan(h/s)$。

　　由于线路敷设完毕后轨道高度不可能随意变动,则线路的外轨超高就是一个确定值,但是轨道车辆的速度可能发生变化,即车辆自身重力提供的向心力并不能完全与离心力平衡,出现了未平衡的离心加速度 a,由此有了过超高与欠超高的概念。

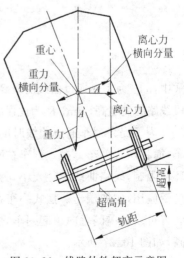

图 10.26　线路外轨超高示意图

未平衡的离心加速度大于 0 时，有

$$a = \frac{v^2}{R} - \frac{gh}{s} \tag{10.9}$$

欠超高为

$$h_d = \frac{Sv^2}{gR} - h \tag{10.10}$$

未平衡的离心加速度小于 0 时，有

$$a = \frac{v^2}{R} - \frac{gh}{s} \tag{10.11}$$

过超高为

$$h_d = \left| \frac{Sv^2}{gR} - h \right| \tag{10.12}$$

很明显，过超高与欠超高都不利于轨道车辆的安全行驶，这也造成不同行驶速度的轨道车辆例如高速客车与低速货车，在同一条轨道线路上行驶出现困难，即同一条线路上，高速客车出现欠超高，而低速货车出现过超高。低速货车行驶在允许高速客车行驶的线路上时，必须考虑过超高带来的不安全因素。

我国铁路用限制欠超高（见表 10.6）的形式来保证列车通过曲线时的安全性和旅客舒适性。规定等级较高的线路上，客车欠超高小于 70 mm；一般线路上，欠超高小于 90 mm；既有线上提速，某些线路的欠超高小于 110 mm。

表 10.6　未平衡加速度与欠超高之间的对应关系

未被平衡的离心加速度 g_c	0.05g	0.073g	0.077g	0.1g
欠超高 h_d/mm	75	110	115.5	150

由于已经敷设完成的线路超高 h 为一个确定值，给定欠超高数值 h_d 后，相当于规定了车辆通过该段曲线时的最高速度 v_{max}，可用下式近似求出该最高速度 v_{max}：

$$h_d = \frac{sv_{max}^2}{gR} - h \tag{10.13}$$

$$v_{max} = \sqrt{\frac{(h + h_d)R}{11.8}} \tag{10.14}$$

式中，v_{max} 为车辆通过曲线的最高限速，km/h；h 为线路实际超高，mm；h_d 为规定列车通过此段线路的欠超高，mm；R 为此段线路的曲线半径，m；s 为左右轮滚动圆距离，$s = 1500$ mm。

为了提高列车通过曲线时的速度，同时又不能超过规定的欠超高，出现了主动倾摆式列车，简称摆式列车。摆式列车在欧洲国家，尤其在山地线路较多的情况下，铁路线路受自然环境限制，线路曲线半径较小，为了提高行车速度又不出现过大的欠超高，摆式列车得到了广泛应用，例如瑞士。摆式列车在通过曲线区段时，根据车辆的行驶速度，转向架上的特殊装置可以在单侧垂向顶起列车，使车辆向曲线内侧倾斜，其效果相当于加大了列车线路的超高，如图 10.27 所示。

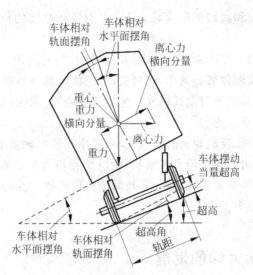

图 10.27 摆式列车通过曲线

摆式列车通过曲线时的车辆速度可近似计算如下：

$$v'_{max} = \sqrt{\frac{(h+h_d+h_t)R}{11.8}} \tag{10.15}$$

式中，v'_{max} 为摆式列车通过曲线的最高限速，km/h；h_t 为摆式列车主动倾摆后增加的超高，mm；其他同上。

摆式列车可在不改造现有线路的基础上进行列车提速，摆式列车主动倾摆后增加的超高不同，其提速范围也不同，见表 10.7。

表 10.7 摆式列车的提速限制

曲线半径/m		250	300	350	400	500	600	1000	1500
常规车辆的限速/(km/h)		71	77	83	89	100	109	141	172
摆式车辆的限速/(km/h)	3°倾角	81	89	96	103	115	126	162	199
	6.5°倾角	93	101	110	117	131	143	185	226

10.4.3 曲线通过的舒适性与轮轨磨耗

由于线路的曲线区段出现了外轨超高，轨道车辆在进入该区段时需要逐渐抬高外轨，即为曲线区段增加了一段缓和曲线。缓和曲线的外轨逐渐升高，该过程将导致轨道车辆车厢出现侧滚振动，同时也会给车内乘客带来不舒适的感觉，即平稳性变差。在实践中，通过限制通过缓和曲线的车辆速度以保证舒适性。

我国铁路设计标准规定，对于一般线路：

$$v_{max} < \frac{l_s}{9h} \tag{10.16}$$

对于困难地段

$$v_{max} < \frac{l_s}{7h} \tag{10.17}$$

式中，v_{max} 为列车通过缓和曲线的限速，km/h；l_s 为缓和曲线的长度，m；h 为曲线区段的实际超高，mm。

由之前的分析可知，众多因素互相约束、互相影响，共同决定了轨道车辆曲线通过时转向架、轮对在钢轨上的实际位置。其中，轮对横动量、曲线的外轨超高、曲线的轨距加宽三个因素降低了轮轨磨耗。车轮通过曲线时所产生的车轮踏面、轮缘、钢轨之间的磨耗是评价车辆技术经济指标的一项重要内容。

为表明轮轨磨损程度，反映轮轨磨耗的大小，采用轮轨磨耗功率和轮轨磨耗指数两个参数。轮轨磨耗功率为蠕滑力和蠕滑率的乘积，轮轨磨耗指数为轮轨横向力与冲角之积。这两个参数计算涉及了其他众多参数，例如轮轨间的摩擦系数、轮缘上的法向力、车轮冲角、轮缘的几何参数、车轮半径等。

10.5 轨道车辆动力学的发展

轨道车辆动力学的研究内容涉及十分广泛，车辆、线路、自然环境（如大风、雨、雪等），它们互相作用、互相限制，轨道车辆的自身材料与构造特点、线路的形式及其误差等诸多因素为轨道车辆动力学的研究增加了复杂性。将以上诸多因素中的部分因素进行深入的研究，可称为基础机车车辆动力学研究。只有基础机车车辆动力学研究发展到一定的深度，软件在这些领域都有了相对完善的应用，综合机车车辆动力学的研究才有可能出现。

综合机车车辆动力学的研究最终要产生虚拟样机，虚拟样机发展的极致就是基于虚拟样机的虚拟现实。以实体可视化设计和综合功能设计为核心的虚拟样机技术的发展，未来将会有力地推动轨道车辆的研究、设计水平。

思考题

10-1 引起城轨车辆振动的原因中，与轨道有关的因素有哪些？
10-2 引起城轨车辆振动的原因中，与车辆有关的因素有哪些？
10-3 城轨车辆放在空间三维坐标系中有几个自由度，可能有哪些运动形式？
10-4 轨道列车失去稳定性，可能出现哪些现象？
10-5 城轨车辆的脱轨可能有几种方式？
10-6 轨道列车在通过曲线时限制欠超高的含义是什么？

参考文献

[1] 王伯铭. 城市轨道交通车辆总体及转向架[M]. 北京：科学出版社，2013.
[2] 张曙光，池茂儒，刘丽. 机车车辆动力学研究及发展[J]. 中国铁道科学，2007，28(1)：56-62.

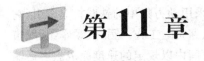

第 11 章

列车牵引计算

11.1 列车牵引计算概述

列车牵引计算,或简称牵引计算,研究的是轨道车辆在外力作用下沿轨道的运行状态及有关问题,是一门轨道交通运输专有的应用学科。牵引计算根据力学原理,在对铁路机车、铁道车辆、动车组、城市轨道交通车辆等进行各种专门实验的基础上,综合轨道车辆实际运用的经验,分析解决与列车运动有关的技术问题和技术经济问题。

牵引计算的主要内容包括:牵引力、阻力、制动力的计算,合力曲线、运动方程与运行时分的解算,列车制动的解算,牵引重量和牵引定数、列车能耗的计算等。这些分析与计算在轨道交通上是编制列车运行图和列车时刻表的依据,也是计算运输能力和运输成本的基础资料,并据此确定机车配置方案,制定机车驾驶作业标准。在规划新线路时,列车牵引计算有助于选择经济合理的线路断面和平面,辅助优化确定车站、机务段、上水站的分布位置。在设计新轨道车辆时,列车牵引计算可用于辅助确定车辆结构及其主要技术参数。

列车行驶过程中,实际受力情况非常复杂,但在牵引计算中,只研究对列车运动产生影响的外力,将列车视为集中于列车中心的质点,进行分析计算。近年来也有针对重载超长编组货运列车,按照多质点弹性连接模型进行研究计算,即每节车辆视为一个质点,本书不涉及此模型。牵引计算的传统目标是力争达到高速运行、满载牵引、最短时分,即在列车额定能力充分发挥的条件下,达到最大技术经济效益。

11.1.1 牵引计算对各种轨道交通的用途

牵引计算的用途广泛,各种轨道交通运输方式对牵引计算有不同的需求,下面从客货运输、机车与动车运用、线路规划设计、通信信号、运输经济五个方面进行介绍。

客货运输方面。铁路普通客运的牵引客车数量与运行速度、铁路货运的牵引重量与运行速度、高铁客运的编组方式与运行速度、重载货运列车的编组数量与运行速度、城市轨道交通列车的运行速度,这些都与列车运行图的绘制、列车时刻表的编制等直接有关,都需要提前通过大量的牵引计算进行验证。

机车与动车运用方面。铁路普通客运、铁路货运大都采用动力集中的铁路机车牵引,它们的机车交路、机车运用等需要密切配合铁路普通客运、铁路货运工作。另外,动车组、城市轨道交通列车也需要交路、运用等的合理安排,在规定的时间内以规定的速度完成旅客运输任务,这些都需要提前进行牵引计算。

线路规划设计方面。为了提高通过能力和输送能力,合理布置车站和机务段,在线路规划设计时必须进行牵引计算。城市轨道交通线路的规划设计,以及车辆段的位置布置,同样需要进行牵引计算来仿真线路开通后的列车运行情况。

通信信号方面。铁路上,考虑到各种机车车辆的制动距离不同,尤其是高铁列车、重载货运列车的制动距离较长,而且不同的制动初速度、不同的牵引重量,制动距离也不相同,为了防止列车超速或冒进,必须提前进行牵引计算。城市轨道交通的通信信号与列车运行控制采用了ATC技术,但城市轨道交通列车最大运输能力的仿真验证仍然离不开牵引计算。

运输经济方面。铁路上,计算线路设备投资与运营支出,从而进行各种方案的综合经济性比较。城市轨道交通运营中,牵引计算可以仿真计算得出耗电量,从而对城市轨道交通开通后的各种运营方案进行成本比较与核算。

11.1.2 列车牵引计算规程

影响轨道交通列车运行的因素数量众多且很复杂,很难用理论推导的方法进行计算,于是,依据牵引计算的理论,结合大量的实验,整理出一些简单实用且符合实际情况的曲线、公式、图表等,作为一段时间内的牵引计算标准。轨道交通有各种机车、车辆、动车、城市轨道交通列车等,它们型号不同,各自的实验数据也不同。另一方面,随着轨道交通运输装备技术的发展提高,这些数据也会发生变化。

我国的第一个牵引计算规程是1958年5月1日开始实行的《蒸汽机车牵引计算规程》,适应我国当时的蒸汽机车为铁路主要牵引动力的状况。第二个牵引计算规程是1983年1月1日开始实行的《列车牵引计算规程》,适应我国当时的蒸汽、内燃、电力三种牵引方式同时并存的状况,规程内新增了内燃、电力牵引方面的内容。第三个牵引计算规程是1999年4月1日开始实行的《列车牵引计算规程》(TB/T 1407—1998)。第三个牵引计算规程全面采用国际单位制,增加了新型机车车辆的数据、曲线,修改和增加了新型内燃机车、电力机车的单位基本阻力公式,修订了内燃和电力机车黏着系数及小半径曲线黏着系数的计算公式,修订增加了内燃机车牵引力修正系数,修订和增加了牵引重量计算公式,增加了滚动轴承货车和新型客车的单位基本阻力公式,增加了高磷铸铁闸瓦、低摩合成闸瓦、高摩合成闸瓦和客车盘形制动闸片的摩擦系数和闸瓦压力的计算公式,修订了客、货列车制动空走时间和机车单机空走时间的计算公式,并明确规定列车牵引计算以电算为主。本书对当前正在使用的第三个牵引计算规程一律简称为牵规。

11.1.3 牵引计算中的三大力

牵引计算中的三大力是牵引计算的核心与基础,由于在列车的最简化模型中,我们将列车视为集中于列车中心的质点进行分析计算,所以与此质点相关的外力就精简为三个,即牵引力、阻力、制动力。

牵引力(F):由机车或动车的原动机(柴油机或逆变装置)发起,经过传动系统(机械、液力、电传动),通过钢轮钢轨的黏着作用,产生的在动轮的轮周切线方向且与列车运行方向相同的外力。司机可控,可使列车产生运动或加速的力。

阻力(W):列车运行过程中由于各种原因自然发生的与列车运行方向相反的外力。司机不可控,可阻止列车产生运动或使列车减速。

制动力(B):由制动装置发起,通过钢轮钢轨的黏着作用,产生的在制动轮的轮周切线方向且与列车运行方向相反的外力。司机可控,用于减速、长大坡道限速和停车制动。

假定列车所受的合力为 C。列车牵引运行工况时受牵引力与阻力的作用,且 $C=F-W$。列车惰行运行工况时只受阻力的作用,$C=-W$。列车制动运行工况时受阻力与制动力的作用,$C=-(W+B)$。

根据牵规,牵引计算中力的表达方式通常采用单位力的形式,即换算为每 kN 列车重力所受的力,单位力=总作用力/总重力,单位为 N/kN。

11.1.4 轮轨间的摩擦与黏着

通常情况下,轨道车辆的行驶伴随着钢轮在钢轨上滚动。根据刚体平面运动学的原理分析如下:沿钢轨滚动的钢轮,具有一个不断变化的瞬时转动中心,钢轮和钢轨在任一时刻的接触点,在它们接触的瞬间没有相对运动,即钢轮在钢轨上作纯滚动;此时轮轨之间的纵向水平作用力就是物理学上的静摩擦力,最大静摩擦力的大小为钢轮钢轨之间的正压力 N 乘以静摩擦系数 μ;纯滚动是一种理想状态;当轨道车辆处于牵引状态时,可能实现的最大牵引力就是最大静摩擦力;当轨道车辆处于制动状态时,可能实现的最大制动力值也是最大静摩擦力。但这种理想状态在实际运用中难以实现。

一种情况是,当轨道车辆处于牵引状态时,动轮在强大的驱动力矩作用下快速转动,轮轨间发生相对滑动,此时轮轨间的纵向水平力就从最大静摩擦力变成了滑动摩擦力,其值比最大静摩擦力小得多,轨道车辆的速度并不高,车轮的滚动角速度折合为车轮轴中心的线速度后,该线速度大于车辆本身的线速度,极端情况下车辆甚至原地不动,这种状态称为空转。空转是一种不正常的工作状态,此时列车受到的牵引力大大降低,钢轮钢轨剧烈磨耗。一般有三种方式处理空转:通过控制系统(微机防空转装置自动控制)调整单个转向架或单台电机的供电,降低动轮轴的转速;司机下调机车速度手柄进行整车降速;控制撒沙装置撒沙,提高黏着系数。

另一种情况是,当轨道车辆处于制动状态时,轮对在闸瓦强大的制动力作用下转速快速下降,车轮的滚动角速度折合为车轮轴中心的线速度后,该线速度小于车辆本身的线速度,极端情况下甚至发生车轮被"抱死"不转动的情况,此时钢轮在钢轨上出现滑行,这种滑行或"抱死"的状态也是一种不正常的工作状态,此时列车受到的制动力就变成了滑动摩擦力,制动力数值大大降低,制动距离延长且容易导致轮轨踏面擦伤。

轨道车辆的实际行驶中,轮轨之间的工作情况十分复杂,钢轮钢轨在很高的压力下都有变形,轮轨间是椭圆面接触而不是点接触或线接触,没有理想的瞬时转动中心,轨道车辆在行驶中出现各种冲击和振动,钢轮的踏面是圆锥形,钢轮在钢轨上的实际滚动状态不是静摩擦状态,而是静中有微动或滚中有微滑。再加上牵引力与车辆的惯性力不在同一水平面上,导致轴重转移,所以轮轨间的纵向水平力与实际运动状态、轮轨的物理状态有关,但一般远远小于最大静摩擦力。为了方便分析计算,引出黏着概念来代替静摩擦概念,表达钢轮在钢轨上的实际滚动状态。黏着状态下,轮轨间的纵向水平力的最大值即为黏着力,黏着力与轮轨间的垂直载荷之比为黏着系数,黏着系数(μ)表征了轮轨间黏着状态的好坏。

假设轮轨间的垂直载荷不变,黏着力与运动状态的关系就简化成黏着系数与运动状态的关系,黏着系数就成为了一个假定值,称为计算黏着系数(μ_j)。影响计算黏着系数的因素包括车轮轴重、线路刚度、轮轨的材料与各自的表面状态、车辆速度与车辆加速度、原动机的转矩转速特性、传动系统的特性、转向架(走行部)的结构等。

如图 11.1 所示,日本铁路通过实验测定机车车辆的计算黏着系数。在干燥的钢轨上撒上一层薄的石英砂时,统计结果 μ_j 可以达到 0.6。在一般钢轨情况下,统计结果 μ_j 可在 0.3~0.5 之间。当钢轨表面有层油膜时,统计结果 μ_j 可能小于 0.15。

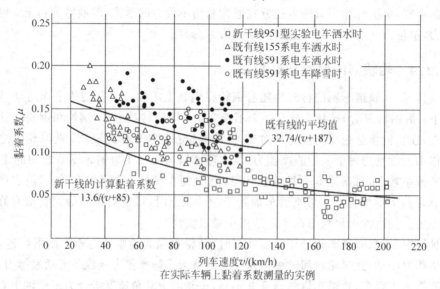

在实际车辆上黏着系数测量的实例

图 11.1　日本铁路机车车辆黏着系数实验测量

由于影响 μ_j 的因素很多,难以准确计算,将实验结果采用统计方法整理成为经验公式,用来作为 μ_j 的计算依据。

由于牵引与制动时作用在车轮上的力矩方向不同,变化规律不同,轮轨间的垂直载荷的变化也不同,所以有牵引黏着系数与制动黏着系数之分。理论上,牵引黏着系数大于制动黏着系数。从安全角度考虑,制动黏着系数应该取值保守一些,所以牵引黏着系数一般按照正常状态的中值曲线取值,制动黏着系数一般按照不良状态即接近下限的曲线取值。对于高速铁路,要求安全系数较高,两者都按照接近下限的曲线取值。

11.2　牵引力

由前述定义,牵引力是由机车或动车的原动机(柴油机或逆变装置)发起,经过传动系统(机械、液力、电传动),通过钢轮钢轨的黏着作用,产生的在动轮的轮周切线方向且与列车运行方向相同的外力。牵引力受司机控制,但同时受到轮轨之间的黏着限制,这一限制值称为黏着牵引力,即列车所受牵引力在任一时刻能达到的最大值为当时各种实际条件制约下所能实现的黏着牵引力。

11.2.1 牵引力的产生

根据牵引力的产生原理,能量传递路径为:接触网与受电弓或第三轨受流装置(内燃机车为柴油机)→逆变装置(内燃机车为发电机及其整流变换)→牵引电机→减速器→驱动轮转动→轮轨黏着作用→牵引力。

具体到单个驱动轮对,牵引电机转动带动驱动轮转动,驱动轮作用于钢轨的力(通过轮轨黏着作用实现)引起的钢轨反作用于车轮的反作用力即为驱动力。

如图 11.2 所示,钢轮在钢轨上处于牵引工作状态,则有

$$M - F'R = J\varepsilon \tag{11.1}$$

式中,M 为轮对的驱动力矩;ε 为轮对的角加速度;J 为轮对的转动惯量。

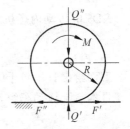

图 11.2 牵引力产生示意

假定 $J\varepsilon$ 较小,即 $J\varepsilon$ 远远小于 M 和 $F'R$,则有

$$F' = \frac{M}{R} \tag{11.2}$$

$$\sum F' = nF' \tag{11.3}$$

假设列车有 n 个驱动轮,所有驱动轮的驱动力之和即为列车牵引力 $\sum F'$。

根据黏着概念,牵引力的限制条件为

$$F' = \frac{M}{R} < Q\mu_j \tag{11.4}$$

式中,Q 为轴重,kN。

在列车实际牵引状态下,如果司机提高列车手柄挡位,加大轮对驱动电机的输出转矩,则有 $M\uparrow \to F'\uparrow$,最终导致 $F' = \frac{M}{R} > Q\mu_j$,那么驱动轮将开始空转,轮轨之间的黏着状态被破坏,驱动轮很快将发生加速空转,轮轨间的摩擦力由静摩擦力变为动摩擦力,列车实际受到的牵引力迅速下降,同时容易导致传动装置和走行部件的损坏,轮轨接触面出现严重擦伤。所以,黏着牵引力是列车在某一状态下可能实现的最大牵引力。

11.2.2 牵引力的计算公式

牵引计算中主要应用计算黏着系数 μ_j 与计算黏着牵引力,此时,已经假定了列车动轮的轴重 Q 不发生变化,影响计算黏着系数 μ_j 的主要参数就是列车的行驶速度 v,牵规给出的经验公式如下。

国产电力机车:

$$\mu_j = 0.24 + \frac{12}{100 + 8v} \tag{11.5}$$

6 K 电力机车:

$$\mu_j = 0.189 + \frac{8.86}{44 + v} \tag{11.6}$$

8 G 电力机车：

$$\mu_j = 0.28 + \frac{4}{50+6v} - 0.0006v \tag{11.7}$$

国产电传动内燃机车：

$$\mu_j = 0.248 + \frac{5.9}{75+20v} \tag{11.8}$$

ND5 电传动内燃机车：

$$\mu_j = 0.242 + \frac{72}{800+11v} \tag{11.9}$$

下面给出日本新干线动车组与德国动车组的计算黏着系数 μ_j 的经验公式。

日本新干线动车组，干轨：

$$\mu_j = \frac{27.2}{v+85} \tag{11.10}$$

湿轨：

$$\mu_j = \frac{13.6}{v+85} \tag{11.11}$$

德国动车组，干轨：

$$\mu_j = 0.116 + \frac{9}{v+42} \tag{11.12}$$

湿轨：

$$\mu_j = 0.7 \times \left(0.116 + \frac{9}{v+42}\right) \tag{11.13}$$

以上各式中，v 为机车速度，km/h。

11.3 阻力

阻力，列车运行过程中由于各种原因自然发生的与列车运行方向相反的外力。阻力与牵引力和制动力最大的区别是司机不可控，完全取决于具体列车行驶时的实际条件。那么，如果需要改变列车运行的阻力，就只能改变车辆结构、线路等实际条件。

11.3.1 阻力的产生与分类

按阻力的产生原因，阻力包括基本阻力与附加阻力。基本阻力 W_0，列车在（空旷）平直轨道上牵引运行时受到的阻力。单位基本阻力 w_0，为列车总阻力/列车总重力。

列车产生基本阻力的主要原因包括轴颈阻力、滚动阻力、轨道阻力、轮缘阻力、空气阻力等。轴颈阻力，属于摩擦阻力，由轮对轴颈与轴承间的摩擦而产生，采用滚动轴承代替滑动轴承可降低该阻力。滚动阻力，由车轮踏面与钢轨顶面间的滚动摩擦产生。轨道阻力，钢轨在承受由车轮传递下来的荷载后，在轮轨接触点前后造成向上的反向弯曲，使车轮变成"上坡滚动"，增加了列车的运动阻力，轨道阻力与轴重和轨道刚度和速度成正比。轮缘阻力，轮对不规则的侧向运动使轮缘贴靠钢轨侧面产生的摩擦力，以及轨道几何形位变异或轮载不均匀分配引起的冲击和振动所损失的动能。空气阻力，包括正面压力、列车表面和空气摩擦以及列车两侧和尾部的涡流，其与速度平方成正比。

附加阻力，列车在坡道上、曲线上、隧道里运行时，以及起动时所增加的起动附加阻力。另外还有大风附加阻力、严寒附加阻力等，本书不作介绍。附加阻力并不是始终存在，随线路条件的改变而改变。单位附加阻力=列车总附加阻力/列车总重力。

坡道附加阻力 W_i，列车在坡道上运行时重力沿平行于轨道方向的分力。

由于线路坡角 α 一般很小，可取 $\sin\alpha \approx \tan\alpha$。线路坡度 i 用千分数表示，则有

$$i = \frac{h}{l} \times 1000 = 1000\sin\alpha = 1000\tan\alpha \tag{11.14}$$

曲线附加阻力 W_r，轨道车辆在曲线上运行所受到的阻力大于相同条件下直线上运行的阻力，增大部分即为曲线附加阻力。曲线附加阻力的影响因素较多，例如，轮缘与钢轨内侧面的摩擦增加，车轮与钢轨间的纵向滑动和横向滑动增加，在侧向力作用下上、下心盘间以及轴承与轴颈间的摩擦加剧等。

隧道附加阻力，W_s，列车在隧道内运行时，其效果类似一个活塞效应，列车受到的空气阻力比在空旷地带的大，增加的部分即为隧道附加阻力。隧道附加阻力的影响因素较多，例如列车运行速度、列车长度、列车外部形状、隧道长度、隧道断面形状和内表面粗糙度等。

列车在由静止到起动的过程中受到的阻力大于基本阻力，增大部分即为起动附加阻力，来源于摩擦阻力、轨道阻力、静态惯性阻力。摩擦阻力，停车时轴颈与轴承间的润滑油被挤出，油膜减薄，起动摩擦力增大。轨道阻力，车轮压在钢轨上产生的下凹变形比运行时大，增加了阻力。静态惯性阻力，起动时需要较大的加速力，克服列车的静止惯性。

11.3.2 阻力的计算

基本阻力的计算将会涉及轨道车辆在行驶过程中出现的大量复杂的运动学、动力学、摩擦发热等问题，但这些问题并不是牵引计算研究的重点，实际应用中通过大量实验，以轨道车辆的主要参数如速度、质量等为依据，统计得到平均值公式。

单位基本阻力的计算公式一般形式为

$$w_0 = a + bv + cv^2 \tag{11.15}$$

式中，w_0 为单位基本阻力，N/kN(下同)；a,b,c 为常数，由实验统计得到；v 为列车运行速度，km/h。

国内一个比较常见的地铁车辆的基本阻力计算公式：

$$w_0 = 2.27 + 0.00156v^2 \tag{11.16}$$

广州地铁曾经采用的一个基本阻力计算公式：

$$w_0 = 2.75 + 0.000428v^2 \tag{11.17}$$

上海明珠线轻轨车辆采用的基本阻力计算公式：

$$w_0 = 3100 + M_{\text{ges}}(0.000637 + 0.000329v) + 11.187v^2 \tag{11.18}$$

式中，M_{ges} 为列车总质量，kg；其余同上。

天津轻轨采用的基本阻力计算公式：

$$w_0 = M_{\text{m}}(1.65 + 0.0247v) + M_{\text{t}}(0.79 + 0.0028v) + \\ 9.8 \times [0.028 + 0.0078(n-1)]v^2 \tag{11.19}$$

式中，M_{m} 为动车总质量，kg；M_{t} 为拖车总质量，kg；v 为列车速度，km/h；n 为列车中的车辆数；其余同上。

西门子公司用于深圳地铁 1 号线延长线车辆的基本阻力计算公式：

$$w_0 = 516 + M_{\text{GES}}(0.006\,374 + 0.000\,329v) + 11.187v^2 \tag{11.20}$$

式中，M_{GES} 为列总质量加载荷，kg；其余同上。

国内货车运行的单位基本阻力值。见表 11.1。当空车时，同样车速下各型号货车单位基本阻力基本相同。但装载货物后，需要根据货车的轮对轴承是滚动轴承、滑动轴承，还是油罐专列，查表确定单位基本阻力的数值。

表 11.1　各型号货车运行的单位基本阻力值

速度/(km/h)		10	20	30	40	50	60	70	80	90
空车基本阻力值/(N/kN)		2.35	2.61	3.00	3.52	4.18	4.98	5.91	6.97	8.17
重车基本阻力值/(N/kN)	滚动轴承	0.98	1.07	1.18	1.31	1.47	1.66	1.87	2.10	2.36
	滑动轴承	1.10	1.19	1.32	1.49	1.72	1.99	2.30	2.67	—
	油罐专列	0.66	0.80	0.97	1.14	1.34	1.54	1.77	2.01	2.27

单位坡道附加阻力 w_i，$w_i = W_i/G$，w_i 取 N/kN 为单位时，w_i 恰好等于坡道坡度的千分值，即 $w_i = i$。其中，G 为列车总重力（下同）。

单位曲线附加阻力 w_r，$w_r = W_r/G$，实际计算时经常采用 $w_r = 700/R$，R 为曲线半径。

单位隧道附加阻力 w_s，$w_s = W_s/G$，w_s 一般由实验确定。

对于起动附加阻力，牵规规定，国产电力、内燃机车的起动单位基本阻力取 5 N/kN，滚动轴承货车起动单位基本阻力取 3.5 N/kN。

11.4　制动力

按照轨道车辆制动的操纵方式，有常用制动、紧急制动、非常制动、备用制动等。按照列车动能的转移方法，有空气（踏面）制动、圆盘制动（摩擦式与涡流式）、电阻制动、再生制动、轨道电磁（摩擦式与涡流式）制动、液力制动、翼板制动等。按照制动力的产生是否需要通过钢轮钢轨的黏着作用，可分为黏着制动与非黏着制动。踏面制动、圆盘制动、电阻制动、再生制动、液力制动属于黏着制动，轨道电磁（摩擦式与涡流式）制动、翼板制动属于非黏着制动。目前，踏面制动是一种依靠压缩空气压力推动闸瓦与车轮踏面摩擦而产生制动力的空气制动方式，是轨道车辆的常见配置。

一般制动力比列车运行时受到的阻力要大得多。制动力受司机控制，但同时受到轮轨之间的黏着限制，即制动力在任一时刻的最大值为当时各种实际条件下所能达到的黏着制动力。

11.4.1　制动力的产生

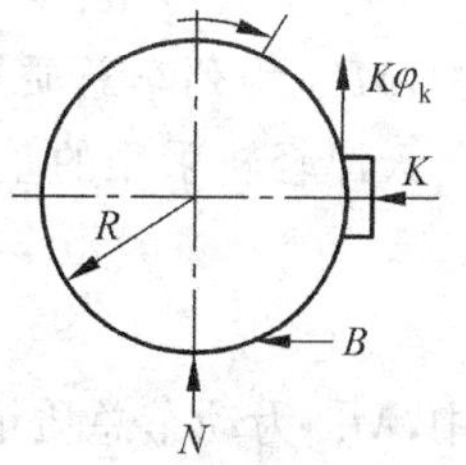

如图 11.3 所示，列车的钢轮在钢轨上处于制动运行状态，车轮半径为 R，车轮顺时针转动，瞬时角速度为 ω，列车向右直线惰行，列车瞬时速度为 v。

假设闸瓦的压力为 K，闸瓦与车轮的摩擦系数为 φ_k。在闸

图 11.3　制动力产生示意

瓦压力 K 的作用下,产生阻碍车轮转动的闸瓦摩擦力 $K\varphi_k$。应该注意到,闸瓦摩擦力 $K\varphi_k$ 并不能直接使列车速度 v 降低,它只能降低车轮的角速度 ω,车轮的角速度一旦发生变化,那么将出现 $\omega R \leqslant v$ 的情况,即车轮转动角速度折合到车轮中心的直线速度将小于列车与车轮轴轴心的直线速度,车轮无法在钢轨上继续保持纯滚动的状态,出现相对滑动趋势,即车轮在钢轨的接触点上滑动,滑动速度为 $|v-\omega R|$,方向水平向右。因此在黏着条件下,钢轨对车轮产生一个水平向左的阻力 B 作用在车轮上,同时车轮对钢轨也产生一个反作用力。阻力 B 作用在车轮上,阻止钢轮滑动,同时导致列车速度 v 降低,伴随着车轮的角速度 ω 同时降低,阻力 B 作用在车轮上与钢轨的接触点位置,方向与列车速度 v 相反,水平向左,是制动力。

建立运动方程,则有

$$K\varphi_k R - BR = J\varepsilon \tag{11.21}$$

式中,ε 为轮对的角减速度;J 为轮对的转动惯量。

假定 $J\varepsilon$ 较小,即 $J\varepsilon$ 远远小于 $K\varphi_k R$ 和 BR,则有

$$B = K\varphi_k \tag{11.22}$$

即车轮受到的制动力近似为闸瓦的摩擦力。由制动力的产生过程可知,闸瓦的摩擦力矩可分为两部分(同时起到两个作用):一部分是 BR,引起钢轨对钢轮施加的与列车运动方向相反的纵向水平力,大小为 B,使得列车的直线水平速度 v 降低;另一部分是 $J\varepsilon$,使得转动惯量为 J 的钢轮产生角减速度 ε,从而使车轮的角速度 ω 同时降低。

11.4.2 制动力的黏着限制

由轮轨间的摩擦与黏着分析可知,列车制动力 B 受轮轨间的黏着条件的限制,即

$$B = K\varphi_k \leqslant Q\mu_z \tag{11.23}$$

式中,Q 为轴荷重,kN;μ_z 为轮轨间的制动黏着系数。

当 $B > Q\mu_z$ 时,轮对将发生滑行,极端情况下车轮将被"抱死"不转动,制动力由黏着摩擦力变为滑动摩擦力,即钢轮与钢轨之间的滑动摩擦力 $Q\varphi$,其中,φ 为轮轨间的滑动摩擦系数,其值远远小于制动黏着系数 μ_z。因此,轮对一旦被闸瓦"抱死"滑行,制动力将迅速下降,这种现象在低速(φ_k 较大)和空车(Q 较小)时最易发生。所以,为使制动力增大而施加过大的闸瓦压力 K,反而会降低最终得到的列车制动力,使得制动距离延长,而且轮对滑行还会导致车轮踏面和钢轨表面擦伤。

在铁路货车上,为防止空车或装载重量不足时出现轮对因制动而滑行的现象,重型货车制动机上设置有空重车调整装置,即对空、重车施加的闸瓦压力不同,以免出现闸瓦压力过大的情况。在城市轨道交通车辆上,每一辆车都有车辆称重阀,车辆制动信号经过称重阀的处理后,用于调整闸瓦压力,也避免出现闸瓦压力过大的情况。

11.5 牵引计算的成果

牵引计算的成果之一,即各型机车在计算坡道上的货物列车牵引重量见表 11.2。不同的机车型号,不同的坡道,各型内燃、电力机车所能牵引的吨位不同,该牵引计算成果表可用于铁路货运的牵引重量指导。

表 11.2 各型机车在计算坡道上的货物列车牵引重量   t

机型,车速 /(km/h) 坡度	SS1 vj＝43	SS3 vj＝48	SS4 vj＝51.5	SS7 vj＝48	DF4 vj＝20	DF4B vj＝21.8	DF4C vj＝24.5	DF8 vj＝31.2
4	4960	5160	6930	5800	5280	5460	5220	5230
5	4150	4330	5830	4870	4390	4540	4340	4360
6	3570	3730	5030	4200	3750	3880	3710	3740
7	3130	3270	4420	3680	3270	3380	3240	3260
8	2780	2910	3930	3280	2890	2990	2870	2890
9	2500	2620	3540	2950	2590	2680	2570	2590
10	2260	2380	3220	2680	2340	2430	2320	2350
12	1900	2000	2710	2260	1960	2030	1950	1970
14	1640	1720	2340	1950	1680	1740	1670	1690
16	1430	1510	2050	1710	1470	1520	1460	1480
18	1270	1340	1820	1520	1300	1350	1290	1310
20	1140	1200	1630	1360	1160	1210	1160	1170
25	890	950	1290	1080	910	950	910	920
30	730	770	1050	880	740	770	740	750

牵引计算的成果之一,即某型机车在指定线路上的时分解算如图 11.4 所示。此为一个最短时分的牵引计算,图中包含两条曲线:速度-位移曲线 $V=f(s)$ 和时间-位移曲线 $t=f(s)$,当列车处于线路上任何一个位置,它的速度及其行驶时间都可以从图中得到。

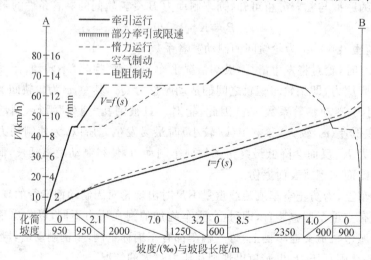

图 11.4 某型机车在指定线路上的时分解算

11.6 牵引计算的发展

当代计算机技术的发展,为牵引计算这门应用学科提供了更广阔的发展空间。早期的计算机技术应用于牵引计算,只是解决了以往牵引计算的计算过程繁琐、计算量庞大、计算不精确的问题,即所谓的牵引电算化。当代计算机技术在人机界面、智能化、计算优化、多学科综合等方面都有着强大的功能,这将推动牵引计算与轨道交通的规划设计、运输管理、运营管理进行深度结合,方便快捷的同时,向多目标化、多功能化、可视化发展。

传统牵引计算的目标是实现最大技术经济效益,即一条线路一旦建成,并采用了固定的轨道车辆,那么在装备能力允许范围内,机车车辆、高铁客车、动车组等能够客、货满载,将轨道车辆的额定功率全部发挥出来,尽量持续运营,实现最短时分的客、货运输。传统的铁路运输目前已经出现了巨大变化。首先,运输任务呈现复杂化、多样化,例如机车车辆、动车组、城市轨道交通车辆各自的运输装备、运输方式、运输组织管理等差异很大,按最大技术经济效益的牵引计算结果并不能简单地应用到所有的运输方式上。另外,目标需求多样化,例如,有的目标需求是在运行时分已定的情况下计算最佳节能驾驶方案,有的目标需求是把最大社会效益放在第一位,有的目标需求是把乘客乘坐舒适放在第一位的最舒适的列车。以上这些都对牵引计算提出了更高的要求,也为牵引计算与计算机技术的结合指明了发展方向。

思考题

11-1 列车牵引计算的三大力如何产生,各自有何特点?

11-2 简单介绍机车或动车牵引力的产生过程。

11-3 黏着系数的定义是什么?黏着状态的特点是什么?简单说明黏着系数的大小范围。

11-4 处理轨道车辆轮对空转的措施有哪些?

11-5 什么是基本阻力?什么是附加阻力?附加阻力包括哪些阻力?

11-6 轨道列车的牵引力范围是多少?功率范围有多大?各种列车的特点是什么?

参考文献

[1] 饶忠.列车牵引计算[M].3版.北京:中国铁道出版社,2010.

[2] 中华人民共和国铁道部.TB/T 1407—1998 列车牵引计算规程[S].北京:中国铁道出版社,1998.